# 互联网+时代
# 外贸新手成长之路

莫伟雄 编著

清华大学出版社
北京

# 内 容 简 介

笔者是一名已经从事外贸工作11年的"老兵"。从外贸业务员到外贸经理,从外贸经理到创立外贸企业,曾经业绩3 000万,也曾经负债累累。笔者曾经是阿里巴巴外贸圈里外贸讲师中的一员,也是千千万万还在继续前行的外贸人中的一员。互联网+时代如何做好外贸,相信是每个外贸人所关心的问题,也是笔者在本书中所要讲述的问题。

本书以一位外贸人的职业成长经历为线索展开,从刚开始的外贸菜鸟,到后来自己创业,从工作中的行业知识、经验技巧,到个人情感的喜怒哀乐等都有叙说。书中以第一人称的方式,娓娓叙说了外贸员的心态、外贸工作的流程、外贸业务与其他部门的相互联系、外贸销售的种种方法,以及整个外贸营销的思路和新的方向,最后对当下非常热门的跨境电商的相关知识做了必要的讲述。值得一提的是,书中以外贸年轻人的感情为线索,描述了外贸工作与感情碰撞的火花。目标、工作、理想、感情、喜悦、失落……一切的一切,都与外贸有关。

本书浓缩了笔者11年外贸经历的精华,希望能对所有想要进入外贸行业的人或者已经从事外贸工作的朋友有所启发,尤其是希望能帮助外贸新手快速了解外贸工作,在外贸行业中快速成长。

本书封面贴有清华大学出版社防伪标签,无标签者不得销售。
版权所有,侵权必究。举报: 010-62782989,beiqinquan@tup.tsinghua.edu.cn。

图书在版编目(CIP)数据

互联网+时代外贸新手成长之路 / 莫伟雄编著. —北京:清华大学出版社,2016(2022.9重印)
ISBN 978-7-302-42818-3

Ⅰ. ①互… Ⅱ. ①莫… Ⅲ. ①对外贸易 – 基本知识 Ⅳ. ①F75

中国版本图书馆 CIP 数据核字(2016)第 028509 号

责任编辑:冯志强
封面设计:欧振旭
责任校对:胡伟民
责任印制:沈　露

出版发行:清华大学出版社
网　　址:http://www.tup.com.cn, http://www.wqbook.com
地　　址:北京清华大学学研大厦 A 座　　邮　编:100084
社 总 机:010-83470000　　邮　购:010-62786544
投稿与读者服务:010-62776969, c-service@tup.tsinghua.edu.cn
质量反馈:010-62772015, zhiliang@tup.tsinghua.edu.cn

印 装 者:三河市金元印装有限公司
经　　销:全国新华书店
开　　本:185mm×230mm　　印　张:15.75　　字　数:395 千字
版　　次:2016 年 4 月第 1 版　　印　次:2022 年 9 月第 11 次印刷
定　　价:39.80 元

产品编号:067313-01

# 前言

"这是最好的年代,也是"最差"的年代"。中国外贸经历了十年的高速发展后,正面临着成本上涨、国际竞争环境加剧、国际市场疲软等多重不利因素的冲击。与此同时,互联网的高速发展、出口方式的多元化、产品信息的高速化、国际物流的发展与完善等也给很多努力的外贸人带来了新的机会。特别是 2015 年 3 月 5 日,李克强总理在政府工作报告中首次将"互联网+"正式确立为国家战略。对于外贸行业,在"互联网+"时代也必将进一步催生蓬勃兴起的跨境电子商务,从而转变外贸发展方式,开拓外贸市场的新渠道。

为了让更多想从事外贸行业的菜鸟和刚入行外贸领域的新手快速了解外贸行业,并在外贸工作中少走弯路,笔者萌生了将自己的外贸经历与感悟写成一本书的想法,而且这个想法很快就付诸了行动。

关于笔者,从事外贸工作 11 年,驿动的心,一路行走。

在外贸的路上,即便是外贸高手也不是大家想象中的轻轻松松签下千万订单,有空和客户喝喝咖啡、品品茶这般悠闲。尤其对于外贸新人,在信息透明度越来越高的互联网时代,他们的外贸之路将显得更加曲折。

一张椅子,一杯绿茶,一台电脑,记录下外贸路上的点点滴滴。没有什么捷径,也没有什么神器大招,更没有什么"高瞻远瞩"。只是把自己经历的过程,通过平淡的文字娓娓道来。希望它像一杯暖茶,在你无助的时候能带来力量和温暖。细细品茗,回忆这段时光,有困难,有快乐,还有未完成的目标,需要更加努力地去实现,相信只要抓住外贸新机遇,就一定能够创造出自己的一片外贸天空。

本书共分为 10 章。从一个菜鸟进入外贸公司到后面创立自己的外贸公司,都是以第一人称的手法叙说,描述了笔者整个外贸历程的快乐和痛苦。最后对跨境电商的一些基本内容做了必要的阐述。

第 1 章我要做外贸,介绍自己怎么从其他行业转变成外贸人。

第 2 章初到外贸公司,介绍刚刚接触到外贸行业的种种心情,从一窍不通的菜鸟到开始慢慢熟悉外贸行业。

第3章网上找客户，介绍外贸销售中最重要的一环——怎么找客户，其中重点介绍了网上找客户的一些技巧和方法。

第4章展会上接订单，以广交会实战经验为内容，总结出一些通过展会接订单的基本规律和方式，这是外贸销售中的重要一环。

第5章外贸公司分工与培训，介绍外贸流程与分工、外贸业务部门和其他部门之间的关系、整个公司全局和生产采购的紧密配合，以及业务与跟单的合理分配。

第6章找客户，强中自有强中手，是找客户的升级版本，介绍如何以最低的成本、最短的时间找出最多的客户，这是外贸销售人员永远追求的目标。

第7章细节决定成败，通过实际案例，总结外贸工作中哪些是要注意的细节。

第8章向公司四大天王学习外贸经验，通过总结公司外贸高手的经验和工作中的过人之处，让外贸菜鸟快速成长。对于新手而言，站在巨人的肩膀上往往是最好的方法。

第9章销售还是用传统模式吗，介绍随着时代变化和技术更新，如何通过网络来引流客户和转化客户，这已经成为当前外贸销售的核心任务。

第10章跨境电商，介绍在"互联网+"的新外贸环境下，如何主动抓住跨境电商这一大机遇，从而创造外贸的新空间。

用平常的言语，记录成长的故事。在这里请跟着我的脚步，见证我的成长，我们的成长，为似水流年的外贸年华留下我们的印迹。当经历困境而依然坚持、坚定、坚信地在外贸的道路上继续前行的时候，前方的路虽然漫长但并不会孤单，请带上自信和快乐，坚定地前行，我们也将一路同行，在"互联网+"的大时代，一起做外贸的弄潮儿！

本书由莫伟雄主笔编写，其他参与编写的人有李小妹、周晨、桂凤林、李然、李莹、李玉青、倪欣欣、魏健蓝、夏雨晴、萧万安、余慧利。

最后还要感谢两个平台，一个是外贸福步论坛，感谢这里的网友的经验之谈，让笔者学到了很多专业知识和技巧。其次是阿里巴巴讲师团，在这里笔者认识了很多外贸精英，他们积极、努力、开放和分享，他们一直鼓励和支持笔者至今。

编者

# 目 录
CONTENTS

第1章 我要做外贸 ································································· 1
 1.1 毕业5年后的同学聚会 ···················································· 1
 1.2 国内销售的经历 ···························································· 3
 1.3 跟老外做生意，想起来很美 ············································· 4
  1.3.1 寻找外贸之路 ······················································ 4
  1.3.2 面试——美国上市公司 ········································· 8
 1.4 环球资源——外贸的踏板砖 ············································· 8
  1.4.1 进入环球资源的第一堂课 ······································ 8
  1.4.2 环球资源里的初学经验 ········································· 9

第2章 初到外贸公司 ···························································· 13
 2.1 熟悉公司 ···································································· 13
  2.1.1 挑产品 ······························································· 13
  2.1.2 万事开头难 ························································ 14
  2.1.3 学外贸，先学打包装 ··········································· 15
  2.1.4 要当总经理，先从跟单开始 ································· 17
 2.2 跟进擦鞋机 ································································ 18
  2.2.1 到中山跟进 ························································ 18
  2.2.2 交货期要推迟 ···················································· 19
  2.2.3 货柜被扣押了 ···················································· 20
 2.3 又有新任务 ································································ 21
  2.3.1 公司里的两朵花 ················································· 21
  2.3.2 一次接待客户的建议 ··········································· 22
  2.3.3 互相了解 ··························································· 22
 2.4 跟单难点 ···································································· 23
  2.4.1 困难的一次跟单 ················································· 23
  2.4.2 又见到梁工 ························································ 24
  2.4.3 第一次验货 ························································ 25
  2.4.4 第二次验货 ························································ 26

# 第3章 网上找客户 ... 30

## 3.1 热情如火的 B2B 付费平台 ... 30
### 3.1.1 怎样选择付费平台 ... 30
### 3.1.2 要用好平台 ... 32
### 3.1.3 详细的产品描述 ... 37
### 3.1.4 高质量的产品图片 ... 41
### 3.1.5 排名优化 ... 42

## 3.2 B2B 平台的管理 ... 47

## 3.3 注册,还是注册,免费的平台 ... 47
### 3.3.1 Tradekey——知名度和实用性较强的 B2B 网站 ... 48
### 3.3.2 怎么通过专业信息名录服务商找客户呢 ... 51
### 3.3.3 环球资源 ... 55

## 3.4 通过网站找客户 ... 58

## 3.5 关于 Google 上搜索客户 ... 61
### 3.5.1 核心关键词的不同语言版本 ... 61
### 3.5.2 巧用搜索 ... 63

## 3.6 利用邮箱找客户 ... 72
### 3.6.1 找不到联系邮箱或不是采购部门的邮箱时 ... 72
### 3.6.2 如果只有一个 info@...之类的邮箱怎么办 ... 73
### 3.6.3 客户网页留言 ... 74

# 第4章 展会上接订单 ... 76

## 4.1 广交会,传说中的外贸订单之源 ... 76
### 4.1.1 进广交会不容易,得好好准备 ... 77
### 4.1.2 目录诞生记 ... 77
### 4.1.3 样板 ... 79
### 4.1.4 报价单 ... 80

## 4.2 广交会布展 ... 82

## 4.3 初上战场 ... 83

## 4.4 看工厂 ... 91

## 4.5 客户跟进 ... 98
### 4.5.1 跟进样品单 ... 99
### 4.5.2 样品注意事项 ... 99
### 4.5.3 样品的相关表格 ... 100

## 4.6 我们一起去跑步 ... 105

# 第 5 章　外贸公司分工与培训 ............................................................107

## 5.1　公司里的管理 ................................................................................107
## 5.2　跟工厂打交道 ................................................................................108
## 5.3　筛选供应商 ....................................................................................110
## 5.4　公司里的各部门 ............................................................................111
## 5.5　外贸部门的薪酬体系 ....................................................................112
### 5.5.1　最常见业务员的薪酬模式 ..................................................112
### 5.5.2　业务员底薪设计技巧 ..........................................................113
### 5.5.3　业务员提成设计技巧 ..........................................................113
### 5.5.4　业务跟单的提成技巧 ..........................................................114
### 5.5.5　工厂提成与外贸公司薪酬体系的不同 ..............................114
### 5.5.6　薪酬体系的福利部分 ..........................................................114
## 5.6　公司发展，人员要调动了 ............................................................115
### 5.6.1　公司里的同事 ......................................................................115
### 5.6.2　争夺优秀业务跟单员 Lily ..................................................116
## 5.7　公司培训 ........................................................................................116
## 5.8　在外贸论坛上发帖 ........................................................................119
## 5.9　我越来越关心 Lina 了 ..................................................................120

# 第 6 章　找客户，强中自有强中手 ....................................................122

## 6.1　订单要比房子涨得快 ....................................................................122
### 6.1.1　盯客户 ..................................................................................122
### 6.1.2　跟进客户——诚意 ..............................................................123
### 6.1.3　借鉴 ......................................................................................123
## 6.2　逼客户——如何成交 ....................................................................130
### 6.2.1　订单不能——主动出击 ......................................................130
### 6.2.2　原材料或劳动力涨价为理由 ..............................................131
### 6.2.3　以交货期紧张为理由 ..........................................................132
### 6.2.4　以客人的同行信息为理由 ..................................................132
### 6.2.5　注意催客户下单的度 ..........................................................133
## 6.3　彻底查清丢单原因 ........................................................................133
## 6.4　常规买家询盘回复 ........................................................................134
### 6.4.1　问所有产品的报价 ..............................................................135
### 6.4.2　针对公司具体产品发的询价（跟进客户） ......................135
### 6.4.3　几种经常收到的买家回复 ..................................................136

6.4.4　希望有更多信息证明供应商的实力或经验 ·················· 137
6.5　讨价还价 ··················································································· 138
　　　6.5.1　价格越来越难谈 ··································································· 138
　　　6.5.2　常见的价格沟通方法 ····························································· 138
6.6　我们的发展有突破了 ································································ 144

## 第7章　细节决定成败 ·························································· 146
7.1　订舱与拖车 ··············································································· 146
7.2　外贸单证常见的问题 ································································ 147
7.3　付款方式——收钱方式不同，风险大不同 ·································· 148
7.4　货到不提，国家不同，法律不同 ················································ 154
7.5　事情突变 ··················································································· 161

## 第8章　向公司四大天王学习外贸经验 ································· 164
8.1　邮件狂人——Tom ····································································· 164
　　　8.1.1　个性名言：宁可错发三千，不可放过一个 ···················· 164
　　　8.1.2　专业开发信 ·········································································· 164
8.2　温柔的美女老大——Amy ·························································· 178
　　　8.2.1　个性名言：客人也是水做的 ····················································· 178
　　　8.2.2　独门秘技：慢慢融化你 ·························································· 180
8.3　土耳其之王——Susan ······························································· 182
　　　8.3.1　个性名言：两鸟在林，不如一鸟在手 ···································· 182
　　　8.3.2　独门秘技：顺藤摸瓜 ····························································· 183
8.4　大客户杀手——Ranbo ······························································ 189
　　　8.4.1　个性名言：再大的老板都有平凡的一面 ································ 189
　　　8.4.2　独门秘技：我不是教你诈 ······················································· 190
8.5　结局 ··························································································· 191

## 第9章　销售还是用传统模式吗 ··········································· 193
9.1　更高效的外贸工作 ···································································· 193
　　　9.1.1　需紧急处理的客户 ································································· 193
　　　9.1.2　已经有段时间未联系的客户 ················································· 194
　　　9.1.3　已经成交的客户 ···································································· 194
　　　9.1.4　一定时间内没有返单的重要客户 ········································· 195
　　　9.1.5　检查前一天的工作计划是否有未完成的项 ·························· 195
　　　9.1.6　充分运用现有的软件工具提高和客户的沟通效率 ·············· 197
9.2　流量暴涨之 SEO ······································································· 201

9.2.1　首页关键词分析 ·············································201
　　9.2.2　次关键词 ·····················································203
　　9.2.3　搜索关键词 ·················································205
9.3　站内结构分析 ··························································206
　　9.3.1　检查有没有错误代码 ·····································206
　　9.3.2　图片 alt 描述 ················································207
　　9.3.3　H1 标签的使用 ·············································207
　　9.3.4　nofollow 标签 ···············································210
　　9.3.5　网站地图 ·····················································210
9.4　URL 标准化 ····························································211
　　9.4.1　404 页面 ······················································211
　　9.4.2　锚文本 ························································212
　　9.4.3　收录与反向链接 ············································213
　　9.4.4　利用用户的力量 ············································214
9.5　跟小米网站学销售 ····················································216
　　9.5.1　小米社区 ······················································216
　　9.5.2　小米官网 ······················································227

# 第 10 章　跨境电商·····························································230
10.1　跨境电商为什么火 ··················································230
10.2　跨境电商的难点 ·····················································231
　　10.2.1　配送时间长 ················································231
　　10.2.2　包裹无法全程追踪 ········································231
　　10.2.3　清关障碍 ···················································232
　　10.2.4　运输损耗大 ················································232
　　10.2.5　不支持退货 ················································233
10.3　跨境电商的营销方式 ···············································233
　　10.3.1　跨境电商与国内电商的区别 ····························233
　　10.3.2　跨境电商网站的地理定位 ·······························233
　　10.3.3　外贸的社会化媒体营销 ··································234
　　10.3.4　跨境电商里的各大平台 ··································236
　　10.3.5　跨境电商推广的方式 ·····································237
　　10.3.6　跨境电商网站的关键词排名 ····························238
10.4　各大平台比较以及未来发展趋势 ·································239
10.5　结束语 ··································································239

# 第1章 我要做外贸

"你们做销售的很好啊,提成高,还可以去不同的地方玩。"方晓兰说:"我们就惨了,天天对着一堆堆数字,烦都烦死了。"

"是啊,不但可以去不同的地方,好处还多着呢,比如陪客户吃喝还不用自己掏腰包。"机关单位工作的李峥嵘接着说。

"哪有你事业单位好啊,没有压力,铁饭碗。"做汽车配件负责华东市场的罗灿反对道。

毕业5年了,在同学聚会上,大家又像回到了大学时代,都无所拘束地聊了起来……

## 1.1 毕业5年后的同学聚会

我们读的是财经系市场营销专业,很多同学毕业后都是从事业务类或营销类的工作,所以在聚会上,大家聊工作比较多,了解了解相互的近况。在我们班,工作类型大概有下面3种。

- ❏ 第一种,做文职工作,如财务和文员,女生基本都是这类。
- ❏ 第二种,政府机关,因为当时有些同学家里多少跟这类单位有点关系,读完大学有个文凭,再进这种单位工作的同学还是很多的。
- ❏ 第三种,不用说就去当业务员,跑市场,比如同学中有卖药的、卖汽车配件的、卖装修材料的、做印刷、开小店等涉及的行业五花八门。

现在分为三派,各自都说对方的行业好,以晓兰为代表的说:

"你们啊,要不是就有国家关照,要就不是就有客户关照,一个是旱涝保收,一种发财很快。哪像我们啊,只是个小职员,一没有保障,二没有发财的机会,所以你们这些同学干脆把班费包了。"

机关单位的代表李峥嵘就说:

"你不要看事业单位工作好啊,人际关系很复杂的。刚工作的时候,各个都是老大,我天天都要小心翼翼,而且其中某些人还是不能得罪的,不然不要说前途了,连工作能不能保住都是问题呢。"

"还是做业务好,赚钱多,生活又丰富。这样吧,我提议,做业务的交双倍的聚会费用,来补贴我们这些贫农,哈哈!"

李峥嵘的提议顿时得到很多人的响应,他们也都起哄起来,做业务的那帮同学有点hold不住了……

其实在我们班里,业务做得不错的还是有不少同学的,比如做汽车配件的罗灿,现在已经是工厂主力销售经理,负责4个省的销售了。还有伟大龙,现在负责国内卫生纸的最大品牌的东莞市场,虽然地方不大,但手下有50多个促销员。

这时,罗灿说,"老同学,你们也不要看我们好像很风光,其实也很惨的,为了一单生意经常跑到省外去,陪客户还要一定得喝酒,每次都要吐个半死才给放出来啊,身体很受伤害的。"

"你少喝点就是了。"一个做文职工作的同学说。

"哪里能少喝,不喝就是不给面子,连面子都不给,客户怎么可能会跟你谈生意呢!"罗灿大为无奈地说。

"什么'见面喝3杯','感情深,一口闷,'你想挡都挡不了。"喝了口茶,罗灿接着说:

"有一次,在四川见一个客户,吃饭的时候,大家都喝了几轮了,客户看我脸色还是不红,说我没有醉,硬要我喝,其实我早都不行了,我是属于那种喝酒不上头的人,喝的越多,脸色反而越白,所以到了最后,吐了几次回,饭局才结束。身体摇摇晃晃的,一点力气都没有,回到宾馆后感觉实在不行,叫服务员把我送到医院打了几瓶点滴才撑过去了。"

"是啊,"魏青龙马上接着说:"不是你们想的那么好,我这边也是。有一次客户也醉了,但我还没完全醉,我们4人开着一辆破车,以时速超过100公里高速前进,但那条道不是高速公路,只是一般的水泥路,才两个车道,中间也没有隔开,几次差点撞了。客户醉熏熏地开,没有感觉,但我们却怕的不得了,心惊胆颤,我还真感觉可能要客死异乡呢。"

魏青龙身材高大,有种黑社会老大的外表,从他嘴里说怕死,大家都觉得特别好奇,于是都很认真地往下听。

"你怎么不下车啊?"有同学问。

"天很晚了,黑漆漆的,根本没有其他车,而且外面天气很冷,风嗖嗖地刮,我也很想下车,又不好意思跟客户说,说了就等于看不起他的车技。再说了,你们想想啊,如果下车,可能不是冻死,就是累死,反正都是死,不如撞死。公司知道了说不定还给个因公殉职一说,能补偿一些。如果下车死了的话,那是自找的,所以想想还是不下算了。"

大家都对他的经历很好奇,一时间都静下来没再起哄了。看来做业务的人特别能说会道,这句话倒不假。你看看,班里两个高手各说了几句,大部分人就静下来了。

"没死就好,现在赶紧收钱,死了的话下次就收不到了。生活委员、班长,快去收钱。"

非业务派的鹰派代表又嚷起来了。

这时班里的生活委员,现在做得最好已经是老板的梁有坚说:

"我说说公道话吧,其实哪个行业都是各有好处和利弊的,没有哪个特别不好或者特别好。做业务的嘛,钱是比较多,但是你们也看到了,业务是他们拼回来的。比如咱们的罗总,毕业时还是满头"青丝"的,现在你们看,都有秃头的迹象了。魏青龙,以前学校里的健身协会会长,现在哪里还有当年的身材,去当啤酒肚协会会长还差不多!"

"是啊,青龙变胖龙了。"大家都笑了起来。

"这样吧,吃完饭我们就去 KTV,费用我们几个包了。"机关单位工作的李峥嵘豪爽地说。

"好,我们接受你的提议,不愧是当官的,呵呵。"大家一致赞同。

"要去就去最好的天上人间"、"去银都"、"去有乐队的风火流星",刚达成一致没多久,大家又开始有分歧了。很久没见面了,但谁也不见外,吵得乱七八糟,仿佛又回到了少年时代。聚会真好。

"没办法了,协调不了,怎么办?"有人问班长。"老规矩吧,举手表决。"班长说完,就拿起纸笔。

"天上人间的举手。"

"风火流星的举手。"

……

我就是那个负责点名的班长。

## 1.2 国内销售的经历

我是业务派的,到过外省做销售,后来顶不住压力退下来了,虽然只做了一年多,但很能理解罗灿和魏青龙的话。现在家电连锁卖场工作,但也是有苦难言啊,最大的烦恼就是工作时间,星期六和星期天最忙,节假日别人休息的时候,自己却是最忙的时间。而自己休息的时候,大部分人却没有空。因为做零售业都有这个特点,别人忙的时候,自己空,别人空的时候自己忙,到了春节,也不能回家吃团圆饭。

这次聚会以后,除了见到很多几年没见的老同学很高兴以外,大家各自的环境也带给我更多的考虑,我开始认真地思考未来的路。其实在同学聚会前,我已经打算辞职不做了,看到有不少成功的同学,更加希望能在下次同学聚会上也有所表现,因此下一次的选择更要慎重。

国内销售业的竞争很激烈,能够做成功往往是以牺牲身体健康为代价,这是我要坚持走的吗?考虑到此问题,不禁让我有些烦恼。虽然国内零售行业是有前途,例如国美、苏宁正处于高速发展的状态，但是以后要照顾父母和家庭，还这样在节假日工作吗？这些也是我要想的。如果不做销售，对于没有背景，没有优秀学历的我来说能找到更好的出路吗？而且现在我也积累了一些销售经验了，放弃的话有些可惜。所以答案也是否定的。

那么做什么样的销售不用经常应酬呢？跟老外做生意！想到这里，我慢慢地兴奋起来，加上平时也在学英语，还是有一定基础的，只要有好的机会即可，所以最后拿定主意——去做外贸业务员。

## 1.3 跟老外做生意，想起来很美

那一年是 2003 年的秋天，我有点迫不及待地想辞职了，年轻时候的我，总是把事情想的很理想化。那时的我对做外贸的想法很坚定，在我想来，做外贸业务有以下优势：

- 一，可以利用以前的业务经验，否则原来的经验就浪费了。
- 二，有正常的节假日休息，起码可以多些时间交女朋友。
- 三，如果做得好，还可以出国参展，旅游，而且都是免费的，太爽了。
- 四，跟老外做生意肯定都是大生意，说出去很有面子，能够充分满足我的虚荣心。

### 1.3.1 寻找外贸之路

工欲善其事，必先利其器。就这样我开始利用平时的时间先学英语，做外贸不懂英语肯定是不行的，这么简单的道理我还是知道的。

之后我去书店买了一大堆英语教材回来，发誓学好英语，但教材没有学完，就没坚持了，现在家里还有一大堆李阳、follow me、走遍美国……

一边学英语，一边也翻了几本关于外贸的书，这样想等面试的时候不至于对外贸知识一窍不通。

分享——中国外贸发展及现状

1949 年新中国成立以后，逐步开展对外经济贸易交流，但受到当时国际政治环境和国内计划经济体制等因素制约，对外贸易发展相对缓慢。1978 年，中国进入改革开放时期。大力发展对外贸易，成为中国加快现代化建设、改变落后面貌、促进经济发展和提高综合国力的重要途径。三十多年来，中国利用世界经济较长时期繁荣、经济全球化深入发展的机遇，扩大对外开放，在全面参与国际分工和竞争中，实现了对外贸易的跨越式发展。

1978 年，中国货物进出口总额只有 206 亿美元，在世界货物贸易中排名第 32 位，所占比重不足 1%。2013 年，中国货物进出口总额达到 4.16 万亿美元，比 2012 年增长了 11%倍，比 1978 年增长 201 倍，年均增长 16%，连续两年成为世界货物贸易第一出口大国和第二进口大国,货物贸易总量跻身世界前列。如图1-1所示为2012年至2013年进出口额统计图。

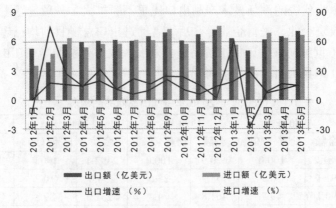

图1-1　2012年至2013年进出口额

改革开放后,中国全方位发展对外贸易,与世界上多数国家和地区建立了贸易关系。贸易伙伴已经由1978年的几十个国家和地区发展到目前的231个国家和地区。欧盟、美国、东盟、日本、金砖国家等成为中国主要贸易伙伴。新世纪以来,中国与新兴市场和发展中国家的贸易持续较快增长。2005年至2010年,中国与东盟货物贸易占中国货物贸易比重由9.2%提高到9.8%,与其他金砖国家货物贸易所占比重由4.9%提高到6.9%,与拉丁美洲和非洲货物贸易所占比重分别由3.5%和2.8%提高到6.2%和4.3%,形成了全方位和多元化进出口市场格局,如图1-2所示。

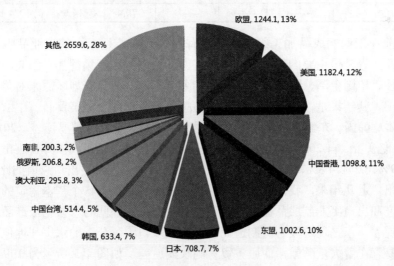

图1-2　2013年中国最大贸易合作伙伴

中国出口商品结构在20世纪80年代实现了由初级产品为主向工业制成品为主的转变，到20世纪90年代实现了由轻纺产品为主向机电产品为主的转变，进入新世纪以来，以电子和信息技术为代表的高新技术产品出口比重不断扩大。外贸经营主体除了国有企业外，还包括外商投资企业、民营企业等，后二者的进出口总额目前均已超过国有企业。20世纪80年代至21世纪初，中国加工贸易蓬勃发展，成为外贸的半壁江山。如表1-1所示为1980年至2010年我国出品商品结构表。

表1-1 1980年至2010年中国出品商品结构表　　　　单位：亿美元

| 出口商品 | 1980年 金额 | 比重（%） | 1990年 金额 | 比重（%） | 2000年 金额 | 比重（%） | 2010年 金额 | 比重（%） |
|---|---|---|---|---|---|---|---|---|
| 出口商品总额 | 181.2 | 100.0 | 620.9 | 100.0 | 2492.1 | 100.0 | 15777.5 | 100.0 |
| 初级产品 | 91.1 | 50.3 | 158.9 | 25.6 | 254.6 | 10.2 | 817.2 | 52. |
| 工业制成品 | 90.1 | 49.7 | 461.8 | 74.4 | 2237.5 | 89.8 | 14962.2 | 94.8 |
| 化学品及有关产品 | 11.2 | 6.2 | 37.3 | 6.0 | 121.0 | 4.9 | 875.9 | 5.6 |
| 按原料分类制成品 | 40.0 | 22.1 | 125.8 | 20.3 | 425.5 | 17.1 | 2491.5 | 15.8 |
| 机械及运输设备 | 8.4 | 4.7 | 55.9 | 9.0 | 826.0 | 33.1 | 7803.3 | 49.5 |
| 杂项制品 | 28.4 | 15.7 | 126.9 | 20.4 | 862.8 | 34.6 | 3776.8 | 23.9 |
| 未分类的其他商品 | 2.1 | 1.2 | 116.3 | 18.7 | 2.2 | 0.1 | 14.7 | 0.1 |
| 机电产品 | 13.9 | 7.7 | 110.9 | 17.9 | 1053.1 | 42.3 | 9334.3 | 59.2 |
| 高新技术产品 | ------ | ------ | ------ | ------ | 370.4 | 14.9 | 4924.1 | 31.2 |

中国目前在工业制成品加工组装环节具有较大优势，是最大的工业品生产国和出口国。美国、欧盟等是最主要的终端消费市场。由于大量劳动密集型加工组装环节由日本、韩国、新加坡、中国台湾、中国香港等转移到中国，这些国家和地区原来对美、欧的顺差也转移到中国。其结果是，目前中国货物贸易顺差主要存在于中美贸易、中欧贸易之间，而中国与日本、韩国、东盟等工业中间品主要生产国则长期存在贸易逆差。2013年，中国顺差为2597亿美元。自2009年到2012年，我国贸易顺差占当年我国外贸进出口总值的比例分别为8.9%、6.2%、4.3%、5.9%，2013年我国贸易顺差占外贸进出口总值的比例为6.2%。由此可以看出，近几年来，我国的顺差规模相对来说还是处于一个基本稳定的状态。

中国生产和出口工业制成品需要大量进口初级产品，因此与一些初级产品出口国的货物贸易呈现逆差。正是现阶段中国制造业和服务业参与国际分工的水平和地位不同，所以中国货物贸易存在着大量顺差，而服务贸易则长期逆差，如图1-3所示为1994年至2013年上半年货物和服务贸易差额与GDP之比。

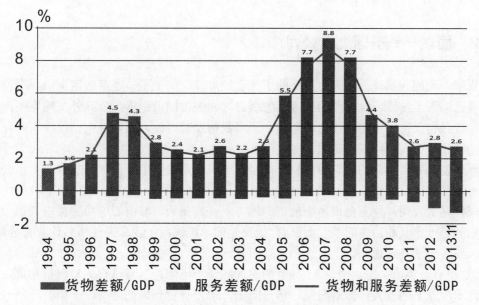

图 1-3  1994 年至 2013 年上半年货物和服务贸易差额与 GDP 之比

在了解了我国的外贸历史后,我发现外贸就是中国融入世界分工的历史,是中国近几十年的高速发展里极其重要的一环,更坚定了我要在这个外贸大舞台上寻找一席之地的决心。

在学习英语和外贸知识的过程中,我就开始找外贸方面的工作。先发了一堆简历,结果石沉大海,既然没有效果,那就亲自上阵吧——到人才市场面试。

2003 年 11 月 2 号,广州天河购书中心,我站在招聘栏前,有美的、格兰仕,还有很多企业都找外贸人员,我整理了一下昨天才买的衬衫,马上冲上 6 楼,心里想,这么多企业招人,我应该可以有个机会吧。

"说两句英文听听。"

"你以前在哪里工作过?"

这两句话是我在应聘时听到最好的两句了,其他的都是"把资料留下,有消息通知你",其实就是说,你没戏了。难道我的自我评估跟现实差异很大吗?还是现在企业都要招有经验的?或者是我今天很丑吗?当然不是。

经过整天的排队面试,经历了 7、8 家企业的拒绝后,我的信心慢慢的跌到了谷底……我甚至对自己说:先去外贸部做杂工吧,可这种想法除了让自己的信心更快消失外,没有带来任何正面的效果。别人都说,真金不怕红炉火,我显然不是真金,烧烧就干了,再烧就废了。

## 1.3.2 面试——美国上市公司

累了一天回到家里后,因为原来的工作已经辞掉,又上了一些英语培训班,很快,我发现自己陷入了没钱、没工作的境地。怎么办?回去做国内销售,放弃外贸吗?不,不能放弃,我跟自己说。事实往往出人意料,正当我彷徨的时候,姐姐打电话说一家叫环球资源的公司正在招人,可以去试试。

环球资源?做什么的呢?我满脑子问号,听说还是美国上市公司,想到去上市公司面试,心里马上变得诚惶诚恐起来。

果然是大公司,位于全市租金最贵的地方——广州天河城中心的写字楼内。第一轮面试我们的是一个长相甜美的美女面试官,她只是简单地询问了我个人经历后让我去等通知,三天后我收到了复试通知。

"这里有一英语杂志,给你15分钟的时间翻译一下吧。"复试官的口气很和蔼,这是一个四十岁左右的女人,戴着眼镜,透过眼镜,可以感觉到她的老练、严肃。

我很紧张,因为平时练的都是口语和听力,而且还准备了英文自我介绍,却偏偏考我最薄弱的地方——阅读,没办法,只有硬着头皮勉强试了。因为对翻译没底,所以后面的复试环节有点心不在焉,加上面试官的一脸严肃,所以对这次复试不抱什么希望了。

三天后,以为没什么希望的我居然收到了入职通知。

# 1.4 环球资源——外贸的踏板砖

至今我还记得到环球上班的第一天,我精心"打扮"了一番,那天的心情也特别好,感觉离自己的梦想近了一步,并且暗下决心一定要好好干。到新公司,新人都要做入职培训,一般是各部门主管给新职员介绍下本部门的工作,以便让新职员快速、全面地了解公司情况。而那次的培训经历也让我记忆犹新。

## 1.4.1 进入环球资源的第一堂课

环球资源当时还是B2B的老大,阿里巴巴还很小,刚出茅庐。现在回想起来当初给我印象最深的就是销售培训。培训的第一天就是面试我们的主管黎经理,在会议室里,只有4个新来的面试过关的人,她一上来就问:"你们都是有一定经验的外贸业务员,那好,我想知道,你们觉得优秀的销售人员最重要的是什么?"

"勤奋","努力","自律","了解客户,精通产品知识","良好的沟通技巧"……

我们几个人七嘴八舌地说起来。

"那好，我们来分分看。"黎经理等我们说完后开始说。

"努力、自律、积极心态、不怕拒绝，这些都是属于对工作的态度。了解产品、了解客户、了解竞争对手，是为了更好地工作，认真学习的态度。"

"跟客户沟通的技巧、合理分配时间的方法，这些属于什么？"有人问了一句。

"属于方法跟技巧。"黎经理微笑回答后接着说：

"好了，你们看看上面一共9项，态度占了7项，方法和技巧占了2项，所以，这说明了什么呢？

"态度比方法重要。"我们回应。

"对了，我希望你们记住，真正做好业务的人，永远是态度比方法技巧重要。"

"所以你们今天想要销售出更多的产品，卖出更多的东西，要从哪里开始？"

"培养良好、积极的态度，才有正确的方向，有了正确的方向，再来学习适合的销售方法和技巧。"

对啊，在信息越来越发达的今天，如果我们想知道一些新的方式方法是很容易的事情，但是难就难在能不能静下心来学习，能不能面对困难的时候坚持下来。

接下来的几天，是各个主管对我们进行培训，让我印象深刻的就是负责电子组的周主管。

周标，负责广州地区的电子元件行业，其貌不扬，个子也不高，一眼看上去很不起眼，就是那种放在人堆里找不出来的那种。在他给我们的培训课程中，讲了关于市场分析的内容，很多我现在都想不起来了，但至今记得清楚的事是在自由提问的时候，大家在相互交流一些职场上的经历，他讲了一句话：人在年轻的时候多吃些苦头，多受些磨难其实是有好处的。

在追求个性张扬、自我的年代，主张这类观点的人越来越少了。这不正是年轻人应该具备的一种心态吗？对，能吃苦中苦，方为人上人，就是他的这句话，让我印象很深。

周标对事情的理解能力很好，思维能力和逻辑能力都很强，而且能够把事情连贯起来综合分析。听他分析完事情后，模糊的东西都会清晰不少，加上他为人谦虚，不但新人喜欢向他请教问题，连老员工也喜欢跟他交流，他是整个办公室中最受欢迎的人。很多人不懂的事情，都喜欢去问他，我也常常问很多，直到今天，脑海中常常会浮现出他那张平凡外表下充满睿智的脸孔。

## 1.4.2 环球资源里的初学经验

培训了几天，我以为要结束了，恰恰相反，培训才刚刚开始。后面的几天里，我们几个人从产品知识开始，熟悉产品的每个细节，包括有多少种产品，有哪些服务，付款方式等，然后到销售预演，电话销售演练，面对面销售演练，反复练习销售内容，直到熟练掌握。之后是客户问题分解，针对客户可能提出的问题进行演练，必须要清楚、正确、专业回答。

经过了产品知识和模拟练习后，再由经验丰富的老员工带着我们新员工进行客户拜访，我们新员工的主要工作就是旁听，回来后再总结、演练，等到主管和老员工都确认通过了，才把已经进来一个月的员工单独派去做客户拜访。真是磨刀不误砍柴工。

到了真正独立拜访客户了，怎么去拜访客户？答案是把工作量化。每天要约多少个客户？去哪里？把销售的整个流程都规范和量化起来，这样对于锻炼业务员的基本功非常有帮助，也为以后做外贸工作打下了坚实的基础。

最后是分析总结，把每天的销售状况分析、分解，确定下一步的销售计划，每天做分析，对于客户的理解能力就是这样通过一次次的总结得来。

在环球资源工作中除了能够培养很好的销售基本功外，往往会有另外的收获，那就是你每天接触的人都是已经在做外贸或者是准备做外贸的人。有贸易公司的，有工厂的，有国营单位的，有私人民企的。当客户对你比较熟悉的时候，就不单单谈业务了，有时还会谈客户企业的发展经历，或者是在外贸路上的一些深刻经历。例如，我听过一个外贸老板怎样仅靠一台传真机和黄页就跟客户做成生意的乐趣；也有老板抱怨产品辛辛苦苦做出来却无人问津的困境，总之能够跟不同行业、不同阶段的销售经理或者老总聊天，不但能从侧面了解如何做工厂或者做贸易，而且对于个人的视野和思考方式也有不少提高。

在环球资源工作的时候，总是听说有的企业会挖环球资源的人做外贸。果然不久，公司里一个业务比较优秀的销售人员，跳槽到规模不小的一家企业做销售副总。我也希望有机会能真正进入外贸领域。终于有一次碰到一家公司要招外贸业务员，问我有没有兴趣，我考虑了一个多星期，最后决定试一试，没有想到，这个决定让我从此踏上了外贸之路直到今天。

### 分享——外贸平台的选择

想做外贸的人，往往想了解在哪种类型的外贸平台做比较好，那么我来介绍一下吧。从销售平台来说主要有两类，第一类是做出口贸易的外贸公司，第二类是企业本身做出口的公司。下面首先讲讲贸易公司和工厂外贸的区别。

**1. 贸易公司的优点**

- 贸易产品丰富，基本可以卖很多种产品，只要客户有需要都可以做。

- 贸易公司要求的服务意识很强,对客户的需求判断、产品的要求标准等都要比工厂强。
- 贸易公司的规范性和培训体系相对更好。

2. 工厂的优点

- 价格比贸易公司有优势,在经济下滑的情况下,客户更看重价格。
- 工厂产品比较单一,更容易做深一个行业。
- 碰到技术出色,管理规范的工厂,会有客似云来的机会。

其次,分析一下国企贸易公司和私企贸易公司的区别。

3. 国企贸易公司的优点

- 第一,有比较深厚的基础,信誉度比较好,利于采购,国内供应商对于比较大的客户会有比较好的价格和付款方式。
- 第二,平台比较大,资源比较广,一般都是做十几个产品以上,多的成百上千也不稀奇。所以,进去后想换产品比较方便。
- 第三,公司有国企性质,压力相对较小,对于出错的容忍度也更大。
- 第四,如果做大了,发现有新的机会,可以在平台上跟公司有更深的合作方案,成本更低,更稳定。

4. 国企贸易公司的缺点

- 第一,市场化程度不够,竞争力有慢慢下滑的趋势。
- 第二,人际关系相对复杂,对公司内部的人际关系要有一定控制能力。
- 第三,压力少,自然进取心不够,对于精益求精的人来说不太适合。

5. 私企贸易公司的优点

- 一般私人的贸易公司老板就是业务出身的,能近距离学习业务经验。
- 比较节约,能够养成成本控制意识。
- 基本都要求身兼数职,对于以后独立操作会打下坚实的基础。

6. 私企贸易公司的缺点

- 公司比较节约,短期利益往往不明显。
- 业绩要求高,压力比较大。

❏ 如果比较小的公司，经济实力比较弱，能给业务员的销售平台相对就少。
❏ 稳定性不高，学习和培训系统不够完善。

然后再分析一下做半成品和成品企业平台的区别。

配件类的产品如电线、插头、五金、电子元件等；成品类的如小家电、消费类电子产品、MP3等。配件类产品一般技术性比较强，如线路板，要研究客户对技术方面的要求，对外观要求不高；成品类的产品，客户对外观有很多不同的要求，因此要了解不同地区的消费观点。从难度要求方面说，成品类的产品对业务员的要求更高。

# 第 2 章 初到外贸公司

国际贸易是互联网重要的组成部分，也是中国加入世贸组织后获得快速发展的主要原因之一，而国企进出口公司是中国国际贸易的主角，我所在的公司就是隶属于广州一家国有单位下的贸易公司——广州市泰来实业公司。终于来到了向往已久的贸易公司，从此开始我的外贸生涯。

## 2.1 熟悉公司

进了公司才发现，原来这是一家比较大的贸易公司。以前国企类贸易公司都是很牛的，因为 20 年前能做出口的企业不多，国家鼓励出口，但能有自己出口权的工厂很少，所以大部分企业或者工厂都是通过大的国有贸易公司出口，光是靠帮众多密密麻麻的工厂出口，贸易公司挣代理费就可以衣食无忧了。

随着贸易行业的发展，现在的行情就完全不同了，做出口代理的公司越来越多，不但是国企，私人的贸易公司也可以办代理业务。而且工厂发展越来越快，很多工厂都有自己的出口代理权，不必通过贸易公司代理退税了，所以，出口代理的业务竞争越来越厉害。

国家分配广交会的摊位时，按照每个公司或企业出口的额度多少来分摊位，所以很多大的贸易公司可以直接拿到不少的广交会摊位，拿到摊位后，可以自己做生意，也可以拿出来卖，一些产品的摊位甚至可以卖到十几万元不等。因此有一些做代理的贸易公司会把多出来的摊位拿去倒卖，这样不用辛苦做生意也有不少的收入。后来国家开始明文规定禁止倒卖摊位。而我所在的这家贸易公司，正好是处于这种情况，倒卖摊位被禁止了，因此打算自己直接做生意，行业内称为自营出口，如果是帮助客户做代理出口退税的，行业内叫代理出口。

### 2.1.1 挑产品

一般工厂或者公司的业务是考虑怎么卖，但我们刚开始做外贸就反过来了，是先想怎么买。公司因为不想再把分到手的展位倒卖出去，打算自己直接跟老外做生意，所以给了我们很宽松的环境，业务员不但可以挑选工厂，还可以自己挑选产品。买什么产品来卖变成了头等大事。但是俗话说：没有那么大的头，不带那么大的帽子（广东俗语，用北方的话说，就是没有金刚钻别揽瓷器活），我只是刚学外贸的菜鸟，怎么做市场定位，怎么去判断哪种产品好做，还远远没有这个本事呢。

想来想去还是先从公司以前已经有开展的产品开始入手，这样可以有一定的供应商和客户，起步就没有那么困难了。看看公司有什么产品在卖吧，要了解公司的产品，到展厅去看看就清楚了。

我们公司位于广州经济技术开发区里的商业写字楼里，写字楼属于总公司，办公室在14楼，展厅刚刚才装修好，大约有一百多平方米左右，墙的四面都是嵌入式的架子，共4层，底层是柜子，每层分开3格，每个格子可以展示产品，格子里有小灯，柜子都是精装修，加上灯光的衬托，产品摆进去显得比较有档次。展厅中间有一张大大的椭圆形会议桌，配上十二张高档的真皮椅子，地上铺着淡灰色的地毯。我当时觉得公司的展厅做得十分不错了，在这样的环境卖产品应该可以卖得不错。

展厅里的产品很多，家电类的有搅拌机、排气扇、电子秤，电子消费品类的有音箱、汽车音箱，还有古老的黑胶唱片机；服装类的有牛仔裤之类的产品。我也不太清楚哪种好哪种不好，感觉小家电比较熟悉，因为以前在顺德呆过一年多时间，顺德是家电之乡，到处都是做小家电的工厂，因此想来想去，就挑了搅拌机等小家电作为我的开始。

## 2.1.2　万事开头难

外贸业务是一个细心的活，但我的性格正好相反，粗心，加上以前的工作内容中并没有接触过文书工作，连基本的办公室软件都不会用，一个简单 Excel 表格都可以把我折磨得满头大汗，"内牛满面"，没办法，先从学习复制粘贴开始吧。一边熟悉软件的操作，一边要整理产品的资料。就拿搅拌机来说，产品图片、产品尺寸、装箱资料等，这些资料很多原来也没有，或者已经丢失了，需要自己重新去做，比如量产品的体积和重量，再算产品的装箱数量，然后再做表格，把产品的功能、性能再填进表格里，几天下来，头晕眼花。

本来就不怎么细心的我，加上又不熟悉产品，也不熟悉办公软件，在别人看来做产品资料的东西是非常简单轻松的，对于我来说却像难于逾越的鸿沟。没办法，好不容易进了这家公司，因为不懂用办公软件而辞职，会被别人笑死，还是硬着头皮上吧，这就是我当初的想法。

有一位比我早来的同事叫阿兰，开始的时候问她问题还是很乐意地教我，但随着我问的问题越来越弱智，更使她不能忍受的是同一个问题反复问（我对文职工作缺氧，问几次才能记得住），终于有一次我问："那个图标上有个扫把的东西怎么用啊？"阿兰一听就生气了："啊！你还问我这个啊，教你两次了，这么简单的都还没有学会吗？真应该用扫把把你扫出去！"。幸好阿兰只是说说我罢了，还是过来教我怎么用这个"扫把"，折腾了一个多月，勉强的会用初级 Excel 和 Word 了，也把资料慢慢地完善了。

搞完了的初级文字和表格，还要研究一下产品功能：
- 搅拌机有什么用？
- 搅拌机怎么分类？
- 量程有多大，怎么分？
- 搅拌用的刀片有多少种，什么金属做的？
- 电源插头有什么要求？
- 电机马达又是怎么分类？
- 适用搅拌的食物是什么？怎么分？
- 使用方法是什么？4个按键的和3个按键的有什么不同？
- 使用过程要注意哪些问题？
- ……

还有很多关于产品的细节问题，这些都是要弄清楚的。从业务经验来说，我不是新人，所以清楚地知道，做好一个业务的基本功就是熟悉自己的产品，所以我从这一块开始认认真真地学习起来。

> **注意**：一般外贸新人，到了一家新公司，最重要的一件事情就是要把自己卖的产品搞懂，如果是工厂的业务，则应该到车间去实习一段时间，把自己卖的产品彻底搞清楚。这对以后的销售有很大帮助。

那么怎样做呢？可以参考以下几点：
- 产品的外在东西，大小，重量，规格，功能。
- 产品的内在东西，产品的原料构成，产品是怎么加工出来的，产品生产的复杂程度，产品的关键技术要点。

当然，会有很多人说：我的东西很复杂，了解不了那么多。但我还是建议，关于产品，知道得越多越好。因为我认同一句话，对产品熟悉的标准：卖产品的人应该比买产品的人对产品的了解程度高 10 倍。很多时候做外贸做不好，就是因为业务员发现，专业的老外比自己还懂，如果这样的话，业务员的专业程度哪里而来呢？没有专业程度，就难以让客户对你产生信任感，那么订单的机会也就减少了。

## 2.1.3 学外贸，先学打包装

刚进公司的时候，有些熟客还是有联系的，其中有一个法国的客户发邮件过来，说要订一个20尺柜（集装箱）的搅拌机，但还要3台样板。太高兴了，做确认吧，虽然不是自己找的客户，但事情有了进展，因此赶紧去准备。后来发现客户要的样板公司只有1台，因此马上向供应的工厂要样板，但工厂说要两个星期，跟客户沟通，但客户说比较急，要求我们一个星期内把样板寄出。这可怎么办呢？我当机立断马上跟老板说要亲自去一趟工厂，催工厂快点做好。老板同意后，我马上去工厂了解实际情况，负责的工厂老板看我这么焦急，也配合地在5天的时间交货了。产品很新，功能也没有问题，于是我马上打好包装寄给客户，然后等客户下单的好消息。

结果等来的不是订单，而是一顿臭骂：

Dear Sir,

I have received your samples ,but unfortunately, it has broken when I received it.

Attach the photo.

Why you send these bad samples to me .Would you send it me again.

看到这里，我晕倒，就像春运网站购票，对着电脑刷了无数次，终于成功订票，但付款时发现你的银行卡没有钱了！过了时间又要从头再来！样板没有做好送到客户手上，等于临门一脚功亏一篑，公司花了很多时间和成本，客户也承担了运费，结果等来的是个没用的产品，对公司、业务员及客户，都造成了巨大损失。如果客户是大客户，每天收很多样板，那么第一轮我就没戏了。

要重新做样板，我不得不把这件事情告诉老板，好在老板还挺大度，没有对此事过多责备我。

⚠ **注意**：这件事情告诉我细节决定成败，不能疏忽每一个细节，包括最后的包装环节（如图2-1所示为样品通知单）。

ABC有限公司  
业务部：  
日期：2013-4-9  

样品通知单

| 客户名称 | | | | 样品单号 | | DB12-S-0409 | |
|---|---|---|---|---|---|---|---|
| 制单日期 | | 4月9日 | | 交样期 | | 2013-4-10 | |
| 型号 | 称重 | 丝印图案 | 样品数量 | 玻璃规格（MM） | LCD | 玻璃角 | 备注 |
| TF3101 | 5KG | 黑 | 50 | 218*155*4 | | | 触摸 |
| 产品图片 | | | | | | | |
| | | | | | | | |

备注：采购：  
　　　　丝印：  
　　　　样品室：  
　　　　签字：  

图2-1　样品通知单

样板不但要做好,而且要管理好,不然会造成混乱。第一,要把正确的要求传达给工厂;其次,寄给哪些客户要有记录,这样可以分析客户做数据储备。如表 2-1 所示为样品寄送记录表。

表 2-1 样品寄送记录表

制表人:

| 编号 | 客户 | 客户地址 | 收件人 | 电话 | 传真 | 客户等级 | 经办人 |
|---|---|---|---|---|---|---|---|
| 序号 | | 样品名称 | 规格型号 | 样品数量 | 具体要求 | 要求完成日期 | 备注 |
| | | | | | | | |
| | | | | | | | |
| | | | | | | | |
| | | | | | | | |
| | | | | | | | |
| 要求配合的相关部门 | | 采购部 | | 研发部 | | 工程部 | 品管部 |
| 经理意见及签名 | | | | | | | |

## 2.1.4 要当总经理,先从跟单开始

公司有个阿里巴巴的外贸销售平台,有专人在管理,我属于业务之一,因此定期会分到一些客户的询盘,但很多时候回复过后都没有回音了,除了公司里的一些跟进客户,熟悉产品,完善资料,业务上的进展不大。

公司有个老同事 Tim,负责销售仿古木箱机、擦鞋机、排气扇等几种产品,突然间听说他接了一个擦鞋机大订单,是通过香港的贸易公司接到的,订单是一共 16 000 台擦鞋机,24 美金一台,总数将近 40 万美金。这对于很多大公司不算什么,但对于刚出道的我还是满心羡慕。公司规定提成是 1%,这个单 Tim 有 3 千美金的提成,按当时的汇率 0.85 元左右算,差不多有 33 000 元人民币。如果同我以前工作过的销售对比:

❑ 卖台湾珍珠奶茶,一杯挣 1 元,要 3 万杯,3 年多。
❑ 卖双皮奶,一碗挣 1.4 元,要卖 2 万碗,要花 1 年。
❑ 卖 3 元钱的感冒药,挣 0.1 元提成,要 10 多万瓶,大概要花 3 年时间。
❑ 卖电视机,挣 30 元一台,也要卖 10 060 多台彩电,零售大概要花我 8 年时间。

就算在环球资源工作,也要卖出三个整版页面的广告才能够 3 万多提成,真的是羡慕

妒忌恨。

妒忌归妒忌，工作还是要努力干的。因为 Tim 主要负责的产品是木箱机，接了擦鞋机的订单后就变得很忙，公司就让我协助 Tim，负责擦鞋机的其他客户，好让 Tim 全力去配合好客户，确保这个订单的顺利完成。

## 2.2 跟进擦鞋机

跟单员，是指在企业运作过程中，以客户订单为中心，跟踪产品或服务运作流程的专职人员，是企业内各部门之间，企业与其他相关机构联系，互相协调的纽带和桥梁。跟单是英文 walk through 的直译。

### 2.2.1 到中山跟进

我接手的是在中山生产的一批小擦鞋机，客户来自德国，发来了很多详细的资料，光说明书就有 4 种语言，感觉是很严格的客户。当我看到客户名牌上的地址后，才发现原来是在香港中环的写字楼。我是看港产片长大的，印象中电影里的人想向别人炫耀，就会说："我是在中环上班的"，好像很威风的样子。单子不算大，只有一个 20 尺柜的货，但也不敢怠慢，因为之前只是问工厂要了样板，没有去过生产工厂，因此黄总就亲自带我去看厂。

工厂位于中山石岐，我们早上出发，11 点就到了中山。找到工厂的时候发现居然是在市中心附近的地方。工厂比较大，设备较陈旧，看得出来已经成立有很多年的时间了。来接待我们的是刘经理，四十多岁，一看就觉得是公司的老员工，而且是骨干之一。后来通过聊天得知，他来工厂超过 10 年了，主管生产。工厂老板不在，老板做工厂已经很多年，因此工厂的状况比较稳定，平时都交给下面的人管理，没有什么大客户一般不会来工厂。因为工厂在市中心，周边的发展很快，因此也有不少商家想买下这个工厂的地皮，随着这几年房价暴涨，很多工厂的地价大幅增加，使得老板的资产比开工厂赚的都多。

后来接触到更多老板才发现，在近 10 年来，财富增长速度最快的就是那些手里拥有很多城市土地资源的人，比辛苦做实业的人更赚钱。买房致富比劳动致富简单的多，这就是近 10 年里的真实国情。

这家工厂自己生产电机，也生产比较大的抽风机，擦鞋机算是副业，因此工厂的生产能力不用考虑，应该没有问题。刘经理告诉我们，我们定的产品他们是已经做了 3 年，品质绝对没有问题，然后还把他们已经合作过的客户名单拿给我们看，有德国的 TCM、美国的连锁超市等大品牌。黄总又聊了一些关于工厂的历史，问了一些材料成本的控制等问题，刘经理的回答都比较令他满意。本来黄总想过来再压压价格，但因为我们的单不大，而且对方工厂规模较大，俗语说：客大欺店，店大欺客，因此刘经理态度一直很好，但价格方面也一直坚持没有让步，大概我们的订单还是有利润，黄总也就没有强求压价，只是要求工厂把货做好，就把订单确认了，很快结束了整个看厂过程。

两个星期后，工厂通知我们已经做好客户要求的样板了，公司负责技术的梁总工程师很忙，因此公司就单独派我去检查。

生产前的送货样板必要和生产时候的产品一致，因此我只要检查工厂生产的船头板即可（船头板就是指客户生产大货一样的样板），怎么检查，在我去之前的两个星期中把擦鞋机的各方面都研究了一下，当然涉及技术问题还是有很多不懂的地方，因此就去问梁总工程师，比如：

- 什么是电机马达？
- 什么是串联电机？
- 怎么判断产品好不好？
- 擦鞋机的电压怎么分？

梁总工程师都很耐心地回答了我。到了工厂后，我开始检查工厂生产的样板。

（1）先检查客人所要的产品型号有没有搞错，产品的外观、擦鞋机的铁盒颜色对不对，擦鞋用的毛线材质有没有搞错等。

（2）测试产品功能，能不能开动，产品工作时有没有异常噪音，工作10分钟后看电机有没有异常，产品结构会不会出现松动。

（3）核对包装资料、彩盒、说明书、保修卡等资料是否齐全。

这次我们订的这款擦鞋机是工厂已经生产了3年的产品，质量都很稳定，所以没有发现问题，因此下午就可以返回公司了。晚上回到办公室后，我写好邮件，告诉客户一切正常，再次与客户确认了交货时间。

## 2.2.2 交货期要推迟

又过了两个星期，突然收到工厂的通知，说交货时间要推迟一个星期，我很惊讶，本来以为很顺利，因为离验货日期只剩下2天了，因此我们在电话里差点吵起来："刘经理啊，这样不行啊，我们的客户在合同里规定，如果推迟交货期，客户要我们赔钱的。"

"没有办法，现在订单很多，而且推迟一个星期很正常，你跟客户说说吧。"刘经理随便找了个借口就把我打发了。

我心里很着急，怕客户扣款，心里对那个刘经理非常生气，此时显然也没有什么办法了，客户货代已经打过电话了，说要准备订仓了。幸好他们还没有订，我只好打电话过去跟客户解释，说出了些问题，请客户接受，并发邮件给客户：

Dear Connie：

I very sorry to tell you that the shoe polish can not finish on time, because hardware accessories supplier can not send the material on time. The shipping date will be delay one week. Would you please scheduce the inspection later?

很不安地等了一个晚上后，第二天香港客户打来电话：

"我们跟客户沟通了，客户说这次接受你们的推迟，但如果再推迟，就按合同来做，要100%扣钱。"

"一定，一定，只是一个星期，不会再拖了。"我连忙回答。

谢天谢地，客户同意了，于是我赶紧给工厂打电话：

"刘经理，我们尽力帮你说服客户了，客户同意了，不扣钱，但是你也不能再拖了，否则如果客户真的扣钱，那我们也只有按合同规定扣你的钱了，请您那边抓紧生产吧。"

"好，没有问题。"刘经理表示没有意见。

经过时间的打磨，后来我慢慢才发现，工厂推迟交货期如果只是一个星期的话，其实已经很不错了，接到刘经理的推迟电话，当时我冲动的还想跑到中山把他打一顿，呵呵，真是没有经验。

即使工厂满口答应了，但我还是不放心，每天都会打电话催货，以防万一。过了一周后，法国客户的货终于做好了，工厂通知客户派人来验货，验货的时候我陪同客户的验货人员一起去了工厂，因为我还是很担心，怕验货不合格，那样我们就要承担客户第二次来验货的费用。幸好验货过程一切顺利，当验货人员在验货报告上打勾后，我这才松了一口气。上天对我不错，货柜车不久就装好了，连同装箱资料也交给了客户指定的货代。第一次跟单，虽然中间出现点小问题，但总体来说还是比较顺利地完成了。

## 2.2.3　货柜被扣押了

俗话说，乐极生悲。在我的高兴劲还没过去时，第二天就接到了货代的电话："你们的柜被海关抽查到了，不符合规定，不能按期赶上这条船了，你先跟工厂沟通，看看有什么事情，我待会问清楚海关怎么回事。"

我还没有碰到过这种事，心里很慌张，因为客户 L/C（信用证）上说明，如果不能按时出货，客户可以拒绝收货或者罚款。而且客户也交代这次的交货期不能推迟，很紧急。毫无头绪的我只好马上向黄总反映情况，"首先，你要先搞清楚什么状态，其次，跟客户沟通说明情况，请客户理解。再次，跟工厂协调，让工厂尽力解决这个问题。最后，你也不用太担心，总会有点小问题的，很正常。"黄总还安慰我。

后来海关给出原因，货物重量跟真实的不一样，所以扣押了。正常情况下，海关一般是不会对所有的货柜都检查的，只是抽查，如果抽查到的货柜跟单据里描述的不一样，就要扣押下来。我按照黄总的交代，先跟客户解释，希望他们不要扣钱，然后给工厂压力，要工厂迅速解决。

工厂那边也很快反馈过来，原因是一个跟单员在填写重量的时候为了方便，凭着记忆把重量写了上去，比原来的重量轻了。自己当时也没有把产品量好，没有检查出来，结果就出问题了。幸好不是严重情况，工厂很快摆平了这件事。客户那边经过我的多次解释：这是不可抗力，利润很低，不要扣钱等，也终于同意全款付清，我才终于松了一口气。

通过这件事也给了我不少经验：

- 做外贸跟单一定要细心，不能马虎，一个小错误可能会付出很大的代价。
- 工厂交货常常不会准时，下订单的时候要把客户要求的交货期提前，不然的话一旦延迟，面对客户就很被动了。
- 碰到问题要冷静，协调好工厂和客户之间的关系。客观的判断事情，分清楚各方的权利和义务，什么时候帮工厂，什么时候要压工厂都很讲究。

## 2.3 又有新任务

上次 Tim 跟进的那张大订单最后决定放在浙江做，因为价格比广东的便宜 15%，生产样品的顺德工厂价格太高，谈了几次都谈不下来。浙江工厂的经验不是很多，而且要开新模具来生产，加上客户是德国大超市 ALDI，对各方面都比较严格，因此公司也不敢大意，没过多久就把工程师手头上的活都停下来，直接到浙江工厂去协助采购和生产。

过了大概两月，梁总工程师报告过来：模具才刚刚做好，要一个月内生产出一万多台擦鞋机，恐不能按交货期完成，请争取推迟交货。跟客户沟通后，客户不同意推迟，说这是促销订单，绝对不能延期，顶多只能延长一个星期。正在这个时候，Tim 家里有急事，要请假一个月，没有办法继续跟进，于是我被安排跟进这个订单。

### 2.3.1 公司里的两朵花

2012 年 5 月，天空晴朗，天气炎热，广州经济开发区西区，在一栋 14 楼的办公室里，服装组的 Yuki 在忙碌地工作着。Yuki 是我们公司公认的公司之花，乌黑的披肩长发，大大的眼睛，皮肤白皙，笑容甜美，长得很像香港明星李嘉欣。她爱说话，喜欢交朋友，漂亮的外表，标准的身材，甜甜的笑容，如果不是已婚，不知道要引起多少男生蜂拥而来。

而跟她同组的 Lina 则刚好相反，健康的棕色皮肤，小眼睛，常常安静地坐在位置上工作，话很少，虽不如 Yuki 漂亮，但相同的是也有一头披肩长发和甜美的笑容，她们都是跟我同一时间招进来做外贸业务的，负责圣诞饰品。刚好 Lina 坐在我的对面，因此我常常能够看到她安静地看着电脑的样子。她来了一个多月，传闻是某老总介绍进来的，关于她的事情大家都不怎么了解，就是同一个办公室的人，也只是知道她刚刚毕业，男朋友在美国。每天有两件事情是她必然会做的，第一件是天天都喝绿茶，第二件是中午 11 点半到 12 点，必定会接到她男朋友的越洋电话。每天中午这个点，电话一响，我们就知道是她男朋友打来的，她就会走出办公室接听，每次至少都是半个小时以上才回来。每天下班后她还要坐两个小时的车回学校睡觉。

### 2.3.2 一次接待客户的建议

来公司两个多月了，终于决定在这里工作下去，也慢慢和周围的同事熟悉起来，和 Lina 也熟悉起来。星期四那天 Lina 来问我说有个客户星期天来公司参观，但星期天她有点私人事情，要不要让客户星期一再过来参观？

我问她："客户从哪里来？"

"美国。"她说。

"来多久？"我又问。

"只来一个星期。"她想了想说。

"客户难得来中国，也不是常住中国，如果你的私事不是很着急，建议还是配合客户的时间，毕竟客户才逗留一个星期，时间有限，不要放过机会。"我说。

过了几天 Lina 主动对我说：

"谢谢你，客户过来后，对我们公司还是比较满意的，说回去就会确认个小订单。"

"那很好啊，客户是上帝啊。"我由衷地为她高兴。

自从那次偶然的建议，Lina 似乎对我话多点了，我们也慢慢接触多了起来。

### 2.3.3 互相了解

Lina 搬到公司附近后，在公司的时间多了很多，不用一下班就赶公交，我也习惯在下了班后出去吃个饭，没有什么事情就会回公司上网，所以平时我们常在一起谈起各自的一些情况，那时我才知道，Lina 来自潮州棉城，男朋友是大学同学，谈了两年多了。男朋友很努力，毕业时考上了美国一所学校，现在正在美国半工半读。但聊起来的时候她发现，我跟他男朋友有很多相同的地方：例如，我们都很喜欢一本书《卡内基系列》，都是在初中高中就开始读了，我们都很喜欢体育运动，常常锻炼，并且都选择了长跑，她对于我的内销经验还是比较感兴趣的，这样一来，我们的共同语言多了很多，常常在一起聊天。

## 2.4 跟单难点

企业的生命是订单，管理订单的灵魂是跟单。

跟单的难点一般有两个方面，一方面是对物，即资料信息的完整及时，另一方面是对人，要跟不同的人做多向沟通，确保订单按预定时间进行。

### 2.4.1 困难的一次跟单

在工作方面，因为 Tim 的请假，我就接手跟进那张公司新部门最大的订单——擦鞋机。接手之后才发现这个单子不好处理，客户已经比较焦急，即使时间还有一个月。我先跟工厂的方老板和工程师梁工（梁总工程师，以后简称梁工）了解真实的情况，发现问题不容乐观。工厂老板采购方面并没有偷工减料，采购好的原料和配件还会有很多的问题，因为新产品往往会发现很多地方要改良。梁工在电话里也说不清楚，反正结论就是——时间只有更迟，没有更早。我这边老是骂工厂老板也好像不是办法。

没有办法，还是要说服客户接受再推迟。

直接打电话给客户沟通，坦白说明是新开模具，时间比预计长，但也是为了客户质量考虑。如果客户要这么赶，可能会影响质量，而且我们已经是派了工程师去协助，正在全力保证生产进度。并且试探了一下，如果只能够推迟一个星期的话，到时候走不了货，客户会不会不要了？香港客户那边表态还是要求全力生产，时间他们再去跟客户争取。根据情况分析，客户已经是做了促销通知了，如果取消，客户也会损失很大，所以不会轻易取消，但时间确实不能够拖太久，否则超过了时间，也会造成客户销售上的麻烦。想来想去，拿定主意就去黄总办公室。

"好，我赞同你的想法，就这样去做吧，我会叫他们配合这个工作。"黄总表态说。

公司里有个同事叫 Rick，美国人，负责协助整个外贸部门的销售，Peter 同意叫他协助，Rick 帮助我们以公司销售总监的身份再写邮件给客户，表明我们正全力去做，希望对方谅解，能给更多的时间。这么做的确有点效果，经过沟通后，客户表示会尽力跟德国客户协调解决这个事情，那时候，香港客户负责跟进的唐小姐，打电话给我说：

"John，如果你真的是想快点，那就不要在广州了，马上去浙江监督吧，遥控工厂是没有用的。"

因为我来的时间不长，能不能出差不是我能定的，想想唐小姐这样说的确有道理，即使我不负责生产，去了后总能在第一时间第一现场跟客户联系，解决问题，比在广州办事处强。于是我赶紧去跟 Peter 汇报，Peter 也比较重视这个订单，同意我的想法，还专门叫公司里细心的 Lily 和有经验的 Wing 来配合我处理公司这边的事情。

## 2.4.2　又见到梁工

第一次买飞机票，第一次到飞机场，第一次坐上了飞机，刚好是坐在靠窗的位置。碧蓝的天空，深远、宁静，看着美丽的风景，我的心却还在不停地纠结在那个订单上，能完成任务吗？客户真的会不要货吗？搞砸了，我们的部门会关门吗？

下了机场，方老板亲自来接我，看来工厂十分希望我能够带来客户同意交货期延长的好消息。方老板四十岁左右，虽然对我微笑着，但也不能掩盖脸上透出的丝丝疲惫，打完招呼上车后，我问方老板："梁工呢？"

"梁工还要去鸡蛋壳包装的工厂，晚上就能见到。"

"是吗？好的。"

我本来想说为什么不能按时交货之类的话，想想还是迟点再说吧。

在公司的时候，我就跟梁工合住在一起，我们部门不大，男的就我们两个，其他都是女的。虽然他话不是很多，但工作责任心很强，技术也不错，还教了我不少这方面的知识。我们有两个月没有见了，电话中老听他说很忙，晚上 6 点钟终于等到梁工回来了，这么久不见，本来脸色红润，国字脸，身材微微有点胖的梁工，眼前却是头发凌乱，身上衣服陈旧，国字脸好像变成了瓜子脸，身体瘦了整整一圈，唉，真是公司里的好同志啊。

"阿莫，你过来啦。"梁工还是笑着跟我打招呼。

"走，我们去吃饭吧。"方老板说道。

吃饭的时候，我慢慢了解到这边的真实情况，金属模具出来后，电机安装上有噪音，调整结构又多花了一个星期，用来装鞋油的塑料瓶子的出口倒装在擦鞋机里，因为瓶子开口模不好，所以又重做，这样又多花了一个多星期。

然后采购配件，有些配件买不到，要到广东地区订，使装配时间又延误了一个多星期。还有员工不够，马上招人比较慢，还要进行产品认证和验厂证书等事情，要做好一个新产品，真是很不容易。

看到梁工的样子，也知道他们其实已经尽全力去做好这个订单了。因为我是作为公司代表来的，为了确保订单的及时完成，我还是把客户的要求跟方老板讲清楚，希望他能够调动更多的资源去完成这个订单。

接下来的日子，我也学梁工一样，变成了工厂里的一员，协助去叫车拉货，在生产线上哪个工位不够人手就去帮忙，梁工也在尽力做好工作，方老板因为出不来货他的损失最大，所以早上总是第一个来，晚上往往是最后一个走，大家都在齐心协力地工作，争取订单尽早完成。

### 2.4.3 第一次验货

经过大家的共同努力奋战，货物终于赶出来了，但还是比规定的时间延迟了三个多星期。香港客户马上派 QC 过来验货，客户在验货的时候，广州办公室的同事 Lily 也把船务资料、订舱的准备工作做好了，就等 QC 验货完成后马上装上 11 个高柜拖走了。货代那边也有专人在候命，等待装车出货。但是能不能出货还要看验货合不合格，如果验货不合格，客户那边又不同意放货，那么到时候订好的车就会空跑一次，订舱那边也要取消，会造成不少的损失。

这个时候，工厂的人、广州办事处的同事及领导 Peter，都希望一次验货合格出货。方老板以最大的热情去招待来验货的 QC，把产品按比例抽出来，一台台拆开，将产品各方面的性能、外观都拍下来，这样足足忙了一天，5 个工人配合检查，结果终于出来了。

方老板想用红包贿赂 QC，但 QC 坚决不收，只是对我们说：我把结果给公司，你们跟客户沟通能不能放货吧。

11 个高柜还在外面等候，如果不能装货，超过了规定时间车主是要收额外费用的，货代已经是半小时一个电话问能不能装货。验货报告发给客户后，我马上打通香港客户电话，问能不能这样就放货，我们的质量没有问题，只是外观问题。其实这个理由很牵强，因为报告里显示有三项主要错误，次要错误、微少错误都超标准了。广州的 Rick 也帮助一起向客户说情，客户没有下最后定论，要等德国那边的正式通知，但根据经验判断，能放货的机会不大。到了晚上 8 点钟，德国那边还没有通知我们结果，因此我们现在能做的只有等……考虑到货柜还在外面，最后决定先把货柜退回去。

德国人做事以严谨、有计划著称，不会轻易破坏规矩，从验货报告上来看，我们平时都觉得可以的外观，被 QC 用数码相机近距离一拍，显示出来的图片就觉得这个产品很不好。工作一两年后才知道，对德国和日本的货，如果工厂没有一定经验和过硬的产品，不要轻易接这两个国家的订单。

晚上 10 点多钟时终于接到客户的电话，要求我们返工，即使是我们多么不希望的结果，还是要接受。

## 2.4.4 第二次验货

心情还没有平复，就要马上想办法怎么返工了，16 000 台擦鞋机，怎么能在 5 天里返工完呢？11 个高柜的货真的不是开玩笑，堆在一起超过一个篮球场的面积。又要从头再来，很难不产生沮丧感。我算了一下，最大能力只能够返工 70%，没有办法，先返工再说。

最后一天的时候，所有的工人都通宵工作，大家累到不能动了，当然，在返工的同时，我也对 QC 做了大量工作，因为我有国内销售经验，所以这方面我来负责，其实方法方式跟国内的销售没有什么两样，先去好的地方吃上一顿，增进彼此了解，培养感情。人的感情都是慢慢培养出来的，招待好客户的验货人员和技术人员也是工作之一。

第二天早上，QC 又开始挑产品，拆包装，测试功能，很遗憾的是报告出来后还是有问题，有两台漏电测试不过关，这个是主要问题。在我们百般要求情况下，QC 改成了一台，第二项次要错误为合格，第三项微小错误超标了一点，但比上次已经好很多了。QC 非常有经验，这样的结果等于向公司反映，有很大提高，但还是不及格，也卖我们一个人情：我已经帮忙了，但结果还要等公司决定。这时已晚上 7 点多钟了。

香港客户还是一句话：等消息。这时候大家都没有精力了，方老板还是强打精神说大家都很累了，时间也很晚了，先回去休息。

我们心里都清楚，验货报告不合格，如果再返工，那么就赶不上客户的促销时间了。而且有经验的人都知道，返工要拆开再包装，很容易会越返越烂，所以已经不太可能再返工了。

那么客户会选择不要货吗？如果真的不要货，这么多擦鞋机怎么处理？300 多万人民币压在仓库吗？而且货物放久了可能会生锈的！即使是方总承担责任，我们公司也投入了几十万元的定金，Peter 和方老板会怎么处理呢？我们部门会因为这个事情解散吗？想着这么多的问题，我怎么也睡不着，梁工会睡着吗？方老板呢？在广州的 Peter 呢？漫长的夜晚啊……

 跟单知识分享

外贸跟单员在外贸业务中有重要作用，是指在贸易合同签订后，根据客户签订的相关合同对订单的货物料、生产、装运、报关、结汇等相关环节进行跟踪或操作，协助完成贸易合同的人员。外贸跟单员工作的关联部门，如图 2-2 所示。

第2章　初到外贸公司

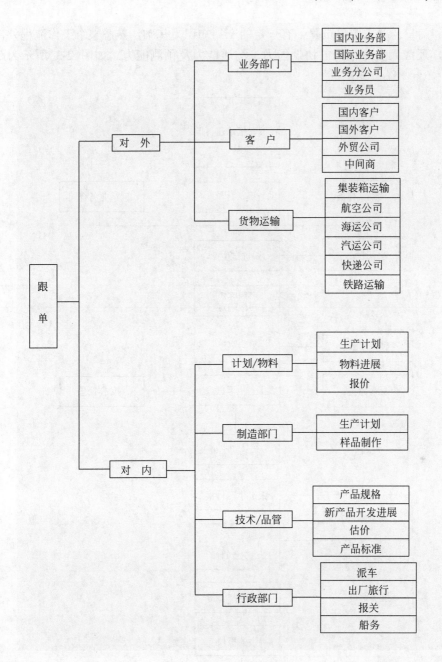

图 2-2　外贸跟单联系图

跟单工作是确立订单后，企业和客户之间的主要联系，外贸跟单员工作跨越了企业运作的每个环节，是企业内部各个部门与客户互相联系的中心枢纽和桥梁，也是企业服务客户的窗口和门户。要求跟单员除了有一定的产品知识为基础,熟悉整个工作流程外,优秀的跟单员,还应具备有很好的协调能力、沟通能力及预测能力。如图 2-3 所示为跟单流程图。

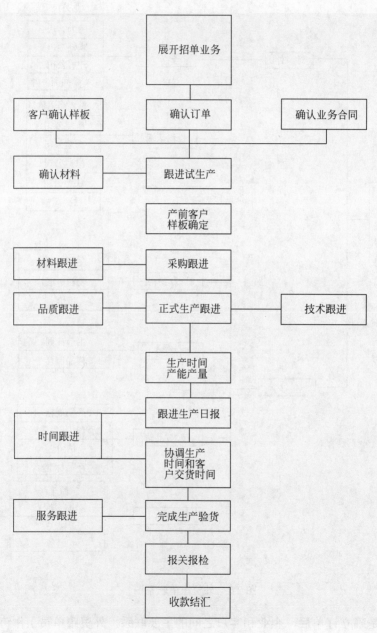

图 2-3 跟单流程图

# 第 7 章　初到外贸公司

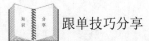跟单技巧分享

跟单看上去没有业务重要，但是要做好跟单还是很不容易的一件事情，因为跟单要跟工厂里的生产、技术、品质、财务等各个部门协调好。

跟单技巧 1

处理交货期引起的质量问题：

状况 1：材料推迟

因为供应商来料推迟，货刚刚进仓库，生产部就来提货到生产线上去，根本没有时间让 QC 进行检验。即使是原料有问题，也来不及检查处理。

状况 2：产品推迟

客户确定了时间不能改，等货物的货柜车来到工厂了，生产线上还在生产产品，根本没有时间去检验就装车拖走了。

这个时候跟单员怎么处理呢？这个时候要分类客户。

A. 品牌客户，质量要求非常高，而且是有工厂有质量保证期的客户。

B. 中档客户，欧美超市类客户，要求比较严格。

C. 低档客户，不来验货的，或者是要求比较低。

或者就分为 A 类客户和 B 类客户，其次，对哪种质量问题要区别对待，分为一般缺陷和轻微缺陷。在跟单员下订单的时候就要根据不同的客户下达不同的标准，如果是 B、C 类客户，可以放宽一定质量标准，可以接受比较多的轻微缺陷。如果是 A 类客户，跟单员就要严格要求，宁可向客户推迟交货，也不要急着出货。

跟单技巧 2

先难后易，客户生产两边挤时间。

据非正式统计，不能够按时交货的工厂超过 80%，推迟一个星期的占 30%，一个月内的 30%，20% 的超过一个月。如何避免这种老是推迟的现象呢？

举个例子，当客户要求是 5 月 15 号交货，这个时候，业务员要跟工厂说，交货期是 5 月 5 号，提前要工厂完成，同时，跟客户商量，交货期推到 5 月 25 号，这样中间就空出了 20 天时间作为意外事情的缓冲时间。这样，工厂不能按时完成，也不用太紧张，只要工厂不超过 5 月 25 号交货，就没有问题了。实在有重大意外时，再跟客户争取一个星期，5 月份前交货，还是可以顺利完成订单的。

# 第 3 章　网上找客户

随着互联网的高速发展，电子商务越来越被中小型企业所重视，如何通过网络和各种平台拓展国际市场，以更低的成本获取更多的订单，已经是中小型企业生存发展的重要一环。

我在网上找客户其实是个反面教材，2004 年的时候，我只知道有 Google 和百度的网站，Google 是美国公司，找国外信息用 Google，国内信息用百度，这个已经是我对互联网找资料理解的最高境界。

进入外贸公司后，主要的客户是通过广交会找的，随着订单越来越多，公司打算自己开个工厂，这样对于业务的压力就更大了，而且，要再深入了解客户，必须利用网上方式，我这才知道要把产品的关键字翻译成各个不同国家的文字，不仅仅是英文。经过一年多的摸索后，终于懂得如何用国外的搜索引擎来找资料。

外贸行业里也有不少论坛，但平时我一直没有多关注，做外贸两年多后，听朋友说有个不错的外贸论坛——福步论坛，所以经常去里面"潜水"。在众多论坛中，福步论坛是外贸人聚集最多的地方，里面"高手如云"，在那里就连三无公司的外贸业务员也有可能接到订单（三无是指没有展会、没有付费的 B2B 平台、没有产品优势）。做外贸的朋友们，有空可以到那里多逛逛，随着资讯的发展，更快、更好地利用网络资源和信息，才能在激烈的竞争中获胜。

下面就把我自己总结的方法拿出来分享给大家，这些经验有些是我自己的总结，更多的是学习他人的经验，特别是在福步外贸论坛上，很多乐于分享的高手给了我很大的帮助。

## 3.1　热情如火的 B2B 付费平台

如果企业的资金条件允许的话，还是用付费平台较有效果，毕竟免费的平台效果有限，一些有实力的企业甚至会将整个平台包下来。总之关键的是选择合适自己的 B2B 平台。

### 3.1.1　怎样选择付费平台

首先来谈谈综合性付费 4 大上市平台，即阿里巴巴、环球资源、环球市场和中国制造。

- 阿里巴巴：阿里巴巴是由马云在1999年一手创立企业对企业的网上贸易市场平台。2008年发展最快，会员价格从5万降价到19 800元，致使很多竞争对手不理解，也正如此使阿里巴巴迅速把盘子做大，由此奠定了阿里巴巴在B2B的龙头地位。的确，这个政策是让很多中小企业受益的。现在阿里巴巴的最低会员价格是29 800元。

  阿里巴巴的速卖通服务和外贸直通车P4P服务，比较适合外贸公司，不太适合工厂，马云把做大淘宝天猫的总裁调去管外贸之后，全球旺铺一旦规模体系建立起来，可能遥遥领先。

- 环球资源：个人认为环球资源的产品专业度、差异化还是一直领先的。虽然现在杂志不像过去那样广泛、普遍了，但是随着智能手机的迅速发展，在手机上也可以直接翻页看杂志，大买家见面的模式会让它一直定位高端。如果阿里巴巴是沃尔玛，那么环球资源就是专卖店。有实力的高端市场，通过其展示品牌是不错的选择。

- 中国制造：这家公司据说在上市之前，有很多的代理商，以前一直以为中国制造的效果是由于优化好的结果，搜索引擎做得不错，后来才发现，在过去的很多年里，通过优化技术积累的海外买家资源才是它最重要的地方。在广交会上可以看到中国制造的美女业务员，她们不仅长得漂亮而且装备精良，最早用上了iPad，这样马上可以输入买家数据。现在将要推优化的服务，会员价格也越来越贵了，但相对环球资源和阿里巴巴来说，还是比较便宜的。

- 环球市场：2012年6月22日于伦敦证券交易所挂牌上市。世界顶尖VC（风投）——JAFCO等投资3 000万美元收购香港B2B上市公司TradeEasy。在过去的几年里，环球市场做得最好的行业就是照明行业，以这个基础的B2B公司也获得了成功。如果做照明行业，可以考虑环球市场上市后，开始发力资源整合环节上突围，在供应商认证上，直接尝试F2C（Factory to Customer）就是工厂对消费者，也是不错的尝试，但成不成功，还需慢慢观察。

除了上面4家上市公司之外，还有如ECVV、EC21、TradeKey、自助贸易等众多B2B，以及香港贸发局、敦煌网等。

其次，通过查询买家数量进行评估。基本上用户在B2B平台都可以查询买家刊登的询盘，用你所在行业的关键词查询，看看买家询盘所在数量和发布的时间，对比一下其他网站，就会对一个平台有个基本的评估，可以知道你的产品是否适合在这个平台上做。根据企业本身的实力选平台，价格相差很大，敦煌网是以佣金形式来收费，跟其他收费网站有不一样的地方。

当然，也可以到Google上搜索，如果你做的产品是scale（秤），试着用bathroom scale作为关键词到Google上搜索一下，上面排在前面的外贸B2B平台，一定是效果不错的。

以上是综合性付费平台，还有不少是专业性付费平台。很多行业都有专业的行业网站，这里就不一一列举了。

🔔 注意：虽然 Google 搜索于 2012 年 12 月关闭了中国大陆市场的搜索服务，但在外贸中因为和外商打交道比较多，用 Google 更容易搜索到想要的东西，因此有些外贸人平时仍会使用 Google 进行搜索。本书中仍以 Google 为例讲解就是这个原因。读者可参考网络如何使用 Google 的方法。

### 3.1.2 要用好平台

要用好付费平台，除了出钱，还要做好很多相关准备，以下简单介绍几个方面。

#### 1. 关键字

得关键字者得天下，这句话并没有夸大，对关键字的理解深度，其实就是对消费者的理解深度，因此关键字需准确设置。在发布产品的时候，所有 B2B 平台都提供了一个让客户自己添加关键字的地方。

那么如何找出产品的关键字？

（1）打开有道或者金山词霸找出英文关键字，如图 3-1 所示。

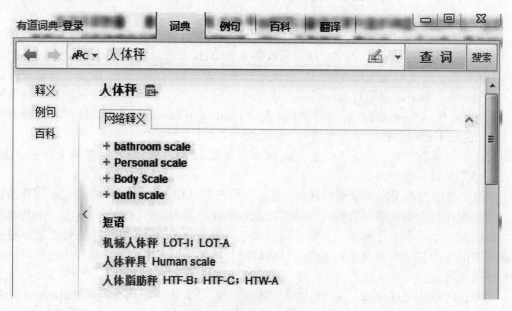

图 3-1　利用有道找关键字

（2）在阿里巴巴英文网上输入关键字，如图 3-2 所示，会看到有多少相关的关键字。

# 第3章 网上找客户

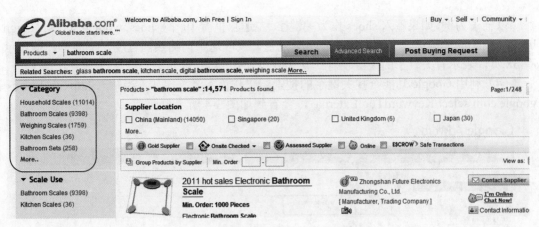

图 3-2 利用阿里巴巴目录栏找关键字

图中框住的 Related Searches 也有很多更细分的关键字。在 Category 下面有很多分类，也可以找到关键字。

（3）继续进入阿里巴巴后台的界面，进入"数据管家"左边的"我的词"界面，如图 3-3 所示。

图 3-3 在"我的词"里找关键字

以鞋子为例,如果输入 shoes 作为关键字,左边那里有 10 个(shoes, women shoes……high heels)相关的关键词,上面框住的表示曝光量,反应这个词的热门程度,下面框住的表示有 38 页,表示有关鞋子的关键字有一共 380 个(10 乘以 38 页)。

(4)利用 Google 功能查找关键字的搜索结果作为参考。比如,当输入 https://adwords.google.com/select/KeywordToolExterna ,会看到如图 3-4 所示页面。

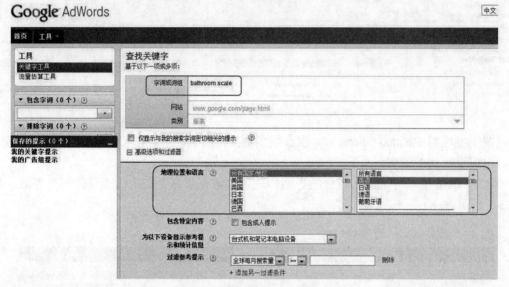

图 3-4　利用 Google 找关键字

(5)在标注框内输入产品关键字,然后选择地区和语言。单击"确认"按钮后,会显示下一个页面,如图 3-5 所示。

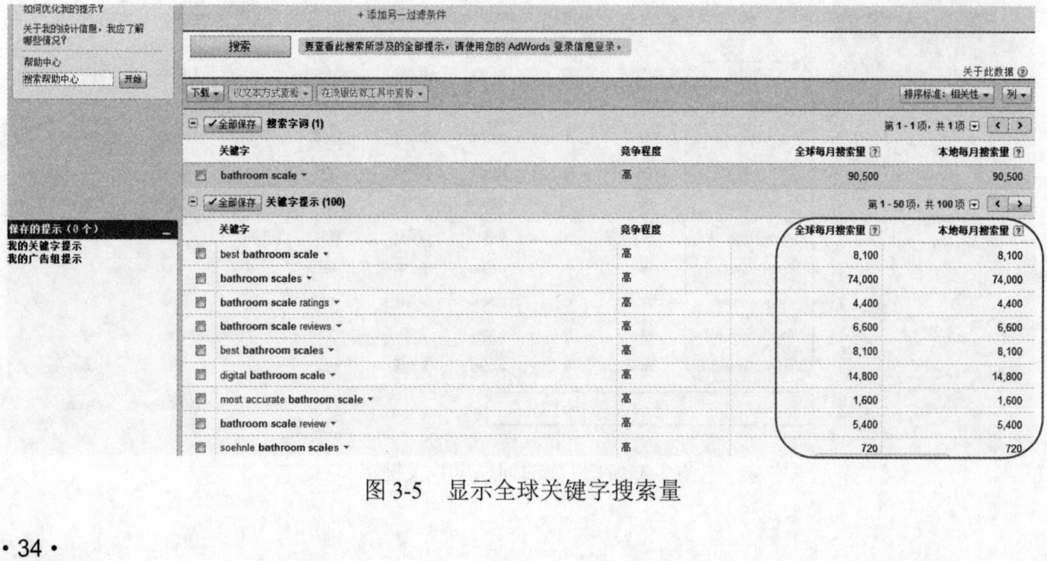

图 3-5　显示全球关键字搜索量

在右边的标注框内可以看到关键字的搜索量，通过这个数字可以判断关键字的热门程度。

（6）在 http://freekeywords.wordtracker.com 这个网站上也能找出不少关键字。免费的关键字在 Google 和这个网站上就已经可以积累不少数量了。当然如果有钱的话，可以使用 http://www.keyworddiscovery.com/search.html 网，该网站第一页不收费，第二页开始就要收费了。

**2．利用Google图片功能来判断关键字是否正确**

（1）打开 Google，先告诉大家一个小技巧，一般，如果输入 www.google.com，会默认为 HK 的服务器，变成 www.google.com.hk，所以在我们打开 Google 的时候给它加密一下就可以直接访问 Google 原版的网址 http://www.google.com/ncr 了。

（2）输入产品关键字，如图 3-6 所示。

图 3-6　直接打开 Google 网页

（3）输入关键字 bathroom scale 后，显示页面如图 3-7 所示。

**3．关键字的规律**

关键字也是有规律可循的，经过整理后做成表格供大家参考，如表 3-1 所示。

图 3-7 通过图片确认关键字是否正确

表 3-1 关键字的规律

| 说 明 | 优 点 | 缺 点 |
| --- | --- | --- |
| 关键字设置越广泛 | 被搜索到的机会越大 | 针对性越低 |
| 关键字设置越狭窄 | 被搜索到的机会越少 | 针对性越强 |

### 4. 关键字表格

关键字找出来之后需要将关键字进行分类，如表 3-2 所示。

表 3-2 关键字分类表格

| 产品类型 | 颜色 | 材料 | 风格 | 特点 | 品名（关键词） | 型 号 | 认 证 |
| --- | --- | --- | --- | --- | --- | --- | --- |
| 产品系列一 | 黄色 | 木质 | 现代 | 防水 | office furniture | 111 | CE |
| 产品系列二 | 红色 | 金属 | 复古 | 防火 | …… | 112 | ISO9001 |
| 产品系列三 | …… | …… | …… | …… | …… | …… | …… |

简单点的可以用表 3-2 的方法分类，分好类就方便操作了。

### 5. 产品标题

标题要避免一些错误，例如图 3-8 和图 3-9 所示，正确的如图 3-10 所示。

图 3-8　错误的标题 1

图 3-9　错误的标题 2

图 3-10　正确的标题

总之，标题要准确，过于简单和堆砌都不合适。

## 3.1.3　详细的产品描述

图片只是吸引买家的注意力，而使买家产生兴趣进一步点击进去，转化成订单还要进一步让买家详细了解我们的产品,首先要做的就是让每个产品页发挥导购作用,使买家了解产品,产生购买欲望。

详细的产品描述和高质量的产品图片都能够促进销售,利用好现有的店铺功能,通过店铺设计和装修吸引顾客,从而促进销售。

(1)产品的详细描述。把在产品名称和规格说明中不能覆盖的产品信息进一步详细展示给买家,可以包括产品的大小、体积、重量、材质等,另外也可以将买家比较关注的产品的特色、功能、服务、包装及运输等信息展示出来,让买家可以一目了然地了解尽可能多的产品相关信息。描述越精细越容易被买家关注。

(2)通过一些个性化的描述可以展现卖家的专业性:例如对产品细节展示的能力,可以给买家留下良好的深刻印象。

(3)相关产品的推荐:向买家展示更多的相关产品,进行自我促销,引起买家的兴趣。目前网站支持图片的链接形式,用复制粘贴的方法,将自己同类型的产品图片和链接,复制粘贴到产品的描述中,当买家浏览一个产品的时候,同时也能看到其他的产品,会大大增加点击率。

产品描述做得比较好的例子如图 3-11 所示。

**Specifications**
bathroom cabinet
1.green material
2.good quality
3.Blum hinge, soft closing system
4.Fashion design

### *Bathroom cabinet*

1.green material :formaldehyde release: every 100g lacquer < 10mg
2.good quality :all our door sheet and side planks and carcase is 18mm thick.
3.Blum hinge, soft closing system
4.Fashion design:all of secoluce products are fashion, modern, elegance, Good-looking.

| Series | NATURE series |
|---|---|
| Code | NZ003 |
| Color | white oak,red oak,organ oak, |
| | nature oak,coffee oak,black ebony |
| | black oak,green oak,pink oak,gray oak |
| Size | 2100wX505dX1850h(mm) |
| Material | Veneer wood |
| Mirror | GLJ500(500*26*480) |
| Light | GJD01 |
| Top | TYS140(1400*505*20) |
| Base cabinet | NS7050(700*500*480) |
| basin cabinet | N6D3535(350*350*480)*5 |
| | N8D7050(700*500*480) |
| Cover panel | ZGG350(1050*350*18) |

图 3-11 表格化详细描述

第3章 网上找客户

这个表格就是介绍浴室垫的详细表格，包括颜色、尺码、原料等资料，让买家一目了然。

❑ 参考淘宝网那些销量高的店铺，他们对于产品描述做得非常好。

这里就竞争最激烈的行业之一手机作为例子：飞利浦，欧洲品牌，风格简练，所有功能都配上清晰的主图，精准的功能介绍，如图3-12所示。

图3-12 飞利浦手机介绍图

· 39 ·

**5 百万像素自动对焦相机**

对准然后拍摄 - 用清晰的影像留住难得瞬间就这么简单。自动对焦功能会自动启用，当您按下相机按钮时，清晰锐利的照片就诞生了。

**Android 4.0**

您的飞利浦手机现在运行 Android 操作系统，成为具有可定制的、集合各种智能应用程序和功能的手机平台 - 掌上电脑、游戏机和电话自此合为一体。

**一键节电**

这一节能开关将成为飞利浦手机上最便捷的功能。轻触位于侧面板上的按钮，您即可启用此功能，以帮助节省手机的电量。该功能将关闭 WiFi、GPS 和蓝牙功能，同时也会调低屏幕显示的亮度。此外还可避免像其他手机所需的多重操作，这一精巧又方便的按钮定会将手机用户从繁复的操作中解脱出来。

**长达 9 小时的网页浏览**

一次充电，即可享受长达 9 小时的网页浏览。

图 3-12　飞利浦手机介绍图（续）

- 参考国外专业客户的网站，参考他们描述产品的方法。例如电子秤的行业品牌是beurer。可以参考它们的网站 www.beurer.com，也可以参考亚马逊公司的网站 www.amazon.com 。
- 描述产品的部分其英语一定要准确，如下所示。

| | |
|---|---|
| 制作精巧 skillful manufacture | 产品质量 |
| 工艺精良 sophisticated technology | 品质优良 excellent quality(high quality) |
| 最新工艺 latest technology | 质量上乘 superior quality |
| 加工精细 finely processed | 质量稳定 stable quality |
| 设计精巧 deft design | 质量可靠 reliable quality |
| 造型新颖 modern design | 品种繁多 wide varieties |
| 造型优美 beautiful design | 规格齐全 complete in specifications |
| 设计合理 professional design | 保质保量 quality and quantity assured |
| 造型富丽华贵 luxuriant in design | 性能可靠 dependable performance |
| 结构合理 rational construction | 操作简便 easy and simple to handle |
| 款式新颖 attractive design | 使用方便 easy to use |
| 款式齐全 various styles | 经久耐用 durable in use |
| 式样优雅 elegant shape | 以质优而闻名 well-known for its fine quality |
| 花色入时 fashionable patterns | 数量之首 The king of quantity |
| 任君选择 for your selection | 质量最佳 The queen of quality |
| 产品色泽介绍： | 信誉可靠 reliable reputation |
| 五彩缤纷 colorful | 闻名世界 world-wide renown |
| 色彩艳丽 beautiful in colors | 久负盛名 to have a long standing reputation |
| 色泽光润 color brillian | 誉满中外 to enjoy high reputation at home and abroad |
| 色泽素雅 delicate colors | |
| 瑰丽多彩 pretty and colorful | 历史悠久 to have a long history |
| 洁白透明 pure white and translucence | 畅销全球 selling well all over the world |
| 洁白纯正 pure whiteness | 深受欢迎 to win warm praise from customers |

## 3.1.4 高质量的产品图片

好的照片对网上销售有很大帮助，客户主要就是看图片，这里不再详细说。刚刚做网站的外贸朋友，只需清楚下面两点即可。

- 什么是会说话的图片。
- 如何做到让图片会说话。

小结：现在网络竞争非常厉害，全球网页据统计已经超过 10 亿个，要使自己的网站吸引消费者，还要花多点功夫在细节上。

## 3.1.5 排名优化

付同样的费用，怎样使搜索排名更靠前呢？

- 最基本的就是及时更新产品信息。然后是对产品内容页加入精准的关键词，对排名优化也很有帮助。
- 每个不同的平台，排名的规则都不太一样，阿里巴巴的排名规则每年也会调整，所以这一点要多跟平台上的客服代表沟通。

关于关键字，笔者把自己在阿里巴巴上常用的方法逐一展示出来，如图 3-13、图 3-14、图 3-15 和图 3-16 所示。

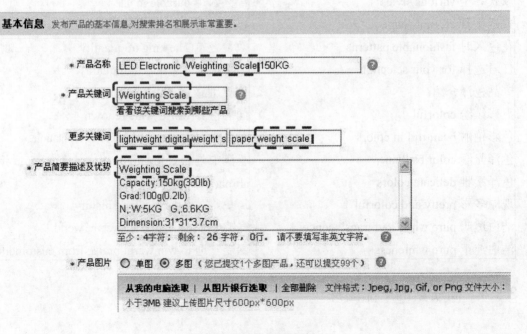

图 3-13　关键字放置参考 1

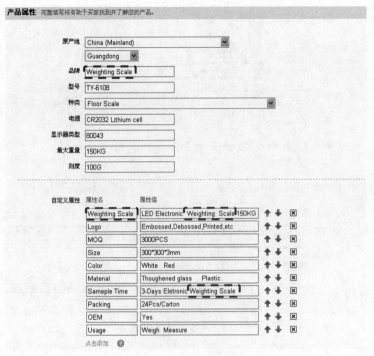

图 3-14 关键字放置参考 2

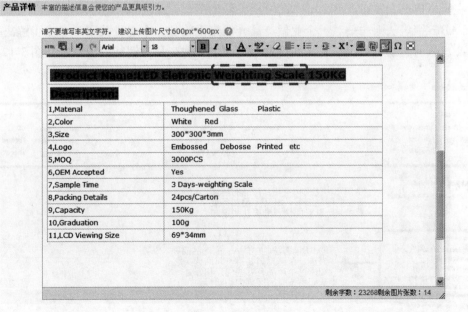

图 3-15 关键字放置参考 3

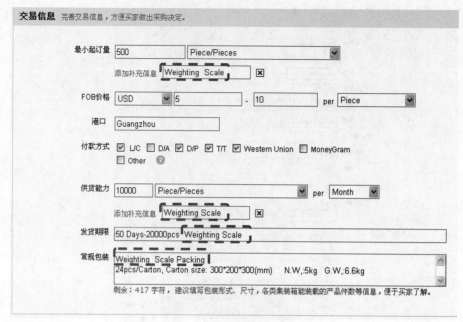

图 3-16　关键字放置参考 4

在阿里巴巴上发布产品，基本的方式方法如下。

FABE 销售法则——对于企业做产品介绍来说就是一个递进关系，一步步解决买家的疑问心理从而达到说服买家购买的目的。下面以一款产品为例截图说明，如图 3-17 所示。

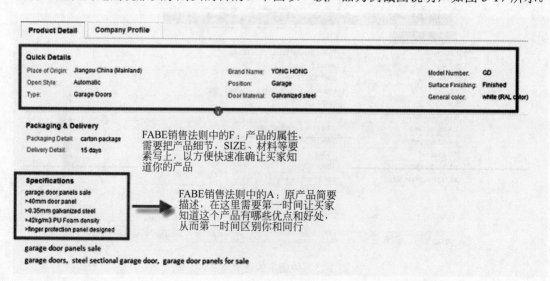

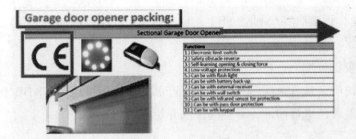

FABE销售法则中的B：这个B往往被大家忽略，有时这也叫销售引导法。为什么要买这个产品？能对采购者/购买者带来什么样的利益？这可以通过产品认证、公司实力/带来什么后果等，明确一下

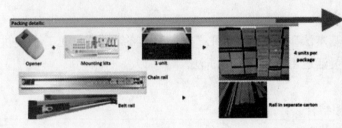

FABE销售法则中的E：证据一说，是销售成功的最后一步。举例说，两个广告：如香飘飘奶茶，可以绕地球两圈，这其实就是在告诉消费者他们的产品绝对安全，绝对好味，否则怎么会这么多人买？还有加多宝凉茶广告，10罐凉茶里有7罐加多宝，这也是一个很好的"证据"说明，所以E是非常重要的，如要说明产品在某个市场或买家中的反馈，可以放到网站上做展示

图3-17　产品截图说明

　　FABE模式是由美国奥克拉荷马大学企业管理博士、台湾中兴大学商学院院长郭昆漠总结出来的。FABE推销法是非常典型的利益推销法，而且是非常具体、具有高度、可操作性很强的利益推销法。它通过4个关键环节，极为巧妙地处理好了顾客关心的问题，从而顺利地实现产品的销售。

1. FABE法整理过程

（F）首先列出商品特征

　　首先应该将商品的特征（F）详细地列出来，尤其要针对其属性，写出其具有优势的特点，将这些特点列表比较。表列特点时，应充分运用自己所拥有的知识，将产品属性尽可能详细地表示出来。

（A）接着是商品的利益

　　也就是说，你所列的商品特征究竟发挥了什么功能，对使用者能提供什么好处，在什么动机或背景下产生了新产品的观念，这些也要依据上述商品的几个特征，详细地列出来。

（B）第三个阶段是客户的利益

　　如果客户是零售店或批发商时，当然其利益可能有各种不同的形态。但基本上，我们

必须考虑商品的利益（A）是否能真正带给客户利益（B）。也就是说，要结合商品的利益与客户所需要的利益。

（E）最后保证满足消费者需要的证明

即证明书、样品、商品展示说明、录音录像带等。了解了产品的卖点后，运用FABE法则，销售人员就能针对客户的需求，进行简洁、专业的产品介绍。

### 2. 如何运用FABE

（1）从顾客分类和顾客心理入手

恰当使用"一个中心，两个基本法"。"一个中心"是以顾客的利益为中心，并提供足够的证据。"两个基本法"是灵活运用观察法和分析法。

（2）3＋3＋3原则

3个提问（开放式与封闭式相结合）：
- ❏ 请问您购买该产品主要用来做什么？
- ❏ 请问还有什么具体要求？
- ❏ 请问您大体预算投资多少？

（3）3个注意事项
- ❏ 把握时间观念（时间成本）。
- ❏ 投其所好（喜好什么）给顾客一份意外的惊喜（如实用从礼品等）。
- ❏ 3个掷地有声的推销点（应在何处挖掘？），质量、款式、价格、售后附加价值等。

按照FABE的销售技巧介绍并且避免该技巧的弊端。首先，我们应该了解产品的卖点，然后运用FABE的法则针对顾客的需求，进行简洁、专业的产品介绍。

我们先要了解顾客的需求，即在介绍产品的时候，顾客关心的是什么，顾客有什么问题等。比如介绍沙发：
- ❏ （特点）"我们这款沙发是真皮的。"——真皮是沙发的属性，是一个客观现实。
- ❏ （优势）"先生您坐上试试，它非常柔软。"——柔软是真皮的某项作用。
- ❏ （利益）"您坐上去是不是比较舒服？"——舒服是带给顾客的利益。
- ❏ （证据）"今天上午有位先生，就是因为喜欢这一点，买了这款沙发，您看（拿过销售记录），这是销售的档案。"——这里是采用的是顾客证据，证据对顾客的购买心理有很大的影响。

将这几句话连起来，顾客听后会产生顺理成章的反应。

### 3. 不采用FABE介绍方法的弊端

你理解的东西顾客不一定理解，作为导购员，你可能与产品打交道久了，对产品非常熟悉，但顾客不一定像你那样了解产品，即使是顾客很容易理解的卖点，我们仍然要强调它的好处是什么。为什么？因为据心理研究指出，顾客最关心的是产品对他的好处，而不是产品有什么功能，我们明确指出产品的好处，等于为顾客决定购买的天平上添加了一块砝码。

因此，我们在发布产品时，可结合该原则打造有力的产品信息，获取更多的效果。

## 3.2 B2B 平台的管理

如何管理好外贸平台？
- ❏ 回复要及时。

正常情况下，收到客户的邮件后，回复时间一般都要求在 24 小时内。
- ❏ 回答要专业。

这就要求业务员不断地熟悉自己销售的产品，然后理解客户的需求。后面内容中会专门讲到。
- ❏ 保持耐心，重复操作提高效率，逐步增强成交信心。

业务员作为新手的时候，会碰到不少困难，产品不熟悉，客户不回复，没有订单，这时候更需要耐心，开发客户和回复客户要通过多次实践才能提高效率。有订单后，要强化自己业务信心，争取更多更大的订单。对于不能成交的客户，也不需要很失望，能不能成交涉及公司产品价格、款式等诸多因素，作为业务员只要做好自己的本职工作就可以了。

要用好阿里巴巴其实还有更简单的方法，就是"压榨"业务员的时间，阿里巴巴的服务人员常常会拜访客户，作为老板的你千万不要觉得烦，要利用阿里巴巴的服务人员回访的时间，要求他们教公司里的人，培训他们，这样的话，第一，员工不敢偷懒，也学到了平台的使用方法；第二，阿里巴巴的人员觉得企业重视他们，会更愿意来，而且有时会讲些经验总结；第三，这样可使公司投资的钱更有保障，一箭三雕。

## 3.3 注册，还是注册，免费的平台

很多免费的平台都是要先注册的，这个就不用多说了。想要在免费平台上找客户或者

了解信息,注册是少不了的,第一要求你的英文水平比较高,第二要求你的网络比较快而稳定,第三是要有耐心,能坚持下去。

## 3.3.1 Tradekey——知名度和实用性较强的 B2B 网站

先挑一个 TradeKey 来示范一下吧。首先,进入它的主页,在右上方,看到有 Join Free 的字样,如图 3-18 所示。

图 3-18　TradeKey 首页

单击 Join Free 按钮,开始注册的第一步,如图 3-19 所示。

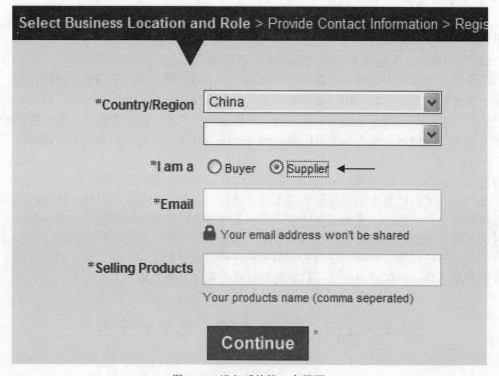

图 3-19　进入后的第一个界面

我们就选供应商吧，打星号的邮箱和类型产品也要填写。最后单击 Continue 按钮进入下一步，如图 3-20 所示。

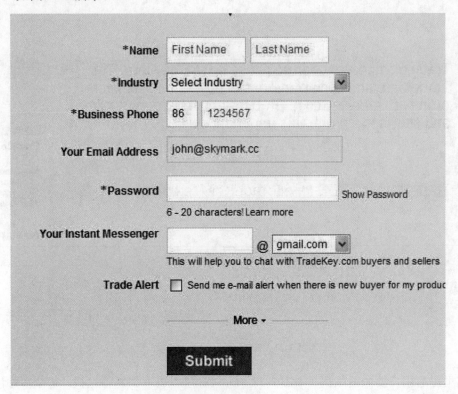

图 3-20　TradeKey 的第二个界面

到这里就注册成功了，如图 3-21 所示。

然后会提示你下载软件，这个可以自己决定。之后 TradeKey 会发一封邮件，内容如下：

The free member does not have access to the buyer contact info. Secondly the buyers don't trust the free members. That is why we recommend our potential members to upgrade their free membership to Premium membership so that you start getting genuine business inquiries on regular basis.

这个软件与阿里旺旺一样，都是方便买家和卖家相互沟通的。但最后提醒大家一句：还是付费好。这个可以理解，在 Tradekey 发来的邮件中，会有清楚的工作人员信息，加上他们就可以得到详细的服务了（目前 TradeKey 已经有 QQ 客服了，以前的 Tradekey 是没有的，进步了）。

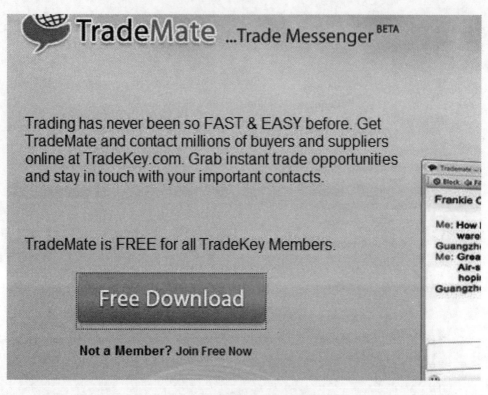

图 3-21　TradeKey 的下载界面

这里提醒用户要激活账户（如图 3-22 所示）。可以去注册邮箱里找，每个网站注册的步骤都差不多，大家可结合自己的信息试一试。

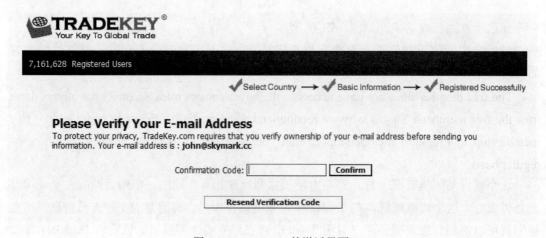

图 3-22　TradeKey 的激活界面

黄页当然也是一个途径,这里为大家介绍几种免费的平台,先看看 Kompass(康帕斯),对找客户和分析客户很有好处。

## 3.3.2　怎么通过专业信息名录服务商找客户呢

利用好国外专业的信息名录服务商,也是找客户的一种好方法,如 Kompas、Thomas、邓白氏等。

### 1. Kompass是什么

Kompass 是全球领先的 B2B 国际贸易电子商务集团。目前在全球 60 多个国家和地区设有子公司。康帕斯所创立并拥有独立知识产权的工业和产品分类系统,是被联合国确认的国际标准工业分类系统综合行业的、按产品分类的包含国外 400 万 B2B 买家信息,覆盖农林、矿产、能源、制造、建筑、交通运输、电信传媒、批发、零售、服务各个行业。

### 2. 怎样通过Kompass找客户

(1)打开 http://cn.kompass.com/en(推荐使用英文网站搜索客户)。
(2)注册成为 Kompass 免费会员,单击主页右边的 Create New Account 链接进行注册,注册完成后直接登录,如图 3-23 所示。

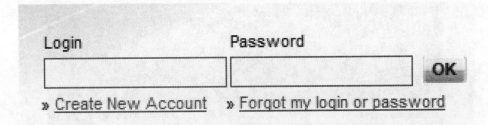

图 3-23　Kompass 登录界面

(3)比如要找国外人体称 Scales bathroom 的分销商,在 FIND YOUR SUPPLIERS(找供应商)版块输入人体称的关键词,在查询条件中选择查询方式 Product,然后单击搜索按钮,如图 3-24 所示。

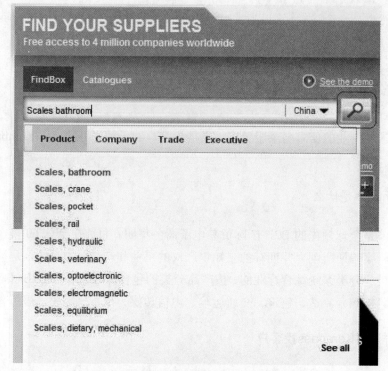

图 3-24　网站首页搜索人体称的关键词

如果不知道如何定位客户群体，可以使用 Kompass 的引导搜索进行"行业检索"，推荐英文版，如图 3-25 所示。

图 3-25　网站首页

（4）然后在这里什么关键词也不用输入，直接单击搜索按钮就会出现"行业搜索"页面，按产品分类逐级精准找到人体称，如图3-26和图3-27所示。

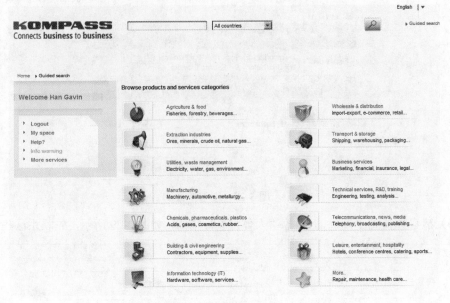

图3-26　行业搜索页面1

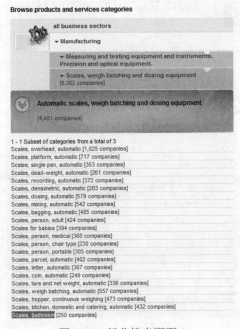

图3-27　行业搜索页面2

（5）在搜索结果中，找到与搜索相匹配的分类，并在所选分类后的业务类型 D（分销商）下打勾，然后单击 View selected 按钮，如图 3-28 所示。

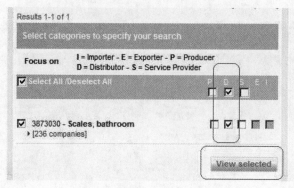

图 3-28　搜索结果

（6）恭喜你找到了国外的 76 家"人体称"分销商，如图 3-29 所示，先联系这些企业吧。

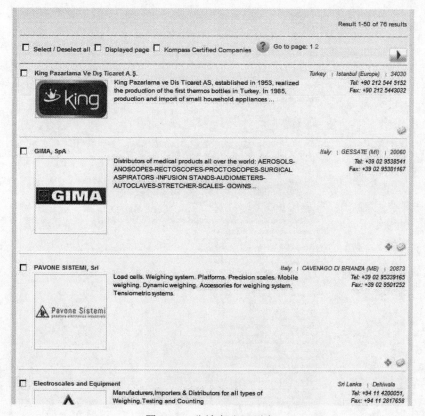

图 3-29　分销商公司列表

#### 3. 有什么使用技巧

使用英文产品关键词搜索时,一定要用英文版,注册账号在中、英文版中通用。注册后登录查询才能使用业务类型(制造商/分销商/服务商)过滤器,才能看到查到的所有买家公司的名单。找准、找全目标客户相关的 Kompass 产品服务是搜索的关键。

### 3.3.3 环球资源

环球资源的客户质量和服务都不错,就是价格比较贵。下面介绍在这个平台上免费找客户的一些方法。

(1)首先单击下面的链接进入注册页面,http://cn.sellproducts.globalsources.com/registerSYP.jsp?Reg_path=FOB-GSFORUM_BODY,这个与网站右上角的"注册"页面进入的是不同的页面,后者是买家和付费供应商的注册页面。

(2)请准确填写注册信息,凡是有*号的都要填写清楚,如图 3-30 所示。

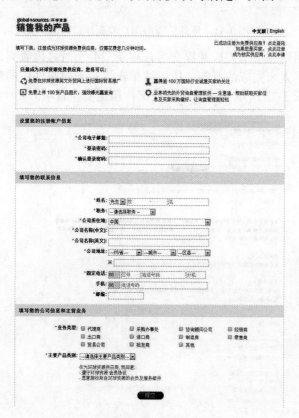

图 3-30　环球资源的免费登录注册界面

备注：以下都是以纯英文的注册页面为例来介绍注册过程，仅供参考。

（3）填写完整注册信息并提交后会看到如图3-31所示界面，确认收到你的注册申请。

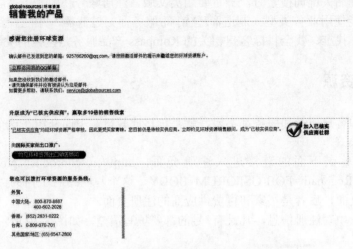

图3-31　环球资源的确认收到注册界面

（4）上面的注册信息填写完成并提交后，将于24小时之内收到第一封确认邮件，用来确认的确是由你本人来完成注册的，所以请单击这第一封邮件中的激活按钮来激活你的免费注册账号，如图3-32所示（注意，垃圾邮件箱也要检查哦）。

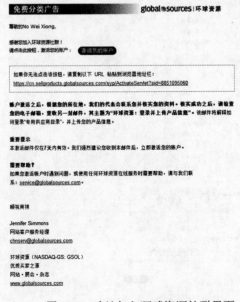

图3-32　确认加入环球资源社群界面

（5）单击激活按钮后会看到下面这个页面，证明账户激活成功，如图3-33所示。

图 3-33 确认已经激活账户界面

完成了上面所有步骤，只是激活账号的第一步。如果此时登录网站的话，虽然其中也有链接可以成功登录，但不是上传产品的界面，只能修改产品分类，因此我们还要继续。

（6）完成账户激活后，需要等待后台开通专有供应商账号，一般情况下将在两个工作日内收到一封标题为 Global Sources Private Supplier Catalog–Account Activation Notification 的邮件，邮件中清晰写明了你的专有供应商管理界面登录链接，如图3-34所示。

图 3-34 确认成为核实供应商

⚠注：但是在这封邮件收到前要先经过客服人员的电话核实，公司信息核实通过才能收到邮件哦。

请一定要确认你收到了这封邮件哦，这是可以上传产品的必备条件。

（7）恭喜你！你的免费供应商注册过程已经顺利结束，现在就可以在环球资源的平台上免费发布产品了。请至少发布一个产品，否则你的信息不能在网站显示。

专有供应商目录登录链接为：http://psc.globalsources.com/?source= FOB-GSFORUM_BODY 还有其他的一些平台，这里不再多做介绍。

## 3.4 通过网站找客户

外贸网站有很多，有几个网站是我个人比较喜欢的，基本上你要什么，网站上都有。不同行业的人有不同的使用方法，下面分享一下我怎么通过网站找客户。

我自己习惯用的搜索后引擎总汇是 http://www.dragon-guide.net/。我卖的产品是电子秤，属于消费类电子产品或者家居用品，现在在我想找德国市场的品牌客户，先把关键字翻译成德文，电子秤的德文是 Personenwaagen。

（1）打开 http://www.dragon-guide.net/网页，如图 3-35 所示。

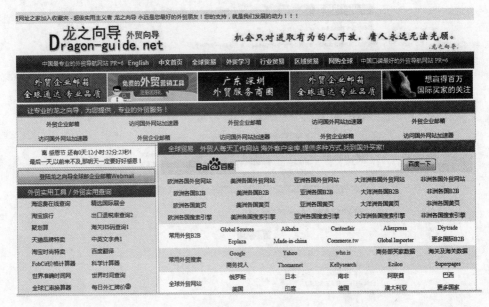

图 3-35 龙之向导首页

（2）可以单击图中的“欧洲各国外贸网站”链接，进入欧洲外贸网站引导页面，如图3-36所示。

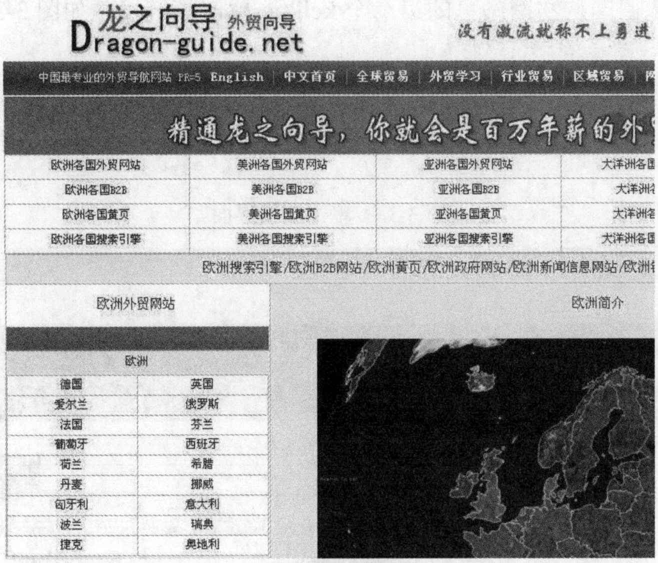


图3-36 龙之向导二级界面

（3）单击“德国”链接，进入界面如图3-37所示。

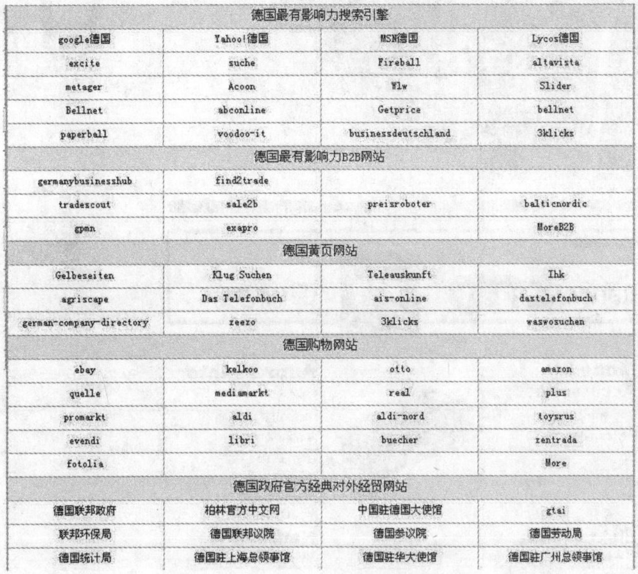

| 德国最有影响力搜索引擎 | | | |
|---|---|---|---|
| google德国 | Yahoo!德国 | MSN德国 | Lycos德国 |
| excite | suche | Fireball | altavista |
| metager | Acoon | Wlw | Slider |
| Bellnet | abconline | Getprice | bellnet |
| paperball | voodoo-it | businessdeutschland | 3klicks |
| 德国最有影响力B2B网站 | | | |
| germanybusinesshub | find2trade | | |
| tradescout | sale2b | preisroboter | balticnordic |
| gpmn | exapro | | MoreB2B |
| 德国黄页网站 | | | |
| Gelbeseiten | Klug Suchen | Teleauskunft | Ihk |
| agriscape | Das Telefonbuch | ais-online | dastelefonbuch |
| german-company-directory | zeezo | 3klicks | waswosuchen |
| 德国购物网站 | | | |
| ebay | kelkoo | otto | amazon |
| quelle | mediamarkt | real | plus |
| promarkt | aldi | aldi-nord | toysrus |
| evendi | libri | buecher | zentrada |
| fotolia | | | More |
| 德国政府官方经典对外经贸网站 | | | |
| 德国联邦政府 | 柏林官方中文网 | 中国驻德国大使馆 | gtai |
| 联邦环保局 | 德国联邦议院 | 德国参议院 | 德国劳动局 |
| 德国统计局 | 德国驻上海总领事馆 | 德国驻华大使馆 | 德国驻广州总领事馆 |

图3-37 龙之向导界面

(4)德国各方面的相关网站就都显示出来了,有德国购物网站,如同国内的淘宝、京东、苏宁等网站一样。

(5)我们挑选德国购物网站里的第二个 kelkoo 单击该链接,如图 3-38 所示。

| 德国购物网站 | | | |
| --- | --- | --- | --- |
| ebay | kelkoo | otto | amazon |
| quelle | mediamarkt | real | plus |

图 3-38 单击链接界面

(6)之后会看到如图 3-39 所示界面。

图 3-39 kelkoo 的网站首页

（7）现在输入要找的产品关键字就大功告成了，之后会看到很多品牌的电子秤都在该网站上销售，如图3-40所示。

图3-40　kelkoo的产品界面

然后可以查看品牌产品，对它们的外观、价格就都清楚了。多进入几个网站，可以大概了解有多少个主要品牌，价格定位是什么。如在图3-40中可以看到有Zone、Medisana等众多品牌，知道品牌后，要找到客户的网站就不难了。

通过这样的方法可以找到很多专业B2C的网站，网站上又会列出很多当地受欢迎的品牌。举个例子，如国内最大的B2C淘宝网，你可以在上面找到各种产品的品牌。在国外也是，但会有更加细分的B2C，如卖它的麦包网，卖书的有当当网、卓越网，可以通过国外的大型或专业综合性网站找出各种知名客户。

找到客户的品牌后，怎么能顺藤摸瓜，找到客户的采购联系人呢？后面会提到。

## 3.5　关于Google上搜索客户

最基本的是把所卖的产品定好关键字，例如电子称的英文bathroom scale，法语、德语、西班牙语、俄罗斯文、葡萄牙语、日语、韩语都是什么？

### 3.5.1　核心关键词的不同语言版本

以我的产品（浴室秤和厨房秤）为例，我卖的是电子秤，下面就是各个国家电子秤的

各国语言（右边是英文）
- ❑ 俄罗斯：

Напольные весы = Bathroom scales

Кухонные Весы = Kitchen scales

Стекло Личные весы =glass scales
- ❑ 法语：

Pèse-personnes = Bathroom scales

Surveillance du poids=bathroom scales

Balances culinaires et accessoires = Kitchen scales

Balance de Cuisine Electronique = Kitchen scales
- ❑ 德语：

Personenwaagen = Bathroom scales

Küchenwaagen = Kitchen scales
- ❑ 荷兰语：

Personenweegschaal = Bathroom scales

keukenweegschaal = Kitchen scales
- ❑ 波兰语：

Wagi osobowe = Bathroom scales

Wagi kuchenne = Kitchen scales
- ❑ 罗马尼亚语：

Cantare = Scale
- ❑ 捷克+斯洛伐克语：

Osobní váhy = Bathroom scales

Kuchyňské váhy = Kitchen scales
- ❑ 意大利语：

Bilancia pesa persone =scale

Glaswaage gebrauchsanleitung

将关键字输入相关的搜索引擎，如果你想找的是德国市场的客户，那么不要在 www.google.com.hk 内输入关键字，而要在 www.google.de 内输入关键字。

正常来说，不同地区，Google 的后续名跟该国的后续缩写是一样的，德国是 de，英国是 uk，法国是 fr，这个是基本的要知道的。

这里再补充一下中国的 Google，正常来说现在输入 www.google.com 出来的是香港的域名 www.google.com.hk，为了准确查找，可以输入 www.google.com/ncr，这样会进入原版 Google，而不是港版的 Google，如图 3-41 所示。

图 3-41　输入 www.google.com/ncr 显示的界面

## 3.5.2　巧用搜索

Google 是大家都知道的全球最大的搜索引擎，除了常规的用法，有没有什么方法可以让我们找客户更快更精准呢？答案当然是有。下面就介绍各种输入技巧吧。

### 1．双引号（""）

在关键字里加上双引号，代表完全搜索，也就是说，搜索结果出现的页面包含双引号中出现的所有词，连顺序都必须完全匹配。比如：搜索 Body Fat & Water Scale，（水分脂肪秤）显示结果如图 3-42 所示。

显示结果大部分不是完整的，Body Fat & Water Scale 中 Body Fat，Water，Scale，&，这 4 个词出现在不同地方，顺序也不同。如果加上双引号，搜索结果如图 3-43 所示。

可见，加了双引号的搜索结果有 104 000 条，没有加双引号的搜索结果有 10 800 000 条，使用双引号可以更准确地找到特定关键字的目标客户。

### 2．减号（-）

减号代表搜索不包含减号后面的词的页面。注意，用这个指令的时候，减号前面必须是空格，减号后面没有空格，紧接着是需要排除的词。比如：在 Google 里输入 personal scale，如图 3-44 所示。

图 3-42　不带双引号的 Body Fat & Water Scale

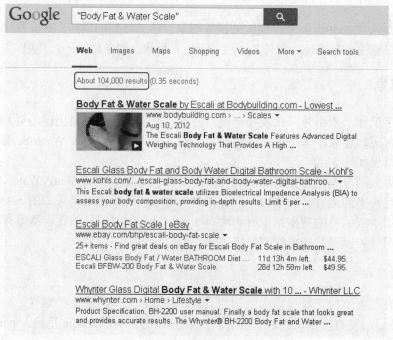

图 3-43　加了双引号的关键字显示页面

第3章 网上找客户

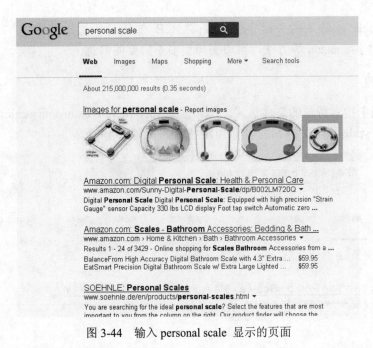

图 3-44　输入 personal scale 显示的页面

搜索结果中会有很多来源于亚马逊（Amazon）的信息，如果运用减号：personal scale -amazon，结果如图 3-45 所示。

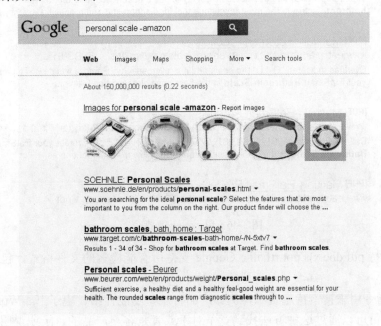

图 3-45　输入 personal scale -amason 显示的结果

一般 Google 上输入的关键字会有很多 B2B 的信息，通过关键字 -ebay，关键字 -alibaba.，关键字-amazon 等方法，可以去掉很多不想要的信息。

3. filetype

filetype 用于搜索特定的文件格式。例如搜索 filetype:pdf bathroom scale，显示的就是包含 bathroom scale 这个关键词的所有 PDF 文件，如图 3-46 所示。

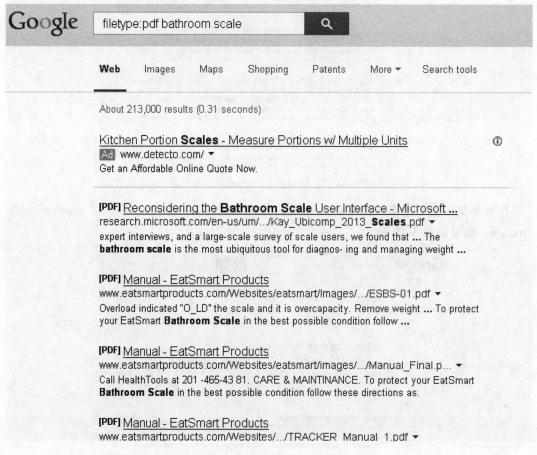

图 3-46　filetype:pdf 指令

百度只支持 pdf.doc.xls.ppt.rtf.all。Google 支持所有能检索的文件格式，包括 HTML、PHP。

filetype 指令用来搜索特定资源，例如产品目录、功能介绍、电子书、Word 文档等非常有用。外贸员可以通过这种方法找到竞争对手或者是客户产品的目录或说明书。

**4. 加号（+）**

意思是搜索的结果需要显示连同的两个或是多个关键词。例如 bathroom scale+manufacturer，记得+号前面要有一个空格，后面不需要空格。

（1）产品关键字+dealer

例如，在 Google 上输入 bathroom scale+dealer，如图 3-47 所示，可以有机会找到 dealer（经销商），找到客户。

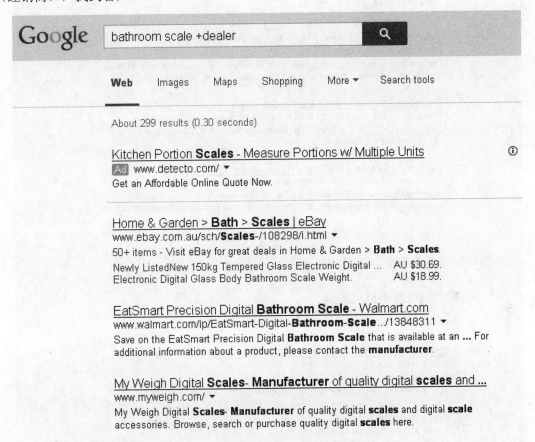

图 3-47　关键字+dealer 指令

（2）产品关键字+distributors

同样的道理，产品关键字+ distributors 这种方法能够帮我们在 Google 上找到一些 distributors（供应商）的资料，这里注意，会有供应商在 Google 页面做广告，例如输入 bathroom scale+distributors，如图 3-48 所示。

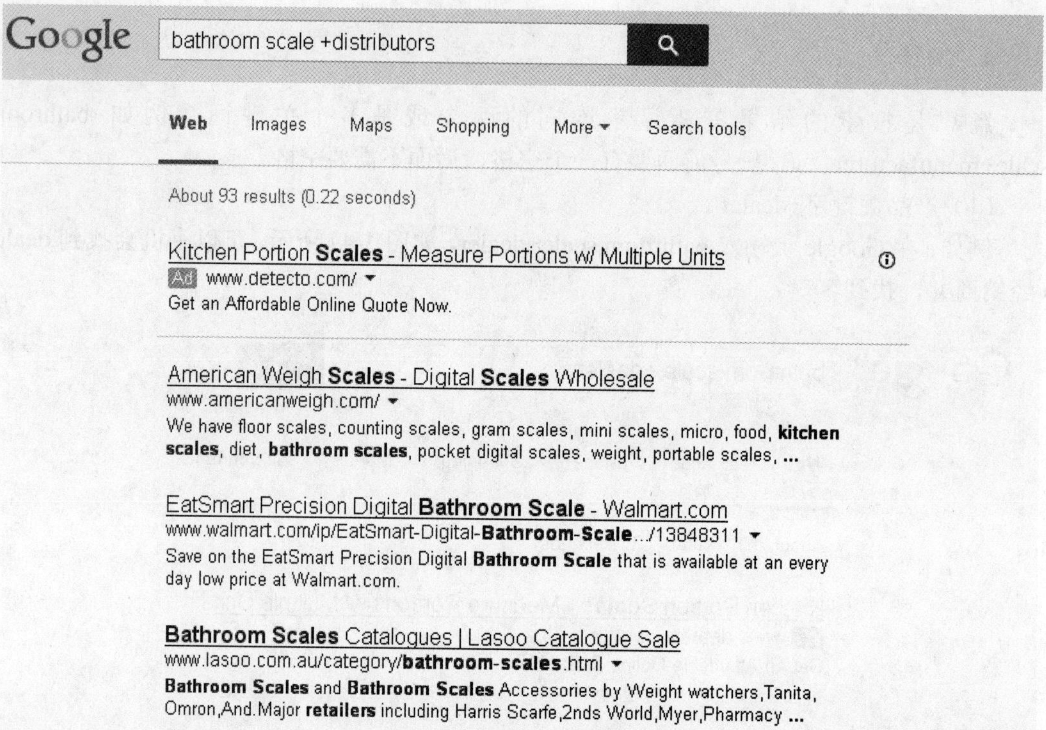

图 3-48　关键字+distributors

一直拉到该页面下端，如图 3-49 所示。

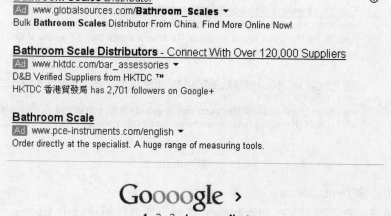

图 3-49　关键字+distributors 首页底部

图 3-48 中显示，bathroom scale 会有比较大的当地供应商在上面做广告，做广告的供应商当然也就是我们要找的目标客户。

5. 关键词+国家公司名称后缀进行搜索

一般情况下，每个国家的公司其名称后缀都不一样，如中国公司的名称习惯是 Co.LTD，美国习惯 INC、LLC 等，意大利习惯 S.R.L，西班牙习惯 S.P.A。把产品名称或产品属于哪个大范围的名称直接输入到 Google 中，也会出现不同的结果。

例如在 Google 上输入 bathroom scale+Co.,LTD，如图 3-50 所示，可以找出一大堆同行。

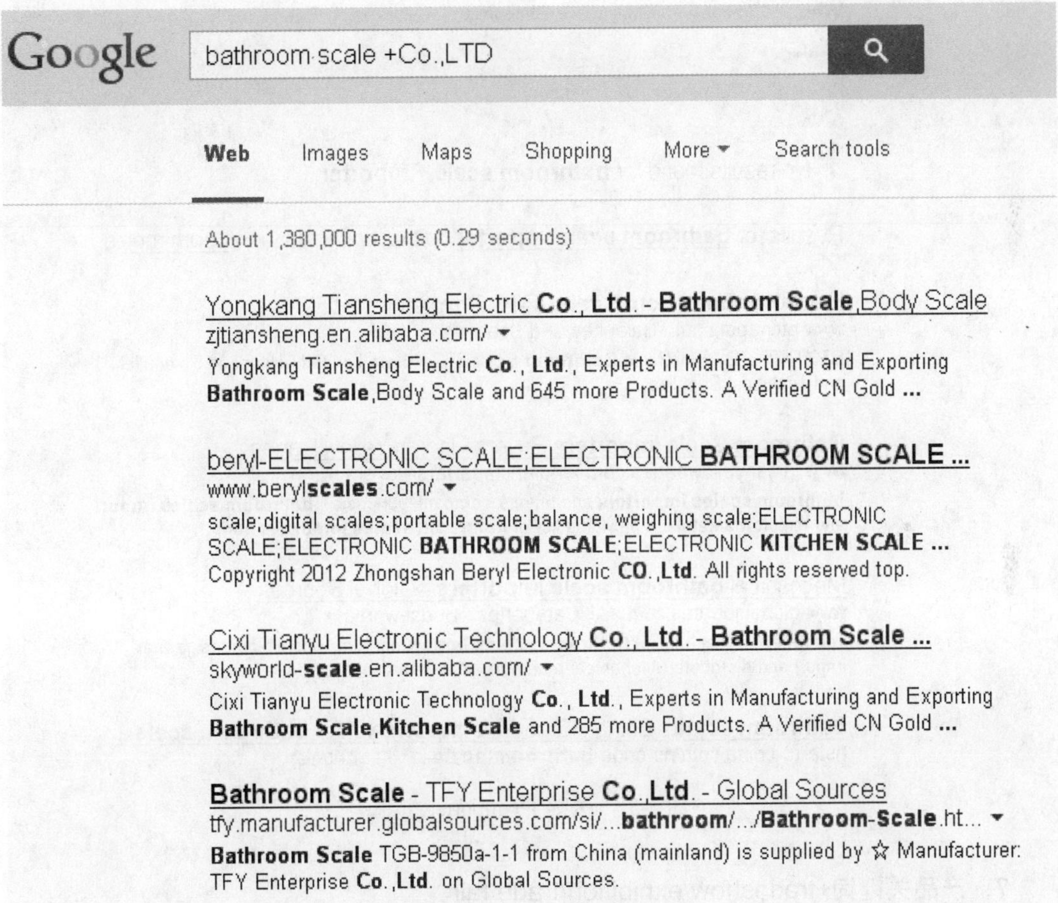

图 3-50 关键字+Co.,LTD 指令

注意，可以用关键字+"公司后缀"来减少搜索的信息，就是几种方法综合运用。

### 6. 产品关键字+importer

可以在输入时，在产品关键字后输入+importer（进口商），这样又可以搜出一堆客户，比如我们在 Google 上输入 bathroom scale+importer，如图 3-51 所示，第一、二条信息还是挺有价值的，可以继续挖掘下去。

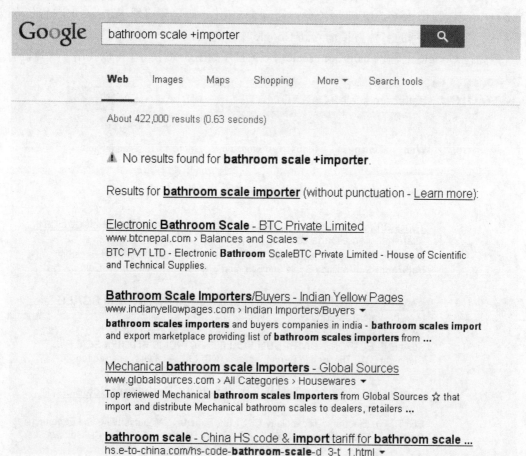

图 3-51　关键字+importer 指令

### 7. 产品关键词+tradeshow/exhibition/trade fair

找出与你产品相关的展会网站，并在其网站上找到国外展商名录及联系方式。一些展会网站也会有其他相关展会的链接，如此直接打开链接，又可找到更多的展会，如图 3-52 所示。

# 第3章 网上找客户

图3-52 关键字+"canton fair"指令

此外，直接在 Google 里输入中文，亦可找到一些相关的展会信息。例如要找五金展，可输入"国家+五金展"，会搜出很多关于五金展的网页，这时再用这个五金展的英文名称，通过 Google 找到该展会的网站。由于这些展会每年都举办，内容会及时更新，所以其展商信息基本都是有效的，且每年的展商也会有很多不同。

### 8．产品关键字+chamber，association或institute

产品关键字+chamber，association 或 institute，会搜出不少行业协会或工会的网站，这些网站上有许多协会会员企业的联系信息，可联系他们。当然，有些产品是可以的，有些产品却不适合，回去试试就可以了。

### 9．产品关键字+email

产品关键字+email 可以找出一些客户的邮箱，这里不再详细介绍，读者可以自己尝试一下。

### 10．产品关键字+ account login

我们在搜索客户的时候有时会碰到 B2C 网站，需要注册会员购买产品。这类 B2C 网站相当于国内的淘宝店或淘宝商家旗舰店，他们的产品也需要对外购买，我们和这些商家建立联系也是多一个销售渠道，能直接快递到国外产品的超好方法。

熟知上述 10 种方法并加以运用，相信会为你的业务带来很大帮助。再次提醒大家，最好是几种方法综合运用。下面就是跟进的问题——找邮箱。

## 3.6 利用邮箱找客户

利用前面所讲的各种方法找到客户的网站后，接下来就可以在其网站上查找他们的 E-mail，并将开发信发过去。然而，如果在客户的网站上没有找到他们的 E-mail 又当如何呢？

### 3.6.1 找不到联系邮箱或不是采购部门的邮箱时

方法一：可在 Google 里输入 "@+网址后缀、email+网址后缀或者 purchase/marketing+email+网址后缀"，此外还可混合其公司的名称、电话、传真等一起使用，从而搜出其联系邮箱。

例如，我查到一个德国公司品牌，网站是 www.etv.de，我想找采购人的邮箱，Google 上输入@etv.de，结果如图 3-53 所示。

图 3-53  通过 Google 找客户邮箱

单击第 4 条信息,出现如图 3-54 所示界面。

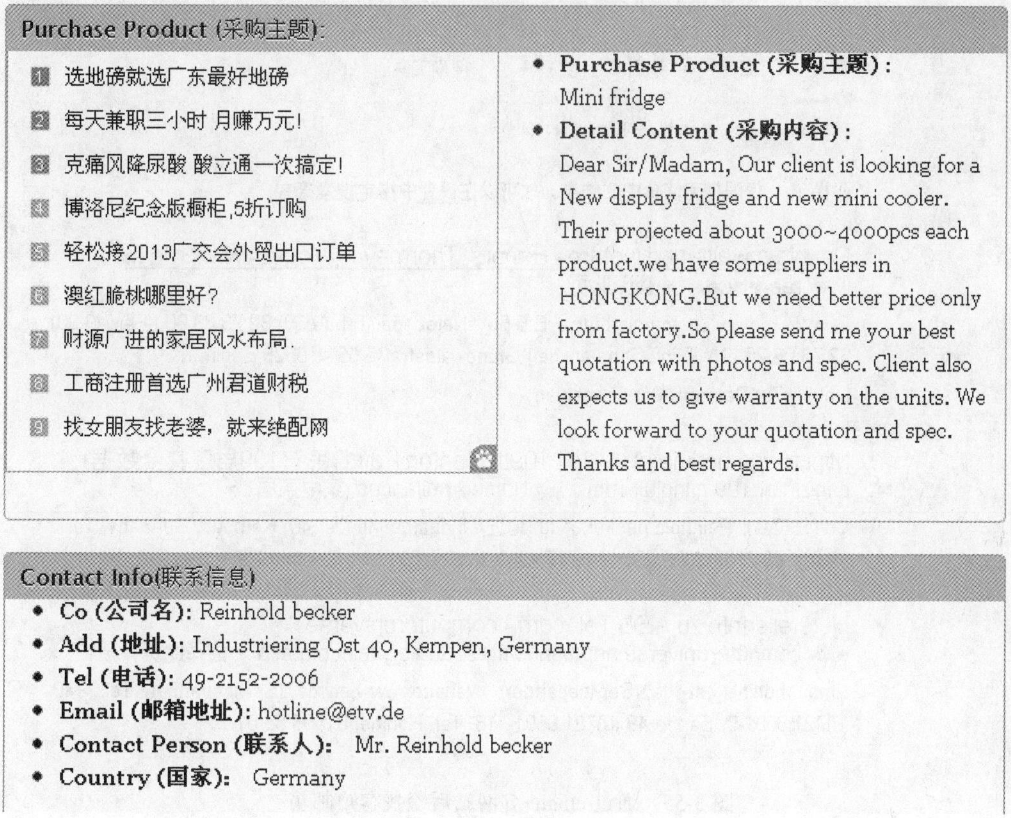

**Purchase Product (采购主题):**

1. 选地磅就选广东最好地磅
2. 每天兼职三小时 月赚万元!
3. 克痛风降尿酸 酸立通一次搞定!
4. 博洛尼纪念版橱柜,5折订购
5. 轻松接2013广交会外贸出口订单
6. 澳红脆桃哪里好?
7. 财源广进的家居风水布局
8. 工商注册首选广州君道财税
9. 找女朋友找老婆,就来绝配网

- **Purchase Product (采购主题):**
  Mini fridge
- **Detail Content (采购内容):**
  Dear Sir/Madam, Our client is looking for a New display fridge and new mini cooler. Their projected about 3000~4000pcs each product.we have some suppliers in HONGKONG.But we need better price only from factory.So please send me your best quotation with photos and spec. Client also expects us to give warranty on the units. We look forward to your quotation and spec. Thanks and best regards.

**Contact Info(联系信息)**
- **Co (公司名):** Reinhold becker
- **Add (地址):** Industriering Ost 40, Kempen, Germany
- **Tel (电话):** 49-2152-2006
- **Email (邮箱地址):** hotline@etv.de
- **Contact Person (联系人):** Mr. Reinhold becker
- **Country (国家):** Germany

图 3-54  广交会数据显示客户采购信息

这样就成功地找到客户的信息了,如果不是你卖的产品,可以根据网页上提供的电话,继续找对口的采购人员。也可以直接用 email+@etv.de 的搜索方法,信息会更精确,如图 3-55 所示。

方法二:输入公司名称或品牌名称,加邮箱后缀,即可以找到很多相关链接,如此一直循环查找,会有意想不到的效果,这里不再详细介绍。

## 3.6.2 如果只有一个 info@...之类的邮箱怎么办

我们打开客户的官方网站,很多只会留下 info@ABC(这里以 ABC 指代客户的网址)公司的邮箱,并没有注明邮箱是销售部门的还是售后部门的,这样我们还是要想法找到采购部门的联系邮箱。

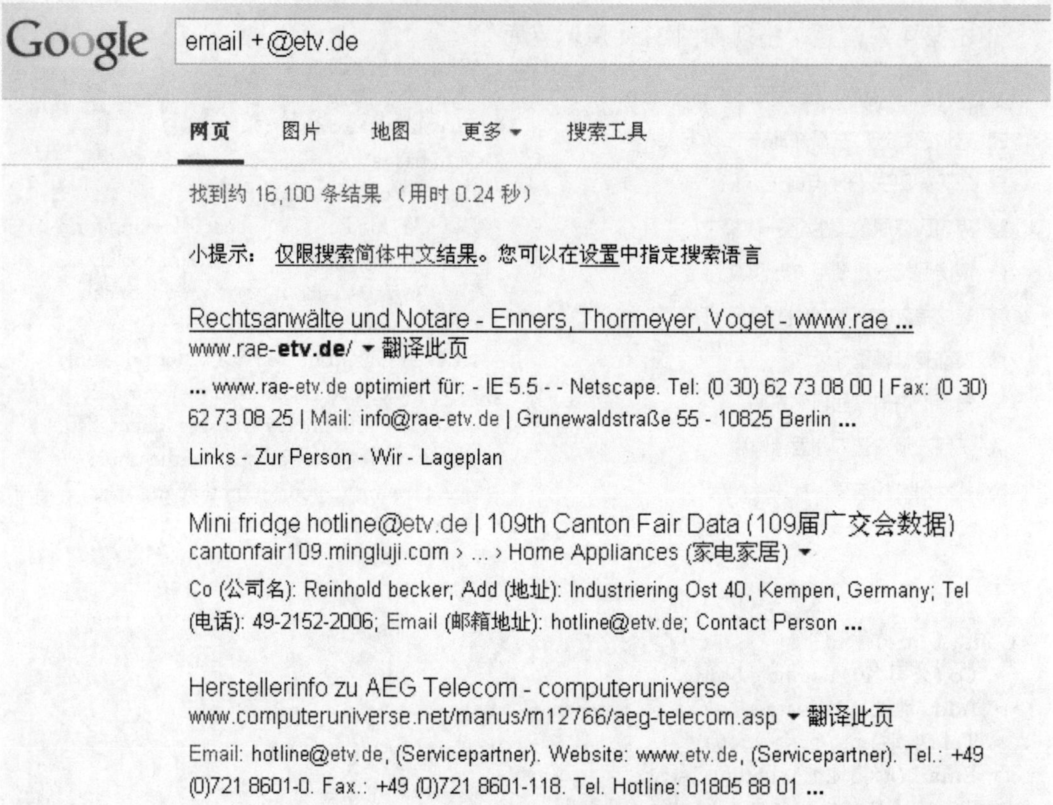

图 3-55 通过 email+@网站后缀找客户邮箱

方法一：利用前面提到的方法。利用谷歌去搜索，看能不能挖掘出来其他的邮箱或联系方式。假设一个公司的网站为 www.XXX.com，则 infor 邮箱为：info@XXX.com。

方法二：用方法一如果找不到的情况下，直接输入 www.xxx.com+email，或者 www.xxx.com@。虽然搜出的邮箱可能不一定是所找公司的邮箱，但是不试试怎么知道呢？

方法三：还可以在维基百科上查，读者可自己尝试一下，这里不再详细介绍。

### 3.6.3 客户网页留言

很多人嫌麻烦不在 info@或者网页上留言，这是错误的。一般品牌客户都很重视留言，客户公司的人肯定能看得到。如果用我们自己的邮箱发邮件过去，有一定几率会被拦截。如果邮件被拦截了，那么前面的工作就都等于 0。下面介绍一下可以用的方法。

方法一：其实很多公司看 info@邮箱的人都是老板或公司内很重要的人物（尤其小公

司），不过我一般会在邮件的第一段做如下调整。

Dear：

Thank you for your attention.

Maybe you are not in charge of purchasing. But as you know, the raw material of low price makes your product more competitive in the market, that means it will make your sell much easier.

Please kindly forward this email to the manager of purchase. Or if you would like to . Please advise the email of your purchase. Thanks a lot.

这样写的道理是：我们给 info 或者网站留言，理论上来说，看邮件的都是接待员或者内勤。他们看了邮件后，需要让他们把我们的邮件上传给采购部或者老板，所以礼貌用语是必须的。如果你能找到采购部或者老板的邮箱，直接发邮件即可，不用那么麻烦了。

方法二：兵不厌诈。

在给客户的销售邮箱发邮件时，可以写这样的标题：

Your purchase manager ask me to send this email.

然后邮件内容是这样的：

Your purchase manager just called me to send an offer to him. But I tried many times, failed. Maybe I made a mistake. I checked your website to get this email.

Could you please tell me his email?

He told me he need this offer very urgently.

虽然骗人好像有点不太道德，但是做业务就是为了订单，而且并没有真的伤害他人，订单为王。

# 第 4 章　展会上接订单

展览会是一种非常有效、直接的宣传公关活动,它的宣传效果不同于传统媒体,与网上推广也不同。企业在展览会上可直接面对消费者和竞争对手,通过即时性的宣传与交流,立即获得市场信息和动态,可迅速统计出相关的市场资料,为企业制定以后的宣传目标及方案提供重要的依据,这些都是传统媒体所不能做到的。

## 4.1　广交会,传说中的外贸订单之源

进入公司一年多后,公司里要卖的展位更少了,对于这些展位公司准备用来做外贸生意。公司外贸新部门的人员有十几个人,有三分之一可以参加广交会,经过挑选,我有幸被选为可以参加广交会的人员之一。

图 4-1　广交会大楼

做民用产品的外贸人都知道广交会,中国进出口商品交易会即广州交易会,简称广交会,英文名为 Canton fair,创办于 1957 年春季,每年春秋两季在广州举办,迄今已有五十余年历史,是我国目前历史最长、层次最高、规模最大、商品种类最全、到会客商最

多、成交效果最好的综合性国际贸易盛会,成交总额占我国一般贸易出口总额的四分之一。这里万商云集,多少传说中的大订单就是在这里诞生的。如图 4-1 所示为广交会大楼。

终于可以参加广交会了,心情不是一般的激动,在确定自己可以参加广交会的时候就常在想,参加广交会会怎么样呢?自己做过内销好几年了,一会儿信心膨胀,幻想自己在展会上激情洋溢,疯狂销售,客户蜂拥而来,订单如毛,收入暴增,马云第二征兆越来越像;一会儿又担心自己没有经验,自己说的老外听不懂,老外说的自己听不明白,客人对产品没有兴趣,在展会上拍苍蝇,销售惨淡,展会归来后直接被老板 fire 掉。两种景象在我大脑里轮番出现,在上班的时候时也表现了出来,时而意气风发,时而忧心忡忡。同事看到我怪怪的样子,加上新闻近来频频报道流行禽流感,说很多人得了病要隔离,对面的冬云都不禁问:你是不是不舒服?要不要去看看啊?

## 4.1.1 进广交会不容易,得好好准备

既然要进广交会,就得好好准备,怎么准备?公司里很多被挑去广交会的都是新手,上司 Peter 组织参加广交会的人员一起开会,亲自教大家:
(1) 先是选定摆什么产品,然后把产品做成产品目录。
(2) 准备好广交会样板。
(3) 所有产品都准备好报价单,把产品价格背熟。
(4) 准备好本子、订书机、计算器、笔、销售合同、封箱胶纸等小东西。
(5) 男女都要穿正规的职业装,但公司就不提供了,自己准备吧。

事情都是易说难做,这一次也不例外。老板讲了几分钟,我们觉得这些都不是什么难的事情,跟着照做就可以了,可是理想总是很丰满,现实总是很骨感。

## 4.1.2 目录诞生记

先说产品目录吧,对于资料,我把每个产品配对好相应的产品特征、功能、大小尺寸、装箱数量等资料,本来报价单用原来的就可以了,但是广交会要有新产品,因此需要赶快下工厂收集新款的样品实物。经过一轮轮的电话催促,总算有 60%的工厂将新产品寄了过来,但再问工厂要产品的相关资料,往往听到的答复是:
"现在我们很忙,人手不够,没有时间啊"。
"我也没有出过货,不知道啊"。
"好吧,我们尽快给你"。
第一、二种答案占了 70%,听到第三种回复虽然会高兴万分,但事实上即使这样答复你,最终也有一半是到了广交会前一天还给不了资料。还是一句话:自己动手丰衣足食。

量产品,算数量,秤重量,校对英文翻译,这些对于老手来说是小菜一碟,可新手做

起来就举步维艰了，感觉就是赵本山和宋丹丹的小品里说的：7天憋出6个字。做这些工作耗费了我两天时间。等我终于把产品的资料都对好后，以为发给设计公司就万事大吉了，为了省钱，我找了个报价便宜的设计公司。两天后，对方就来电话说做好了，"你们再核对一下。"

"好，我马上就去。"效率还不错嘛，找对人了，接完电话我暗自高兴。

广告公司离我们公司不远，走路不到十分钟的路程，到了之后一看结果吓了我一跳，设计风格跟六合彩的彩报差不多（如图4-2所示），客户要看清楚产品资料，就像要你在小报里猜出中奖号码一样！因此让我不得不怀疑做设计的人，是不是兼职做六合彩的小报设计。不行，这样的效果我都接受不了，别说老板了，更不要说老外了，估计想买产品的老外看了目录就不敢买了，绝对不能接受！于是我很坚决地跟广告公司的老板说"不行，这样的设计我不接受，要改。"

图4-2　六合彩报

广告公司的小老板看我样子挺凶，就说："这样吧，你自己跟设计师沟通要什么风格，定好我们再印。"于是我又亲自去跑广告公司，又是漫长的挑图案、封面封底选什么图案、背景选什么图案等，几乎什么都要从头再来。一个方案一个方案地筛选，最后，设计师干脆把厚厚的两本广告图案丢给我说："你自己挑吧，挑好告诉我……"

第三天晚上，已经是下班后的两个多小时了，我们基本算是完成初稿。两天后收到广告公司的新稿，大概一翻感觉还可以，但细细一看还是不行，因为排版不好看，该大的字体不大，该小的字体不小，没有突出主次。我只好又跑去广告公司，但广交会时间不多了，加上要印刷，因此必须迅速搞定这件事。公司的小老板已经不再理我了，因为我已经来了很多次。负责我这个Case的设计师是个新手，没有经验，但还是很耐心，那天我们一直工作到晚上12点才完成。

从广告公司出来才发现肚子很饿了，于是决定去吃夜宵。广州的夜晚是热闹的，即使到了12点钟，饮食业还在营业，特别是广州的大排挡（如图4-3所示），是独广州有的特色。坐在这种临时搭建的地摊档，让人感到格外轻松自在，无拘无束，可以看到很多忙碌了一天的上班族，三五一桌，一起畅所欲言，吃着来自各个地方的新鲜美食，在生活节奏快，工作压力大的广州，这一刻也是一天中的快乐时光。

想想终于把这件事搞定了,虽然很累但还是很开心,终于把自己以前一窍不通的东西完成了。看似很简单的一件事,没想到要来回折腾这么多次。对比其他大企业的目录,虽然还有很多不完美的东西,但也都尽力完成了,没有什么大的错漏。我抬头看了看天空,天空很黑,但繁星点点并不寂寞。

图 4-3　广州大排档

## 4.1.3　样板

说完目录,再来说样板吧,样板的重要性大家都知道。

外观不好,客户不要,功能不好,客户更不买。广交会的摊位费那么贵,如果是因为样板做不好而没有订单就亏大了。

### 1. 估计样板的数量

一般一个广交会展位约 9 个平方,有 3 面可以放产品,这样就要估计能够放多少产品了。例如我放电子秤的话一般可以放 30~35 台。

### 2. 筛选产品

公司的产品很多,所以要挑选最有竞争力的产品去摆放,这里要注意一个问题,很多工厂喜欢能带的产品都带上,以为可以让客户多看看。其实没有这个必要,因为客户时间很短,没有时间看完所有产品,把最强有力的产品摆出来,重点突出,比摆一大堆产品要更吸引客户,如果客户有进一步合作意向自然会看其他产品或者提出看厂要求。

### 3. 准备产品

一定要把样品包装好,测试好产品的功能,在客户面前可以直接示范给客户看。另外,如果样板只是手板（手工制作，不是模具生产的），也要标记好，不要和功能板混在一起。有些样板只有外观，没有功能，就贴个号，在广交会期间，就不要用没有功能或功能有缺陷的产品进行示范了，以免影响客户体验。

### 4.1.4 报价单

先说说贸易公司的价格一般是怎样算出来的。
FOB 报价＝实际成本＋国内费用＋银行手续费＋利润（有佣金的要加上佣金）
CFR 报价＝实际成本＋国内费用＋海运费＋银行手续费＋利润（有佣金的同上）
CIF 报价＝实际成本＋国内费用＋海运费＋保险费＋银行手续费＋利润（佣金同上）

比如：商品的增值税为 17%，出口退税为 9%，国内费用有出口包装费 15 元/纸箱，仓储 5 元/纸箱；一个 20 英尺集装箱的国内运杂费 400 元，商检费 550 元，报关费 50 元，港口费 600 元，银行费用算 1 个海运集装箱包箱费率由上海至纽约，每一个 20 英尺柜的集装箱为 2200 美元。保险为发票金额加成 10%投保一切险和战争险，费率分别为 0.6%和 0.3%。

公司要求在报价中包括如下：
20 英尺集装箱包装数为 200 纸箱，每纸箱装货 12 件。

报价数量：200×12=2400 件

成本：含税成本 150 元

退税收入：[150/(1+17%)]×9%=11.5385 元/件

实际成本：150-11.5385=138.4615 元/件

费用：国内费用（15×200+5×200+400+550+50+600+1400）/2400=2.9167 元/件

出口运费：2200×8.25/2400=7.5625 元/件

客户佣金：报价×3%

保险费用：CIF 报价×110%×0.9%

利润：报价×10%

FOB 报价=成本+费用+银行费用+佣金+利润
=138.4615+2.9167+报价×1%+报价×3%+报价×10%

所以

FOBC3 报价=（成本+费用）/（1-银行百分点-佣金率-利润率）
=（138.4615+2.9167）/（1-1%-3%）

可以看出：FOB 和 CIF、CFR 的主要区别在于 FOB 的费用只有国内费用，其他两种还要加上：

CFR 报价=成本+费用+银行费用+佣金+利润

$$=138.4615+2.9167+7.5625+报价\times1\%+报价\times3\%+报价\times10\%$$

CFRC3 报价=（138.4615+2.9167+7.5625）/（1-1%-3%-10%）

$$=171.1962 \text{ 元/件}=20.75 \text{ 美元/件}$$

CIF 报价=成本+费用+银行费用+佣金+保险费+利润

$$=138.4615+2.9167+7.5625+报价\times1\%+报价\times3\%+报价\times10\%+报价\times110\%\times0.9\%$$

所以

CIFC3 报价=（成本+费用）/（1-银行百分点-佣金率-利润率-保险费率）

然后再说说报价单的简单版本，如表 4-1 所示。

表 4-1　简明外贸报价单（Price List）范本

| 报价单 Price List ||||||||||
|---|---|---|---|---|---|---|---|---|---|
| Item No. | Description | Product's Photo | Specification | FOB Zhongshan | QTY./CTN | CTN's Measure | N.W (kg) | G.W. (kg) |
| | Materials, approvals, technical parameters and etc. | | LxWxH, Dia. | USD | PCS | LxWxH(cm) | | |
| 货号 | 产品描述包括产品材料、技术参数等 | 产品图片 | 长、宽、高、直径等 | 美元离岸价 | 每箱个数 | 外箱尺寸 | 产品净重 | 产品毛重 |
| | | | | | | | | |
| | | | | | | | | |
| | | | | | | | | |
| Remarks 备注：1. Payment terms: 1. 付款方式 2. Single package's type, materials and size | | | | | | | | |

把产品的价格算好，报价单填好，在广交会时就可以应付客户了。

## 4.2　广交会布展

10月12号,公司派车,把样品装在车上,参展的人员带好参展证件,去广交筹展。来到广展馆附近,海珠区新港东路已经有轻度塞车了,路上都是参展企业的面包车或货车。到了展馆门口,刚下车就有一帮人冲过来围着我们,我还以为车没有按规定停放给警察发现了(广交会规定,展馆门口是不可以随意停放机动车的)。仔细一看不像,在我还没反应过来时,他们就满脸笑容地说:

"喂,老板,要拉货吗?"

原来是虚惊一场,那时候我才发现,每当有一辆车开过来,就有无数个拉着木板车的人出现,那种场景有如在一片无垠的草原上一个小鹿被一群豺狼看上一样。

很多外省的参展企业都没有进场车证,如果产品不是很大,就需要从门口送进去,靠临时的搬运工用简易木板车拉进展位。这些围上来的都是临时做搬运生意的人,想问问有没有生意可做。

**提示:** 跟大家分享一下进场行情。

第一,如果想直接把车开到广交会的停车场,必须提前半个月办理车筹展的车证。

第二,如果是靠路边的临时搬运工送进去,开价一车(木板简易车)大概150元,还好价格一般约80元一车就可以了。当然,如果会讲价钱也可以把价钱讲的更低,这个就要看个人的讲价能力了。

第三,最新的广交会服务已经有免费拉货进去的服务人员,大家可以找找看。以我的经验不是很好找。

进到展馆,找到位置后我们马上将产品摆放起来。我们的品种很多,产品都不算大,但还是花了整整一天时间,到了晚上7点多才算布置好。搬产品,拆产品,摆产品,装架子,一天下来,我们大家都只有一个字"累",连平时有运动习惯体力不错的我都感觉有点吃不消了。

第二天,13号早上,我们又来到展馆,经过昨天的努力,剩下的工作不多,就是把样品擦干净,打扫卫生。忙完这些后,我们在展会里到处逛了逛,这时很多展位也陆续布置好了,我看到别人也是同样的一个小摊位,但怎么比我们的展位好看那么多呢?有特加的灯光,背景板也好看,相比之下我们的摊位倒像是街边的地摊了。于是大家商量了下趁还有时间,可以从这几方面把展位修饰一番:

❏ 墙纸可以贴一些有色彩的东西,把产品衬托出更有活力。

- 原来每层木头隔板可以换成玻璃的，增加光线的折射度，让产品看起来更明亮。
- 加多几盏灯，更吸引客人的眼球。

其他的东西都来不及做了，只有灯可以买，于是我们去到二楼中层的地方找相关工作人员去问，灯要150元一盏，大的要配插座，500元一个，东西都比外面的价格贵好多。虽然这样，我们还是加了一些灯，布置后感觉比之前更明亮了。其他的装饰来不及再做，下次展会再做准备吧。一切布置好后，准备15号正式开业。

小提示：摊位的专业与否，直接起到了是否吸引新客户的作用，同时给已经与公司有业务的老客户以心理满足感及信心。广交会里装修的东西都较贵，想省钱的朋友可以自己准备一些常用材料，如贴墙的纸、宣传画、展示架等。当然有条件的企业最好有特装摊位，专人设计。

## 4.3　初上战场

4月15号广交会正式开幕，那场景马上让我想起小品里的台词：那是红旗招展，人山人海。排队进场的人处处排成长龙，有拉着大包小包的中国人或者外国人，警察忙碌地维持着秩序，大巴、的士轮候进出，分明就是春运国际版。国际国内不分你我，各种肤色的人一起挤，肤色不同，目标一样，卖的想接到更多订单，买的想找到更多的供应商，让我想起那句话：天下熙熙皆为利来，天下攘攘皆为利往。

我穿上了自费买的正式的服装，西装领带加皮鞋。在环球资源的时候我已经习惯拜访客户时穿正规衣服，因为这样会让客户觉得你专业、稳重，并且有种被重视的感觉。

第一天的展会上，我们摆了很多产品，有搅拌机、排气扇、电子秤等，可能我们的位置比较好，是两个摊位连在一起的，而且是双边开型，因此客人比较多，生意要比预计得好。

本来我准备了一大堆资料，用英语做介绍，介绍我们的产品性能如何好，功能如何强大，质量如何高等，但真正到了展会现场，这些资料基本没有派上用场，因为客人来的时候往往是一波一波的，一来就同时来，不来就一个都没有，流程都差不多：

"Hi，how are you？"或者："May I help you？"

"May I have a catalog？"

"Yes！"

"How much for this one？"

"\*\*\*dollar-"

"Thanks-"

"May I have a name card?"

"Sure."

"Bye-bye."

都是拿目录、报价单，交换名片，然后 Bye-bye 了。

如果是更深入点的客户是这样的：

"Factory or trading company?"

"Where is your factory?"

"FOB where?"

"Thanks."

"Bye-bye."

有时想介绍下公司或者产品，但英文本来就不太好，再加上一紧张，介绍产品的时候常常语无伦次，客户都是礼貌地听听。当他们问我更多问题的时候，有时听不清楚，只有说 pardon，pardon。

到了 6 点鸣金收兵，因为广交会车辆太多了，大家各自坐车或地铁回住的地方。讲起第一次广交会，我不得不提的是坐公交车的经历。

琶洲地铁 B 出口，公交车站，人头涌动。翘首企盼近半小时，终于等到要等的车。我被后面的人流推到前面去，发现车上已经很多人了，正在犹豫上还是不上时，瞬间插进来数十人，最后只能看车远去。没有办法，在广州坐公交车没有冲劲是上不去的，但是这次的难度还是超出我的预计。

又是半个小时，第二辆车缓缓而到。我使出全部功力"沾衣十八跌，分筋错骨手"，再利用长江后浪推前浪的原理，终于挤上了车。上车后发现根本不用手扶横杆，即使是急刹车，因为没有任何空间了，人也不会倒下来。车厢中人贴人……什么时候能够接到大量订单，公司就有专车接送了，神啊，快赐给我订单吧！

回到家里，即使很累，脑袋还是在想着白天接待客户的情形，思考哪里出了问题。客户也是很忙的，没时间听业务员介绍工厂的那些东西，因此要吸引客户，必须说的都是对客户有帮助的东西，可当时的我讲不出什么精华，估计最吸引客户的一句话就是"Do you want some water？"了。

第二天，我调整了一下方法：

❏ 客户一旦过来问价格，如果看到客户有兴趣，马上跟客户说"Sit down, please."，尽量占用客人多点时间。

❏ 只挑一款重点产品进行讲解，不要笼统地介绍整个公司或产品。

这样做果然有点效果，我跟客人谈的时间更长、更细了。在第三、第四天，香港电子展结束之后，迎来了整个广交会最多客人的时间，公司里的 Grace、Tina、David 往往都是在下午 2 点多钟才抽出空吃饭，上司 Peter 也亲自过来招待客户。

人在忙碌和忙乱中时间会过的很快。其中有一个来自德国的客户，是位很有西方男性魅力的帅哥，他带了一个翻译，来自香港。本以为有翻译了应该没有语言障碍，销售会方便很多，但会谈的时候，客户很正式地坐下来，并且都拿出记录本，问我很多产品方面专业的问题，如：产品的质量控制方法是什么？测试标准以什么为标准？一条生产线每天的产量是多少？我对这些问题毫无准备，只能回答回去后马上邮件回复。后来我在这个行业熟悉了之后，才知道这是一个重量级客户。

在 pardon 来 pardon 去的第一次广交会中，居然收到了 11 个客人要求的样品单，两个客户预约了时间来看厂，在公司里这么多业务员中我居然是名列前茅的。

说实在的，整个广交会有比较好的效果，主要是因为我们电子秤的产品市场需求比较大，能做这种产品的工厂不多。其次，根据自己国内销售的几年经验，能够比较容易判断出哪些客户有真实意向，哪些客户只是了解产品性质的。再其次，我的态度热情、积极，让客户感觉是个努力的业务员。但是对于产品的透彻程度、市场状况和客户情况的分析、竞争对手的情况，以及英文沟通水平这几方面，我还有很大的不足。希望通过努力，在下一届广交会中有更好的成绩。

**参加广交会的要点**

- 衣着整齐正规，毕竟是生意场，不是街边的小摊买卖几十元的生意，很可能是过十万甚至百万千万的生意，不建议穿着很另类。如果要体现个性，可以在发型、领带、围巾等地方做些小搭配。

- 熟悉价格，正常的产品是报 FOB 价格，但也有 CIF 的，至少要把 FOB 价格背熟。客户最常问的问题就是："how much？"，如果连这个都要翻资料，摆明就是告诉客户：我不够专业。打个比方，如果我们去买衣服，看中了一个款式问营业员价格，营业员回答："等等，我去查查看。"这时你会觉得这个营业员专业吗？会相信她介绍的衣服吗？

- 产品的相关认证或市场标准。很多产品是需要认证的，哪些国家需要什么认证，这些都要准备好。例如，欧洲的 CE、ROSH、PAH、美国的 UL，FCC 等都是必备的。还有工厂的相关认证，基本的 ISO 认证，欧洲的 BSCI。有些产品如果没有认证是进不来市场的，例如带电源类产品，日本和欧洲的电压标准就不同，没有 GS，没有 BSCI，则不可以跟德国大超市 ALDI 合作（详细请查看附页）。

- 展会没有客人的时候，也是在工作。当展会没有客人光顾时，不要聚在一起聊天，或者背对着入口而坐，应该是站在展位门口，手拿着目录，随时能够服务客户的样子。只要客人往展厅里看的时间超过 5 秒钟，就可以主动上前问一句"May I help

you？", 随手递上目录，或者会有意想不到的收获。
- 展位跟饭店一样，也是讲人气的，人越多，就越多老外来看，人越少，就越冷清。所以，即使是在门口，能够拉一些客户进来充充人气，对展会效果也有很大的帮助。有些新人对这个往往不屑去做，第一认为没有效果，第二感觉很累。如果你看广交会门口的那些业务员，手拿着目录，不停地举起来，口里说着自己产品的名称，希望能吸引一个或两个客人，那多累啊，而且效果也比不上在展厅，但还是有成群的人会站在门口抢客户，而我们这些在展厅里的人为什么不能多做做？再从另一个角度来看，如果新人能这样做，老板或经理肯定会对你令眼相看，累几天怎么都是不亏的事情。
- 做好会谈记录。因为客户很多，每个客户看上的产品或型号都不一样，情况也不同，有些走得很急，只是拿了目录，有些是问了不少问题，如问我们做过哪些客户啊，或者技术上能不能有这个功能等，这些都可以记录下来，方便以后我们对客户的分析和跟踪，这点一定要从开始就养成良好的习惯，对以后做生意很有帮助。

以上针对的是一般随便了解了解的客户群体，还有一些客户是两个人或一个人，拿着产品详细看的。如果碰到这样的客户，恭喜你，基本上是鱼来了的典型特征，但是真还是假，是大鱼还是小鱼，这个时候就要用到问问题的技巧，来特别分析客户了。

第一个问题：Have you brought this product before？（你们以前购买过此类产品吗？）

作用：能够判断客户是因为想购买而了解，还是因为好奇而了解。

我们展会最头痛的一个情况是，客人很细心地听、问，包括功能、价格等，满以为是个热门的好客户，谁知道往往只是一厢情愿，以后客人就无音讯了。新的业务员往往误以为客户是"间谍"或是无聊，但真实的情况是：客人本身是没有做过这方面产品的经验，只是想开发一些新的产品，或者扩大采购产品的种类，但回去以后，客户对这个产品没有购买意向，所以就不会再跟进了。

在展会没有其他客人的时候，业务员可以把热情和精力用在没意向买的客人身上，可以权当销售训练了。但如果客人多的时候，特别是有真正的大客户在时，你又没空招呼，那就是大炮打蚊子，捡了芝麻丢了西瓜了。

所以，如果客户很多的时候，用这个问题，就能很容易分清客人谁轻谁重。如果客人回答 No，表明客户的潜力不大，短期不会下订单的可能性非常高，可以安排新人去洽谈，但如果客人说 Yes，那么恭喜你，可以锁定这个是公司目标的客户，派出有经验的业务，开始会谈。

第二个问题：Where is your market？

作用：了解客户来自于哪里，在哪里销售。

客户往往会回答，而且有些客人会主动说他们是做超市，还是 household，还是什么集团。比如，我卖的产品是电子产品，都是在超市或网上卖。知道客户的销售市场，有以下几方面的好处：

- 可以对你的报价有参考作用，一般日本、德国等发达国家价格接受程度相对较高。
- 可以对客户的品质要求有一定了解，日本、德国的要求最高，第三世界国家的品质要求低。
- 更重要的是，你可以马上说出当地市场知名品牌是你的合作客户，这时候客户对你的信任感就会大幅度提高。

例如，如果客户回答：My market is from Germany.

我马上就会说：We sell a lot of products to Germany.

一般客户就会好奇地问：Who?

跟着我会说，ALDI 或者 LIDL。

ALDI 和 LIDL 是德国乃至欧洲数一数二的超大型连锁超市，如果你的产品能够卖给这两个客户，那么客户对于你的产品质量和性能都会放心很多。基本上是这样一个提问体系，如图 4-4 所示。

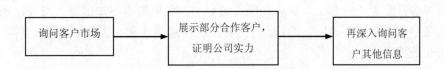

图 4-4 沟通模式

但要注意，表明公司已经可以合作的客户一定要挑知名度高、有影响力的客户或品牌。其次，不是很了解客户的情况下，不要把所有合作客户都告诉对方。

当然，如果卖化工产品，或者配套的半成品，就要用其他问题代替了，这里提供一个让客户信任的快速问题。

第三个问题：Would you tell me how many pics will you buy every year as usually?

很明显，这个问题是用来判断客人的采购数量，或者潜力大小。

第四个问题：Would you please tell me who is your supplier now?

这个问题是要有一定经验的业务员才能问，因为客人面对没有经验的业务员往往不会回答，对于专业的业务员还是有比较多的客人会回答的。知己知彼，百战不殆，但问了之后怎么运用，后面再来详细分析。

第五个问题：Would you please tell me who is your customer?

了解客户在市场上的性质，是大的采购商或者是品牌商、礼品商、邮购商。

当然这几个问题是综合运用的，在交流中穿插使用。不同的客户、不同的场合，问题的先后顺序可能不一样，大家可以灵活运用。

通过这些问题和客户相互的沟通和了解，起码能够判断客户大小，真实的购买能力，以及对价格和品质的要求程度。如果是自己驾驭不了的客户，马上请老板或经理过来一同交谈，增加合作的可能性。

🔔 提示：不同的产品，不同的行业，问的问题也是有区别的，每个业务员都应该设定好自己行业的问题，这样才会在展会上有效地找出合适自己的客户，增加成交的机会。

根据业内人士占先生总结的在广交会上与老外交流的 9 个技巧，我稍作整理以供大家参考。

技巧1：对于广交会上遇到的欧洲人、美国人，他们是非常喜欢那种 interactive 的人，所以你不需要太拘谨，不需要什么都说 yes！在两个人对话时，适当称呼对方。假如你在对话中经常称呼对方，对方也会称呼你，这样可以让客户很容易对你有印象，对后续跟踪客户好处多多。非英语的名字，例如北欧人的名字，我们根本不知道怎么发音，还有很多法国人的名字也不是按英语发音的，面对这种情况特别要注意，你不会读可以直接问客户，这是不失礼的事情。

技巧 2：母语是英语的人说话可能会很快，没有停顿。此时，你可以让客户说得稍微慢一点，这也不是失礼的事情。千万不要没有听懂就接上客户的话，否则客户会觉得和你沟通很困难。如此，他很容易会离开你的展位。

技巧3：客户到展位里坐下来后，你可问客户："How many time are you available?"这样可体现你对客户行程的尊重，也可让你自己根据时间来掌握沟通的内容。

技巧4：客户到你的展位后，要让他多说话，在你完全明白的情况下，再介绍你自己。和欧美人交谈时，可让客户简单介绍此行目的，希望找什么样的供应商。对于这些问题，有的客户不会直接回答你，有的客户则会告诉你。

技巧5：假如你在广交会上有幸遇到头衔为 Director、Vice President 等职务的买家，要多说一些战略性的东西。这些人来展会不是为了 1 个柜、2 个柜来的订单。他们更多是来找战略性伙伴的（Strategic Partners）。所以，你要有放长线钓大鱼的功力。假如你的工厂实力可以的话，要主动邀请这些人访问你的工厂。

技巧6：另外，这些职位的客户往往学历较高，有些人有 MBA 的学历。所以，他们往往喜欢听比较"酸"的话。这些人开口闭口就是：

value, global supply chain, private label, costs, partnership, bottom line 等。你可以这样说：

We are one of the top 3 private label suppliers in the global market. Our producing capacity is more than 5,0000000000000/units each week. Furthermore, you know, the knowledge and the know-how sometimes is more important than the machines and equipment. Fortunately, we have accumulated enough producing and management know-how from our long-term co-operation with XXXX company. I am sure we can help you to reduce your international sourcing costs, we can help you to increase your bottom line.

假如是零售商：How many stores does your company have?

假如是中间商：Do you distribute your goods only in your domestic market? Or in the whole Europe? Which country is your biggest market?（不能直接问谁是你最大的客户，这样太敏感了）

技巧7：在广交会最后一两天的时候，你可以问：What do you think how about the trade show? Did you find everything which you need exactly? 你问这种问题很容易从客户那里得到你们整个行业的情况，客户的观点对你是很有价值的。同时，你也可以间接问客户：你还有什么产品没找到，说不定你可以帮上客户的忙等。假如你刚好也有这种产品的话，客户也会把订单下给你。

技巧8：跟客户介绍时，不要总是说：Our quality is very good！展会上大家时间都不多，不要说一些客人没有办法衡量的话。另外，大公司的买家很多都受过专业的采购培训，他们内部有一套定量的评估体系。所以，最好用你本行业的定量术语来表达，假如本行业没有定量术语，就直接说 We have supplied our products for XXXXX company for 5 years, and XXXX company is quiet satisfied for our quality. So I believe we can meet or exceed your quality requirements. 这个 XXXX 公司最好是客户应该知道的，和客户差不多同类档次的，或者高一点点，不要高太多，否则会被客户误解。

技巧9：其实，大公司的买手最关心的不是 price、quality，而是 reliability。差不多的商品，买手从不同的供应商处购买，价格会有点小差距，国外公司是可以接受的。但是，买手找的供应商出问题的话，那问题就大了，欧洲还好一点，美国公司会立刻让买手离职。所以，我们要站在客户的角度去考虑问题，要让买手觉得你在所有的供应商里是最 reliable 的，包括质量、价格、长期供货能力等。

下面是与客户交谈时常用的对话，大家可以熟悉一下。

(1) What about the price?
对价格有何看法？
(2) What do you think of the payment terms?
对支付条件有何看法？
(3) How do you feel like the quality of our products?

你觉得我们产品的质量怎么样？

（4）What about having a look at sample first? 先看一看产品吧？

（5）What about placing a trial order? 何不先试订货？

（6）The quality of ours is as good as that of many other suppliers, while our prices are not high as theirs. By the way, which items are you interested in?
我们的产品质量与其他生产商一样的好，而我们的价格却不像他们的那样高。哎，你对哪个产品感兴趣？

（7）You can rest assured. 你可以放心。

（8）We are always improving our design and patterns to confirm to the world market.
我们一直在提高我们产品的设计水平，以满足世界市场的要求。

（9）This new product is to the taste of European market. 这种新产品在欧洲很受欢迎。

（10）I think it will also find a good market in your market.我认为它会在你国市场上畅销。

（11）Fine quality as well as low price will help push the sales of your products.
优良的质量和较低的价格有助于推产品。

（12）While we appreciate your cooperation, we regret to say that we can't reduce our price any further.
虽然我们感谢贵方的合作，但是很抱歉，我们不能再减价了。

（13）Reliability is our strong point. 可靠性正是我们产品的优点。

（14）We are satisfied with the quality of your samples, so the business depends entirely on your price.
我们对样品的质量很满意，因此交易的成败就取决于你们的价格了。

（15）To a certain extent，our price depends on how large your order is.
在某种程度上，我们的价格就得看你们的订单有多大。

（16）This product is now in great demand and we have on hand many enquiries from other countries.
这种产品现在需求量很大，我们手头上来自其他国家的很多询盘。

（17）Thank you for your inquiry. Would you tell us what quantity you require so that we can work out the offer?
谢谢你询价。为了便于我方提出报价，能否请你谈谈你方需求数量？

（18）Here are our FOB price. All the prices in the lists are subject to our final confirmation.
这是我们的 FOB 价格单。单上所有价格以我方最后确认为准。

（19）In general, our prices are given on a FOB basis.
通常我们的报价都是 FOB 价。

（20）Our prices compare most favorably with quotations you can get from other manufacturers. You'll see that from our price sheet. The prices are subject to our confirmation, naturally.

我们的价格比其他制造商开价优惠得多。这一点你可以从我们的价格单看到，所有价格当然要经我方确认后方有效。

(21) We offer you our best prices, at which we have done a lot business with other customers.

我们向你们报最优惠价，按此价我们已与其他客户做了大批生意。

(22) Will you please tell us the specifications, quantity and packing you want, so that we can work out the offer ASAP.

请告诉我们贵方对规格、数量及包装的要求，以便我方尽快制定出报价。

(23) This is the pricelist, but it serves as a guide line only. Is there anything you are particularly interested in.

这是价格表，但只供参考。是否有你特别感兴趣的商品？

(24) Do you have specific request for packing? Here are the samples of packing available now, you may have a look.

你们对包装有什么特别要求吗？这是我们目前用的包装样品，你可以看下。

(25) I wonder if you have found that our specifications meet your requirements. I'm sure the prices we submitted are competitive.

不知道您认为我们的规格是否符合您的要求？我敢肯定我们的价格是非常有竞争力的。

(26) Heavy enquiries witness the quality of our products. 大量询盘证明我们的产品质量过硬。

(27) We regret that the goods you inquire about are not available. 很遗憾，你们所询货物目前无货。

(28) My offer was based on reasonable profit, not on wild speculations.

我的报价以合理利润为依据，不是漫天要价。

(29) Moreover, we've kept the price close to the costs of production.

再说，这已经把价格压到生产费用的边缘了。

(30) Could you tell me which kind of payment terms you'll choose?

能否告知你们将采用哪种付款方式？

(31) Would you accept delivery spread over a period of time?

不知你们能不能接受在一段时间内分批交货？

## 4.4 看 工 厂

广交会结束后，马不停蹄地要准备下一步跟进工作了，当然是越有希望的客户越要重点照顾。哪些客户最有希望?当然是来看工厂的客户啦,大家都明白。查查记录表的时间,一个是约在本月的 22 号见面,另一个是 23 号。

这两个客户在我的外贸生涯里有着重要的作用,合作成功的给了我信心和佣金,没有合作成功的给了我经验和教训。

### 1. 阿根廷客户

记得在展会的时候,来了一位很可爱的老头,非常幽默,头发已经花白,但看上去还是很精神,进来看到了我们的产品,很详细地问了我们的报价,挑选了几个款式后就要求我们寄样板,而且约定了过完广交会后第三天就去看工厂。

因为我们是贸易公司,我担心客户认为是贸易公司而不愿意和我们合作,在展会上一般我们都会跟客户说,公司是工贸结合的公司,有贸易的,也有实体工厂。刚好跟我们合作的工厂也很近,大约半个小时车程就到了。

当时我考虑如果老外来看厂,没有中国翻译,那么他们也不会知道这个厂其实不是我们公司的,但是如果你已经是告诉客户,这个工厂是你公司的一部分,这样必须要工厂配合你,因为如果工厂的代表出来跟客户交换名片,客人发现你的名片跟工厂名片完全不一样,就会穿帮露馅,而且到了工厂,要像到了自己的地方一样,说几个要点吧:

- ❏ 去工厂开门的时候,不能去门卫那里去签名,因为你跟老外说这个工厂是公司自己的,因此他会怀疑,为什么自己人都要登记?
- ❏ 看厂的时候要先做准备,先到工厂看一圈,这样带客户参观的时候不至于连路怎么走都不知道。
- ❏ 尽量看完就走,把谈的地方放在自己的公司,如果不行的话,工厂代表越少越好,免得露出马脚。

当然,你要跟工厂负责跟进的业务搞好关系,先说好了,把细节都安排好,那样也比较稳妥。

我们的合作工厂比较大,不但生产成品,连衡器上最重要的零部件传感器也生产,所以客人还是很满意的。

参观完工厂后,我把上司 Peter 也叫上了,我们带着客户去了一家的附近最高级的西餐厅吃饭,在吃饭聊天的过程中我才了解,这个客户虽然是来自阿根廷,但公司很大,收购了意大利的公司,在整个南美洲和欧洲都有销售渠道,他对我说:"If your scale quality is good, we can sell it 300,000USD every year at least."(如果质量好的话,一年至少可以销售 30 万美金)

天啊,中奖了,真的吗?我心中已经被 30 万美金牵起巨大波澜,但也不敢太当真,因为在国内做销售的时候，常常有人说故意压价格，就是客户当时要求很低的价格，结果最后只是下个数量很少的订单，国内这样的客户大有人在。于是我继续确认真实性：

"really?"我反问。

客户见我们不信，就把他的目录和在各个地方展会上的照片拿给我看，这使我心里更加有底了，心想这位老头很和蔼，应该不会骗我的，加上他也把他公司的资料给我看了。因此，我对客户说：我这边最低的价格就是 XXX 美金了，但如果到你的目标价格，我还要跟各方面沟通一下，然后再给你准确的回复。客户做了一个 OK 的手势。后来证实，这位和蔼的老头没有骗我，第一张订单就下了 10 万美金。

### 2. 意大利客户

有好也有坏，到了说反面教材的时候了。在展会的时候，有一次来了一男一女两人，女的看上去不但漂亮而且很有经验的样子，男的是老外。通过交流知道，女的是台湾人，是客户在台湾的采购负责人，男的是意大利的客户。看到美女，我往往会更卖力"吹水"，加上老外很好，没有不耐烦的样子，我几乎把我们工厂说成了未来的苹果，客户听后马上表示看厂。本来我想依葫芦画瓢，带客户去零部件工厂就可以了。但客户很坚定，要看生产工厂，没有办法，只有带客户到中山去看。

客户到公司大概一个多小时，然后从公司到中山的合作工厂车程大概三个小时，但客户跟我说只有半天时间。没有办法我们只能从客户酒店出发，直接到合作工厂了。合作工厂不大，大概只有 3 000 平米，我们去的时候主要的技术人员不在，客户看了看，问了一两个技术问题，没有表示什么就走了。在回去的路上我感觉有些不太对，于是套近乎，夸赞意大利的足球和服装都很好云云，再弱弱地去问台湾女客人，意大利客人对看厂什么感觉？她可能看我没有功劳也有苦劳，就跟我说，客户已经是专业电子秤的公司，在欧洲是知名品牌，全球销售，希望找一个有实力，产能大，品质好的供应商。但他发现工厂达不到要求，觉得有点失望。我这才明白，大品牌的客人是很忙的，特别是老板亲自出马的时候，会有很多工厂邀请客人看厂，时间都是很紧的。也许她对我说有点失望其实已经是客气话了，可能客户真正的想法是，怎么碰到了这个叫 John 的吹牛大王，浪费了我宝贵的半天时间。后来结果可想而知，客户没有时间，连我们广州的公司都没有去。

这次看厂我犯了几个错误，总结如下：
- 没有让工厂认真准备好技术方面的问题。
- 客人时间短，应尽量多准备些资料，以便让客人在一个地方就可以了解公司各方面的优势。
- 更重要的是，没有了解客人，自以为是，也没有上网查清客户的情况，碰到不是较专业的客户还可以蒙混过关，但碰到专业客户就无所遁形了。

## 1. 看厂的注意要点

- 了解客人此次去访厂，主要是谈哪个产品?你对你的产品是否有足够的了解？同时，你可以根据客人市场，自己推选一些适合卖给客人的产品，准备好报价单。
- 检查好样品室，是否样板齐全？样板是否都是合格品？要知道展示给客人看的样板，如果质量不过关的话，客人是无法相信产品质量的。
- 准备好产品目录，工厂的验厂证书，如 ISO 或 BSCI 等，产品的认证，CE、ROSH 或 UL 等。
- 接待客人时有可能要用到的咖啡、茶、饮料等，有些客人有指定的一些饮料，在访厂之前都可以先问一下客人，是否需要准备一些饮料之类的喝的东西，这样客人会觉得你非常重视他，并且做事非常细心周到。
- 跟客人确认是否需要安排车接送等事情。
- 通知各个部门一定要做好清洁整理、整顿工作，特别是生产现场及仓库。客人看厂时最好安排好各个车间的主管也随同，这样有利于在客人问一些问题时，他们能做出更加专业的答复。不是说业务员就什么都要回答，事实上，各个车间的主管才是最专业的，业务员最专业的地方在于如何跟客人沟通。

## 2. 看厂时要做的工作

（1）参观路线合理规划，巧妙展示公司优势。

准备好看厂的一个行程，先到哪里后到哪里，哪些东西是重点介绍，一般工厂重点是以下几个地方：

- 产品的生产过程；
- 相关设备的档次；
- 技术部研发水平；
- 品质控制的环境。

客户如感觉工厂是能够出色控制成本，又有技术领先的地方，还有很好的质量控制体系，这样会对客户有很好的吸引力。

（2）随机应变，抓住客户要点。

客户看厂除了看硬件环境，还会对工厂的软件进行评估：工厂业务人员专业不专业？工厂对客户有没有很积极的配合的愿望？工厂对于客户的关键要求能不能快速解读？

（3）争取在看厂的时候确认订单。

如果是有决定权的客户来看厂，应该在会议后期就争取客户确认订单。因为竞争激烈，如果客户回去之后，因为没有时间，或者又有新的竞争对手干扰，就会为合作带来很大的不确定性。所以，尽量争取客户在看工厂的时候确认订单。

下面是客户参观工厂时要用到的英语，大家可以熟悉一下。

### 1. 介绍公司几个VIP

- 董事长 president；
  - 总经理 general manager；
  - 生产科长 manager of quality production。

### 2. 介绍公司规模

- 占地面积：
  - It covers an area of 75,000 square meters. 它的占地面积有 75000 平方米。
  - Its total area is 4,000 square meters. 它的总面积是 4000 平方米。
- 员工人数：
  - There are 3 000 employees in our plant. 员工数；
  - We are running double shift system. 两班倒制度；
- 生产能力：production capacity；
- 产量：production volume；
- 生产线：full-automatic product line 全自动生产线。

### 3. 获得相关证书

- the national inspection production 国家免检产品；
- Green Environmental Production 绿色环保产品；
- Credible Production of Quality 消费者放心产品；
- ISO 9001 质量认证；
- ISO 14001 environment national certificate 环境体系认证。

### 4. 对话

（1）Welcome to our factory. 欢迎到我们工厂来。

（2）I've been looking forward to visiting your factory. 我一直都盼望着参观贵厂。

（3）You'll know our products better after this visit. 参观后您会对我们的产品有更深的

了解。

（4）Maybe we could start with the Designing Department. 也许我们可以先参观一下设计部门。

（5）Then we could look at the production line. 然后我们再去看看生产线。

（6）These drawings on the wall are process sheets. 墙上的图表是工艺流程表。

（7）They describe how each process goes on to the next. 表述每道工艺间的衔接情况。

（8）We are running on two shifts. 我们实行的工作是两班倒。

（9）Almost every process is computerized. 几乎每一道工艺都是由计算机控制的。

（10）The efficiency is greatly raised, and the intensity of labor is decreased. 工作效率大大地提高了，而劳动强度却降低了。

（11）All products have to go through five checks in the whole process. 所有产品在整个生产过程中得通过5道质量检查关。

（12）We believe that the quality is the soul of an enterprise. 我们认为质量是一个企业的灵魂。

（13）Therefore, we always put quality as the first consideration. 因而，我们总是把质量放在第一位来考虑。

（14）Quality is even more important than quantity. 质量比数量更为重要。

（15）I hope my visit does not cause you too much trouble. 我希望这次来参观没有给你们增添太多的麻烦。

（16）Do we have to wear the helmets? 我们得戴上防护帽吗？

（17）Is the production line fully automatic? 生产线是全自动的吗？

（18）What kind of quality control do you have? 你们用什么办法来控制质量呢？

（19）All products have to pass strict inspection before they go out. 所有产品出厂前必须要经过严格检查。

（20）What's your general impression, may I ask? 不知您对我们厂总的印象如何？

（21）I'm impressed by your approach to business. 你们经营业务的方法给我留下了很深的印象。

（22）The product gives you an edge over your competitors, I guess. 我认为你们的产品可以使你们胜过竞争对手。

（23）No one can match us so far as quality is concerned. 就质量而言，没有任何厂家能和我们相比。

（24）I think we may be able to work together in the future. 我想也许将来我们可以合作。

（25）We are thinking of expanding into the Chinese market. 我们想把生意扩大到中国市场。

（26）The purpose of my coming here is to inquire about possibilities of establishing trade relations with your company. 我此行的目的正是想探询与贵公司建立贸易关系的可能性。

（27）I've come to make sure that your stay in Shenzhen is a pleasant one. 我特地为你们安排使你们在深圳的逗留愉快。

（28）You're going out of your way for us, I believe. 我相信这是对我们的特殊照顾了。

（29）It's just the matter of the schedule, that is, if it is convenient for you right now. 如果你们感到方便的话，我想现在讨论一下日程安排的问题。

（30）I think we can draw up a tentative plan now. 我认为现在可以先草拟一个临时方案。

（31）If he wants to make any changes, minor alternations can be made then. 如果他有什么意见的话，我们还可以对计划稍加修改。

（32）Is there any way of ensuring we'll have enough time for our talks? 我们是否能保证有充足的时间来谈判？

（33）So our evenings will be quite full then? 那么我们的活动在晚上也安排满了吗？

（34）We'll leave some evenings free, that is, if it is all right with you. 如果你们愿意的话，我们想留几个晚上供你们自由支配。

（35）We'd have to compare notes on what we've discussed during the day. 我们想用点时间来讨论一下白天谈判的情况。

（36）That'll put us both in the picture. 这样双方都能了解全面的情况。

（37）Then we'd have some ideas of what you'll be needing 那么我们就会心中有点儿数，知道你们需要什么了。

（38）I can't say for certain off-hand. 我还不能马上说定。

（39）Better have something we can get our hands on rather than just spend all our time talking. 有些实际材料拿到手总比坐着闲聊强。

（40）It'll be easier for us to get down to facts then. 这样就容易进行实质性的谈判了。

（41）But wouldn't you like to spend an extra day or two here? 你们不愿意在深圳多待一天吗？

（42）I'm afraid that won't be possible, much as we'd like to. 尽管我们很想这样做，但恐怕不行了。

（43）We've got to report back to the head office. 我们还要回去向总部汇报情况呢。

（44）Thank you for you cooperation. 谢谢你们的合作。

（45）We've arranged our schedule without any trouble. 我们已经很顺利地把活动日程安排好了。

（46）Here is a copy of itinerary we have worked out for you and your friends. Would you please have a look at it? 这是我们为你和你的朋友拟定的活动日程安排。请过目一下，好吗？

（47）If you have any questions on the details, feel free to ask. 如果对某些细节有意见的话，请提出来。

（48）I can see you have put a lot of time into it. 我相信你在制定这个计划上一定花了不少精力吧。

（49）We really wish you'll have a pleasant stay here. 我们真诚地希望你们在这里过得愉快。

（50）I wonder if it is possible to arrange shopping for us. 我想能否在我们访问结束时为我们安排一点时间购物。

## 4.5 客户跟进

广交会的成本不菲，参加完广交会后我自己算了算，结果还真让人惊讶，就以我自己常常参加的第一期家用电器类产品，在A馆二楼的地方，一般要3个人参展。广交会摊位的二手市场价格是平均超过10万，而且只有两个人的参展证，多出来的人正常情况是1 500元一个人一期。4个人参展的话光证件费用就有3 000元了。如果按一次广交会收到100张名片算，一张成本是至少1 200多元，收到名片200张，成本是一张600多元。在广州或者周边城市的展商还好，来回直接开车，外省的参展商成本就挺贵的了，所以大家一定要重视每一张名片啊。如表4-2所示为本次广交会费用支出表。

表4-2 广交会费用支出表

| 费用项目 | 金额 |
| --- | --- |
| 摊位费（一期家用电器） | 100 000～120 000 |
| 产品目录 | 10 000 |
| 住宿（300元/间，2间，7天） | 300×2×7=4200 |
| 来回飞机票（3人） | 1000×3×2=6000元 |
| 吃饭 | 100×3×7=2100 |
| 参展人员工资 | 3×1000=3000 |
| 样品费和运输费 | 1000～3000不等 |
| 总计 | 126 300—149 300 |

## 4.5.1 跟进样品单

两个客户抓住一个，也算是有个交代了。回到公司已经很晚了，我还是打开邮箱看看有什么客户，不错，又有两个客户发邮件过来，一个是确认广交会的样板，一个是谈过的，发来了新的样板单。看来我要赶紧准备，又有客户来确认样板了。广交会后的两个星期中，平均每天都会有客户来要样板或者要求报价，赶上好时光啊。

一上班我先把在广交会上客户要的样板订单列出来，哪个客户，有多少款，是哪个工厂生产的……列完后开始给工厂打电话，告诉他们这个要多少台，那个要多少台，什么型号和规格，因为我们是贸易公司，一张样品单可能涉及两个工厂，催完这边又得催那边。

期间还有很多有意向的客户，经常会说："We are target price is …,if you can sell your product at this price ,I will place an order to you."

我们常常发现，客户给的 target price 比供应商给我的都低，因此必须给工厂电话讨价还价，因为当时我还是新手，价格能谈下来的不多，被工厂老板忽悠几句就以为成本真的很高，即使把价格硬压了下来，也觉得很对不起工厂。但之后接触多了越来越熟才发现，那些工厂老板个个都聪明得很。

幸好上司 Peter 在之前就明确地跟我们说，不要管那么多，先把订单接下来，再去找工厂谈，谈不下来找另一家工厂做。有这样的上司撑腰多好，放胆接单吧！

广交会开完第二天，公司就开会要求我们马上把广交会的客户跟进工作做好，但我自己真正开始整理广交会客户资料已经拖到 5 月 6 号了，不知道那些客户还记不记得我。

## 4.5.2 样品注意事项

首先是样品的包装。前面已经说过了，这里主要讲讲费用问题。首先来说说样品的银行扣费。一个样品的银行扣费是不能忽略的，一般是 35 美元左右。如果样品的价值不是很大，一定要考虑并与客户协商好。

其次是客户报关与否。有些国家收取快件要征收税的，所以填写 PI 商业发票的时候，一定不要填写真实的价格，例如，样品价值一共大概是 100 美金，但在样品 PI 上一般只填写 2~5 个美金，这样可以为客户省下一笔税收。

再次是公司报关与否。一个样品因为价值不是很大，因此一般的企业大都不想报关。报关要费时费力而且费钱。一般来说，一个样品的报关费、文件费等约 300 元左右。按照 17%的出口退税计算：只要货物价值超过 1508 元即建议报关。

### 4.5.3 样品的相关表格

公司寄快递一般都是用 DHL、UPS、TNT、FEDEX 等几家大的国际快递公司,正常来说除了快递单外,还有以下 3 种单据:

- ❑ 商业发票,也叫 PI(如图 4-5 所示);

公司抬头

**PROFORMA INVOICE**

Document No.:
Date:

| The Buyer: | The Seller: |
| --- | --- |
| ADD: | ADD: |
|  | TEL: |
|  | FAX: |

| NO. | GOODS DESCRIPTIONS & SPECIFICATION | QTY | UNIT PRICE | AMOUNT |
| --- | --- | --- | --- | --- |
|  |  |  |  |  |
|  |  |  |  |  |
|  |  |  |  |  |
|  |  |  |  |  |
|  |  |  |  |  |
| TOTAL: | (In Word) |  |  |  |

Term of Payment:
Term of delivery:
Date of delivery:

Our bank detail for the cash in advance payment:

BENEFICIARY:
BANK:
SWIFT CODE:
A/C NO:

THE BUYER:                                    THE SELLER:

图 4-5 商业发票

- ❑ 装箱单(如图 4-6 所示);
- ❑ 代理报关委托书(如图 4-7 所示)。

CHINA xxxx IMPORT AND EXPORT COMPANY

SHIPPINGMARK-NHIT BANGKOKNO.1-9　　　INVOICENO.：TS0895
　　　　　　　　　　　　　　　　　　　　CONTRACTNO.：

**PACKINGLIST**

B/LNO.：　　DATE：
NAME OF VESSEL.：East Wind V.19 B/L No.SC119　　　FROM：
TO：
SOLD TO MESSRS：

| MARKS & NOS | COMMODITY | QUANTITY | NW | GW | MEASUREMENT |
|---|---|---|---|---|---|
|  |  |  |  |  |  |

图 4-6　装箱单

## 代 理 报 关 委 托 书

编号：☐☐☐☐☐☐☐☐☐☐

：

　　我单位现　　(A 逐票、B 长期)委托贵公司代理　　等通关事宜。（A、填单申报 B、辅助查验 C、垫缴税款 D、办理海关证明联 E、审批手册 F、核销手册 G、申办减免税手续 H、其他　）详见《委托报关协议》。

　　我单位保证遵守《海关法》和国家有关法规，保证所提供的情况真实、完整、单货相符。否则，愿承担相关法律责任。

　　本委托书有效期自签字之日起至　　年　月　日止。

委托方（盖章）：

法定代表人或其授权签署《代理报关委托书》的人（签字）

年　月　日

## 委 托 报 关 协 议

为明确委托报关具体事项和各自责任，双方经平等协商签订协议如下：

| 委托方 | | 被委托方 | | |
|---|---|---|---|---|
| 主要货物名称 | | *报关单编码 | No. | |
| HS 编码 | □□□□□□□□ | 收到单证日期 | | 年　月　日 |
| 货物总价 | | 收到单证情况 | 合同□ | 发票□ |
| 进出口日期 | 年　月　日 | | 装箱清单□ | 提（运）单□ |
| 提单号 | | | 加工贸易手册□ | 许可证件□ |
| 贸易方式 | | 其他 | | |
| 原产地/货源地 | | 报关收费 | 人民币： | 元 |
| 其他要求： | | 承诺说明： | | |
| 背面所列通用条款是本协议不可分割的一部分，对本协议的签署构成了对背面通用条款的同意。 | | 背面所列通用条款是本协议不可分割的一部分，对本协议的签署构成了对背面通用条款的同意。 | | |
| 委托方业务签章： | | 被委托方业务签章： | | |
| 经办人签章： | | 经办报关员签章： | | |
| 联系电话： | 年　月　日 | 联系电话： | | 年　月　日 |

（白联：海关留存、黄联：被委托方留存、红联：委托方留存）　　中国报关协会监制

## 委托报关协议通用条款

**委托方责任**　委托方应及时提供报关报检所需的全部单证，并对单证的真实性、准确性和完整性负责。

委托方负责在报关企业办结海关手续后，及时、履约支付代理报关费用，支付垫支费用，以及因委托方责任产生的滞报金、滞纳金和海关等执法单位依法处以的各种罚款。

负责按照海关要求将货物运抵指定场所。

负责与被委托方报关员一同协助海关进行查验，回答海关的询问，配合相关调查，并承担产生的相关费用。

在被委托方无法做到报关前提取货样的情况下，承担单货相符的责任。

**被委托方责任**

负责解答委托方有关向海关申报的疑问。

负责对委托方提供的货物情况和单证的真实性、完整性进行"合理审查",审查内容包括:(一)证明进出口货物实际情况的资料,包括进出口货物的品名、规格、用途、产地、贸易方式等;(二)有关进出口货物的合同、发票、运输单据、装箱单等商业单据;(三)进出口所需的许可证件及随附单证;(四)海关要求的加工贸易(纸质或电子数据的)及其其他进出口单证。

因确定货物的品名、归类等原因,经海关批准,可以看货或提取货样。

在接到委托方交付齐备的随附单证后,负责依据委托方提供的单证,按照《中华人民共和国海关进出口报关单填制规范》认真填制报关单,承担"单单相符"的责任,在海关规定和本委托报关协议中约定的时间内报关,办理海关手续。

负责及时通知委托方共同协助海关进行查验,并配合海关开展相关调查。

负责支付因报关企业的责任给委托方造成的直接经济损失,所产生的滞报金、滞纳金和海关等执法单位依法处以的各种罚款。

负责在本委托书约定的时间内将办结海关手续的有关委托内容的单证、文件交还委托方或其指定的人员(详见《委托报关协议》"其他要求"栏)。

**赔偿原则** 被委托方不承担因不可抗力给委托方造成损失的责任。因其他过失造成的损失,由双方自行约定或按国家有关法律法规的规定办理。由此造成的风险,委托方可以投保方式自行规避。

**不承担的责任** 签约双方各自不承担因另外一方原因造成的直接经济损失,以及滞报金、滞纳金和相关罚款。

**收费原则** 一般货物报关收费原则上按当地《报关行业收费指导价格》规定执行。特殊商品可由双方另行商定。

**法律强制** 本《委托报关协议》的任一条款与《海关法》及有关法律、法规不一致时,应以法律、法规为准。但不影响《委托报关协议》其他条款的有效。

**协商解决事项** 变更、中止本协议或双方发生争议时,按照《中华人民共和国合同法》有关规定及程序处理。因签约双方以外的原因产生的问题或报关业务需要修改协议条款,应协商订立补充协议。双方可以在法律、行政法规准许的范围内另行签署补充条款,但补充条款不得与本协议的内容相抵触。

图 4-7 代理报关委托书

一般展会上怎么跟进客户呢?

1. 看工厂的客户

前面说过了，当然是第一重要的客户啦，做好准备，争取来一个成一个。

2. 要样板的客户

要样品的客户也是热门客户，赶紧做好样板，注意，这些样板业务员一定要亲自把关质量，特别是贸易公司的业务员，要再检验。要样板的客户不一定都会下单，有3种情况比较常见：

- 因为有些品牌客户或者订单数量大的订单一般都有很多工厂提供样板，客户还要反复对比，第一轮就出局的供应商，就连邮件都没有回复了。
- 很多客户是进口商，可能会因为市场变化取消了订单，或者是客户没有中单。
- 客户的客户没有选择这种产品，例如，客人可以做刀、盘子或沐浴露都可以，但如果最终客户选了刀，即使盘子和沐浴露的供应商很有竞争力，也是没有用的。

运气好的话，有些客户会先跟你确认价格再要样板，表示质量没有问题就会下单。但无论要了样板的客户也好，甚至签了合同的客户也好，一定要保持沟通，这样万一有什么意外情况发生，可以及时采取相应措施，这种客户都是"挂一级警戒"，随时待命。

3. 对某个条款或价格谈不来的客户

对待客户，不要马上妥协，要再从不同方面打探客户要求是否真实，可以卖高就卖高点；对待公司内部或者是供应商，马上向老板或者上司争取资源，能够争取的条件越多，越能够留住客户。

4. 对要求发资料的客户

按他所说的要求尽可能把详细的资料发给他。

5. 对随便看看，只是交换了名片的客户

在展会的时候，只是去你们那随便看看、问问，这些客户没底，说不定是在探行情。这些客户可就得凭他的名片来联系了，如果名片有客户的网址那是最好的了，先参观参观客户的网站，查清客户的底细，主要经营什么样的产品；然后再按照不同的情况向客户发送不同的资料，说不定你们此次没带去参展的产品正是客户的主营产品。同时，也要把客户在展会上看的那种产品的资料发过去，看是否有合作的机会。

## 4.6 我们一起去跑步

广交会忙完之后,我又步入正常的上下班轨道,而我也慢慢地开始恢复了慢跑。跑步是我在高中时养成的习惯,小时候身体虚弱,常常得病,妈妈经常带我进出医院,姐姐跟我说,家里为了给你治病,花的钱叠在一起重量比你的人还重。跟我们家关系很好的黄医生也很关心我,让我平时多锻炼身体,我就挑了长跑,主要原因是这项运动有两个好处,第一,可以一个人进行,不像篮球、足球,要凑齐人;第二,花钱极少,当时我记得一对18元的双星牌回力鞋就可以了。经过长期锻炼,身体慢慢好了很多,现在发现长跑不但对身体好,而且认识MM也是有好处。刚到公司时,我是一个人跑步,虽然梁工跟我住一起,本来很想和他一起去,但他身体不适合激烈的运动,跑了一次就再没有跟我跑了,自从慢慢跟Lina熟悉后,有一天我问她:

"你不是说你的男朋友也跑步吗?要不要一起去啊?"

"好啊,你几点钟去?",她居然爽快答应了,虽然她已经有男朋友,但有美女陪跑步,当然是个开心的事情。

我们所在的开发区有很多大的工厂,包括屈臣氏、美赞臣、高露洁等,属于广州重要的开发区,规划的也不错,马路两边都种满了榕树和柳树,还有整片的绿草、花坛,还有一条小溪流,如果不是常常有货柜车进出暴露了它的本质,其实还是个不错的小区。

我们从小区门口出发,沿着树木最多的道路跑,从Lina跑步的方式来看,也是长跑好手,呼吸均匀,节奏稳健,跑了大概3公里的时候,Lina开始气喘了,我问她要不要休息一下,她看我没有休息的需要,就说没事,继续跑。又跑了半公里,Lina已经很累了,我看她跑不动了,就建议休息一下,她停下来,双手叉腰不停地喘气,我也停了下来,虽然很累了,但还是屏住呼吸,装着好像只是散步的样子。她看我不是很累的样子没有说什么,但我感觉出来,我的长跑能力让她对我增加了几分好感。说实话,这么久以来,有长跑习惯,而且跑的不错的女孩子,除了她,我一直没有碰到过。

广州的盛夏一直很闷热,加上我们刚跑完步,就一起到有空调的东北饺子馆吃饭,我们点了饺子和小米粥,边吃边又聊起客户的情况。

"广交会人真多,我收了两百多张名片。"Lina告诉我。

"恭喜啊,这么多,有没有下订单的?"我问道。

"还没有呢,就是有几个客户要样本,样板本身不贵,但因为产品比较大,运费很高,有个客户要求要我们付运费,说是他们公司规定,我还不知道怎么回复客户呢。"Lina有些烦恼地说。

"这样啊，经理怎么说？"我接着问。

"经理说叫我自己决定。而且是很多种样板，现在我手上还不够，要跟工厂要呢。"Lina 说。

"这样嘛，我记得 Peter 跟我们说过样板费可以免了，但运费客户必须承担的。"我建议说。

"我跟客户说了，但客户不同意啊。"Lina 忙说。

"这样吧，跟客户说，如果下订单，客户的运费就在订单里扣除。"我想了想说。

"嗯，好方法，如果客户是真下了订单，运费还是我们承担，客人也没有违反规定，如果不下订单，我们公司也没有损失什么。"Lina 补充说。

之后我就将广交会上如何忙，如何接待客户，添油加醋说了一番，Lina 大多时候都是安静地在听，明亮的大眼睛忽闪忽闪，虽然总是淡淡地看着我说话，却有说不出的明澈。

吃完两盘饺子和小米粥，我们都吃饱了，没有再点菜，一结账才 18 元，原来小米粥是送的，很意外，后来东北饺子馆就成了我们常去的地方。

# 第 5 章　外贸公司分工与培训

很久以前，在一座山上有一座寺庙，一天，主持方丈派两个小和尚分别去管理山下两座已经废弃了的寺庙。第一个小和尚生性敦厚，待人热情，总是笑脸相迎，所以来的人非常多，但他其他的事都不管，由于没有认真地管理账务，寺庙依然入不敷出，看起来也破破烂烂的，时间久了，渐渐的没有人来了。第二个小和尚虽然管账是一把好手，很注重寺庙的整洁，但整天阴着脸太过严肃，搞得人越来越少，最后香火断绝。直到有一天主持方丈来到山下检查他们的情况时，发现了这个问题，主持方丈想了想，于是将他们俩先放在同一个庙里，由第一个小和尚负责公关，笑迎八方客，于是香火旺。而第二个小和尚铁面无私，锱铢必较，则让他负责财务，严格把关。最后，在两人的分工合作中，寺庙里一派欣欣向荣的景象，香火十分旺盛。

外贸公司里，采购跟销售，互相配合，缺一不可。

## 5.1　公司里的管理

在这次广交会上，我们公司两期一共摆了 5 个摊位，参展产品五花八门，有服装、电子产品、汽车、LCD 等，有些产品竞争比较激烈，而且摆放的位置也不匹配，因此广交会上门可罗雀，没有生意是必然的。有的产品现场效果不错，但因为前期规划不佳，后期工厂的支持和公司的支持都不够，因此也没有做起来。

参展的时候我们公司摆过一种食品盒子，由很多不同的材料做出，很多客户都很感兴趣，几天下来收到了近百张名片，相当于近 400 多个潜在客户。广交会结束后很多客户要产品的认证，我才发现困难一大堆。

首先，各个地方的食品要求不一样，比如欧洲的跟美国的就不同，合作的工厂没有提供出口的证书，要把认证都申请下来需要很多资金，因此公司一直没敢投钱做。

其次，因为不同材料的盒子由不同工厂生产，市场上类似的工厂众多，而且都没有与我们合作过，因此现在连给客户送样板也很困难。

再次，主要合作工厂不在附近，是以前认识的，距离太远，导致沟通困难。

最后，就是技术原因，已经有客户愿意付磨具费开发食品包装盒子，因为公司本身没有这方面的技术人员，业务员 Oliver 不具备这方面的技术知识，导致跟工厂的沟通很累，并且在食品包装行业的技术中还有很多不确定性，最后只能将定金还给客人。

Oliver 姓洪，在大学时担任过学生会主席，平时我们常在一起打乒乓球，而且是公司里数一数二的好手。展会回来的时候，我们都羡慕地对他说："你是公司以后发展的支柱啊，我们以后如没有订单，就到你的组混吧。" Oliver 为人热情，工作积极，到了后面很多客户无法跟进，他也无可奈何，在公司干了半年多，最后还是离开了公司，感觉很可惜。

这里告诉大家，即使好的热门产品，有好的销售，没有好工厂配合也很难成功。

## 5.2 跟工厂打交道

我这边经过几个月的跟进，客户开始陆续下订单了，而且不少客户还在确认样板中，公司需要有技术部和采购部的支持，但很多情况还是要业务员亲自跟进，使我越来越感到供应商的重要性了。

我们有不少供应商，深圳的有两家，附近只有一家，中山的也有几家，有一次一个客户发来图片，说希望能够找到与图片上一样的产品。于是我马上利用网络，终于找到了一家工厂。与客户确认好产品的功能和价格后，就去工厂与业务员沟通。业务员刚开始很热情，对产品也很熟悉，我们很快谈好了合作条件，我还和梁工专门去了对方工厂，厂房虽然小了点，但价格便宜于是就定了这家工厂。

接下来就是打样，打样过了就试生产，我很明确地告诉对方业务员，这个产品要的比较急，让他跟紧一点。刚好那天是周四，大家说好下周一应该会有样品寄给我，因为比较急，工厂也同意加快。等周一的时候没收到样品，我打电话催，业务员说"快了，明天就可以"，结果第二天问回复又是明天，每次打电话沟通都是明天，就这样直到周五才收到样品。

打开样品后我就纳闷了，不是两种样品吗？怎么就只有一种？马上联系对方业务员，答复是另一种的材料还没到。听到这里我就着急了，怕到时候来不及，就向对方确定准确时间。对方业务员答曰："应该可能是两三天。"，应该可能？就是不确定嘛。经过再三追问，对方答应下星期三寄出。

周三寄出，周六应该收到吧，可是仍没有收到，我这时候已经是热锅上的蚂蚁了，等着要进行样品测试，可是样品迟迟不到位。这样拖拖拉拉两周时间，周日的时候总算收到样品，可是检测的时候，根本就达不到要求。于是又联系对方业务员要求改进，对方嘴上满口答应，可是过了两周都没有寄出新的样品。

与此同时，客户也是差不多天天问样板什么时候到，我只能解释说样板拖久了是希望把产品做得更好。结果到了最后还是没有把质量达标的产品做出来，客户就这样给搞丢了。唉，外贸业务员还是从屌丝开始吧。寄样版可能出现以下问题：

1. **工厂没有按时完成的原因**

   ❑ 材料推迟。
   ❑ 产品性能没有达标。
   ❑ 外观有问题。
   ❑ 数量不够。
   ❑ 样板型号搞错了。
   ❑ 负责跟进的业务员或技术人员辞职了。

2. **快递公司的原因**

   ❑ 天降暴雨，快递延误。
   ❑ 负责的快递人员辞职了。

3. **客户方面的原因**

   ❑ 样板增加，工厂没有预留。
   ❑ 功能变更。
   ❑ 外观或款式改变。

以上这么多原因还不包括最常见的原因，比如工厂嫌你的订单太小，有意或无意地把你的样板单忘记了。大家可以想想上面列举的情况自己遇到过几条？

一个样品单碰到一条或两条上述原因算是正常的，就像是人得了小感冒一样，只要预留时间长点或简单解释就可以解决，但运气不好的时候会一下子碰到3、4条上述原因，就像人患了高血压，要专门的医生才可治理，这时就需要业务员用高级一点的解释技巧，加上平时积累的良好印象，并且客户对这个样板也不是很急，或许最终可以一一解决这些问题；如果一次碰到5条或以上，那就像是患了癌症一样，如果还能活下来就是奇迹了。所以大家在样板期也好或交货期也好，一定要多预留一些时间，因为事情往往有不可控的因素发生。

在与电子秤合作的工厂中，开始的时候就是这样的，至少碰到一两条不能够交出样板的原因，在几家配合的工厂中，品质好、速度快的厂家报的价格都很高，价格便宜的厂家速度慢、质量差，很难平衡，因此仅样品单中就搞砸了不少客户。

这件事情 Peter 也很重视，梁工亲自去中山筛选工厂，最终找到了一家工厂，技术不错又有经验，并且刚好缺订单，给出的价格在当时来说也比较便宜，我手头上的还没有死光的客户才得以保存。

## 5.3 筛选供应商

外贸公司的业务员一般是接了单后要找合适的工厂把单子落实下去。如何找，找谁才是自己可以信得过又可以保障产品质量和出货的合作伙伴？找到了又如何协调生产出货？出了质量问题或者生产终止如何协调？出了质量问题或者出货延期给客户带来的损失又如何协调工厂配合补偿？

### 1. 合情合理的合同

为了明确责任，首先要起草一份采购合同，合同上要尽量写明该订单的重要性与转折意义，使工厂极力配合。在外贸合同里，最常见的是交货期不准确，这里一定要事先说好责任。

### 2. 详细的相关资料

就是与该订单有关的人员及联系方式（如电话、传真、手机、MSN、E-mail 等）要尽量传给供应商一份，包括外贸公司质检员、工厂生产负责人、工厂老总、工厂跟单、货代联系人及联系方式、外贸公司跟单员，如果自己是跟单员，就把自己的详细联系方式交给工厂与自己公司的质检员。

### 3. 生产中的及时沟通

在生产过程中要监督，生产完成后通知货代准备拖货。把大致的开始与结束时间通知质检与工厂，对有可能出现的问题做相应准备，这些都是建立在友好的合作基础上。为了保险与正规，一定要写明各自的义务与责权，省得出了事情找不着补救方。

### 4. 变更事情要确认

订单往往不会那么顺利地完成，在客户资料或工厂情况发生变更时，要确认具体文字，及时与工厂联系，记录要仔细妥善保存（或者其他代理公司的联系记录），直到该单子的货得到客户的认可，否则千万别丢。邮件可以建立文档，传真可以用文件夹存档。如果是通过 MSN 或者 Skype 确认更改的事情，也应该保存下来，转变为 PDF 格式保存。尽量避免用电话通知关于重要信息的修改。

**5. 催催催**

最后，如果工厂负责人记忆力不是太好的话，就要求你要经常提醒、催促工厂向你报告生产进度与发生的异常事件，以便于及时与客户沟通、协调。在与工厂负责人协调的同时要尽量同自己公司的质检员了解该工厂的生产状况。

## 5.4 公司里的各部门

下面给大家说下我们公司里的几个部门吧。

**1. 技术部，也是QC部门**

想学好销售，从技术部开始，这就是我的理念，在第 2 章也提过，这里再啰嗦两句，现在的市场竞争越来越大，客户找供应商越来越容易，就要求业务员必须在最短的时间内体现出更高的专业水平。有一次，我读到一篇关于外贸的文章，文中说客人为什么越来越多地跟工厂合作，客户表示工厂合作不一定是价格更低，而是工厂的业务比外贸公司的专业水平要高，更容易理解客户的需求。

前面在跟单时也介绍过，技术部老大是梁工。现在公司各个项目的人员多了，小鹏、小肖等都加入进来，终于多了几个男同胞了。

**2. 采购部门**

能不能接到订单，第一条就是价格，采购部重不重视你的要求很关键，如果能够获得采购部的支持，用心去找供应商，那样接到订单的机会就多很多了。

我试过一个产品，客户有采购意愿，表示如果我的报价合理，可以把订单给我做。订单不算少，一单大概 5 万多美金。于是我把产品给采购部门，但采购部门太忙了没有时间对比价格，就随便找到一家工厂的报价然后加了 4%个点报给客户，但价格还是达不到客户要求，我以为客户要求的价格太低就算了，后来认识了另外一个工厂也做这个产品，给了我报价，才知道比采购部门问来的价格便宜 15%，当时如果按客户给的目标价格，还有接近9%的利润，就这样跑了个大鱼，悲哀啊。

公司本来没有专门的采购部，是采购和行政结合在一起的，负责的人我们都叫他天哥，样子长得胖胖的，看起来很和蔼。但或许是因为太和蔼了，常常找不到好的供应商，有时即使找到供应商也常常被供应商忽悠，产品质量不好，严重拖了业务部后腿，因此业务部的人对他意见很大。

### 3. 财务部

我们公司的财务部很正规，每一笔账都要对清楚，除了采购和收款，还有涉及跟国家的出口退税问题，银行和船务的往来，工作量也非常大。单单对于我们业务来说小到平时出差报销，活动经费审批，大到包括供应商的货款先后顺序，都要劳烦财务部门，如果财务部看你不顺眼，是件很麻烦的事情。

记得有一个业务员，因为退税发票经常没有交给财务部，为财务部工作带来很多不便，财务部对他意见很大，对他上报的发票审核特别严格，他报销的发票经常被退回来要重新整理。更严重的一次是错过了财务规定的上交完所有退税资料的时间，导致公司不能退税，还要补交17%的税点，Paul对此事大为生气，之后规定，如果有再犯者，直接从提成里扣除。因此外贸财务上的一些规定，也要多学点为好。

### 4. 跟单部门

跟单员与业务员是同一战线的战友，跟单好坏对客户有直接影响，之前我先负责跟单，深有体会。除了接订单，如何把订单很好地完成，其难度并不次于如何接到订单。公司里跟单的人不多，因为大多数项目都是刚刚开始，业务量不大，跟单和业务室同一个人去完成。只有做得比较好或是比较久的项目才有跟单或者单证类。我们公司当时就只有两三个人跟单。

## 5.5 外贸部门的薪酬体系

外贸部门的薪酬体系是外面团队发展的重要基石，下面简单介绍几种薪酬体系的设计。

### 5.5.1 最常见业务员的薪酬模式

底薪+提成是外贸行业普遍适用的薪酬方式。

底薪一般为 2000~2500 元，提成是销售额的 0.5%~2%，提点的多少根据产品的毛利来决定。如果是成熟产品，价格竞争激烈，产品技术含量不高，提点比较低，可以在 0.5%~1% 之间；如果是毛利比较高，例如电子消费品，行业内比较少见的新产品，可以在 1.5%~3% 之间，这样提成比较高，可以刺激业务员争取订单。

## 5.5.2 业务员底薪设计技巧

业务员的底薪可以固定不变，如果想筛选有潜力或有经验的业务员，底薪可以先加后减。

例如，底薪可以是 2500～4000 元，以吸引一些有一定经验的业务员，试用期是 3～6 个月，试用期过了之后，底薪降 1000，就是 1500～3000 元，这样对于没有订单的人会自动淘汰。

业务员过了试用期之后，如果是业务跟单工作都是同一个人完成的公司，应该底薪每年增长 5%左右。如果是单纯的业务员，不负责跟单工作的，可以保持底薪不变。

## 5.5.3 业务员提成设计技巧

### 1. 提成递减法

当业务员有固定的客户时，往往有些业务员手上有些比较大的客户，就不开发新客户了，依靠大客户就有不错的收入，失去了开发客户的积极性，这种情况可以用提成递减法。

例如，一个业务员收入是 2500 元底薪 + 1%。从接到订单开始算，如 2014 年 1 月 1 日下订单，到 2015 年 1 月 1 日，这个客户的业务提成都是 1%。第二年开始，业务提成变为 0.7%，这样的话，如果业务员不努力找新客户，业务收入是下降的。更细一点，可以分 3 个段，第一年同一个客户订单 1%，第二年 0.75%，第三年 0.5%，这样的算法更复杂，根据每个公司不同的财务成本选择。

### 2. 提成或奖金增加法

为了刺激业务员开发新客户，可以根据业务员每年的业绩，增加提成。

例如，正常业务员的提成是 1%，一个业务员正常每年完成 100 万美金，如果业绩超出 120 万美金，超出部分的提成可以是 1.5%。或者是超出 120 万美金的奖金是 5000～10000 元，这样的方法是刺激有能力的业务员把潜力发挥出来。

3. 新旧产品分类提成

每个公司的产品结构不一样，但为了简单方便，可以分两类，即常规产品和新产品。如果是正常的产品可以常规提成，新产品或者是毛利比较高的产品，可以更多。例如，常规的产品是 1%，新产品就 1.5%的提成，但要注意一点，新产品过了一个阶段会变成老产品，这一点公司应该先跟业务员沟通清楚。

4. 特殊情况的提成

有的大订单利润很低的，例如来自于欧洲 LIDL 或 ALDI 的大订单，可能公司的利润也就 2%，对于这种情况可以协议，如公司同意降价，那么业务员的提成也就低一点。

对于库存产品，为了公司的资金周转，可以对这部分产品进行特殊设计，比正常提成要高一些。

### 5.5.4 业务跟单的提成技巧

业务员和业务跟单员的底薪都应该每年上涨，特别是业务跟单员，应该每年上涨 5%，建议 8%~10%，至少要比通货膨胀的速度要高，主要是因为，业务跟单的关键是熟能生巧，如果在公司工作了 3 年，有了经验积累也就变成了老手，这样有经验的人离开公司，公司还要重新培养新人，成本其实很高。

### 5.5.5 工厂提成与外贸公司薪酬体系的不同

外贸公司应该分团队作战，团队有个总的提成，包括单证部门、验货的等，整个团队的提成为 1%~2%，怎么具体分配则由该组的业务经理分配。有不同的组构成，各组之间形成竞争。

工厂正常来说是一个业务经理为主，业务员之间形成竞争。

### 5.5.6 薪酬体系的福利部分

现在的人越来越追求个人独立生活，但在一个团体里，还应该建立团队活动提成，如把整个销售部门提成的 10%~20%金额，用来大家活动的基金，平均共享，这样做的好处就是能够平衡一下业务员、业务跟单员或者验货人员。例如，外贸公司有 3 个组，当年的业绩一共是 500 万美金，公司规定的总的提成就是 5 万美金。其中拿出 10%就是 5000 美金作为大家共用的钱，可以去旅游、吃饭或者举办一次活动。这样从制度上来规定大家是一起共赢，共同作战，让整个团队既有竞争也有共赢。

## 5.6 公司发展，人员要调动了

从订单形势看，效果最好的就是服装和电子秤了，后来公司根据生意情况做了人员调整，我现在专门负责家用电子秤的欧盟市场，主要是搅拌机和电子秤两种产品。本来做服装的 Tina 也调过来做电子秤项目，负责非欧盟市场，如美国、日本、韩国等很多大的市场我都没有机会做了，而且欧洲的俄罗斯和土耳其也都归 Tina 管辖。公司规定每个项目由两个或两个以上业务员负责，但 Tina 也是一个新手，连做销售的经验都没有，负责的全球市场居然达到 80%，可我负责的欧盟区人口只有 5 亿左右，占全球人口的不到 10%。平时觉得 Paul 对我不错，也挺支持我开展业务的，但对于这次分到这么少的市场还是感觉不能接受，心里第一次对 Paul 产生了不满。

公司还宣布，为了支持各个项目的发展，决定投资做一个工厂，至于做什么产品，会根据各业务组的发展情况而定。我想，电子秤是发展势头最好的项目之一，而且供应商一直都不顺利，应该是重点之一。

### 5.6.1 公司里的同事

在外贸公司里，除了工作，我们整个业务组还是很融洽的，负责搅拌机的是 Grace 和 Lida；负责服装的是 Sunny 和 Amy；负责电子产品的是 David，负责圣诞饰品的是 Yuki 和 Lina，当时公司里很多都是刚毕业或工作不久的年轻人，有的单身的女同事合租在一起，男同事们也在小区里合租了一套房子。由于公司附近都是工业区，周边配套还不完善，大家晚上常常找不到吃饭的地方。

有一次大家一起聊天，又抱怨起了吃晚饭的问题，David 是众人中最细心的，很会做饭，于是我们就推举 David 做饮食负责人，每个星期三次，负责分配大家一起做饭吃，会做菜的做菜，不会做菜的负责洗碗或其他活，大家一起分工协作，解决晚餐问题。

David 果然没有辜负我们的期望，星期五的时候亲自买菜，然后亲自下厨，做好后还打电话通知我们可以吃饭了，我们去到女生宿舍，看到满桌家常菜，都夸赞 David，公司一大帮人在一起无拘无束，聊聊公司的八卦和一些趣事，不知不觉间时间飞快。

在 David 的安排下，大家每次做饭都做出了很好吃的菜式，而且平均下来钱还比较省的，大家在一起的时候总是很开心，而我是其中很坚定的支持者，因为不但可以解决吃饭的问题，还可以常常跟慢慢喜欢上的 Lina 在一起。

### 5.6.2 争夺优秀业务跟单员 Lily

市场虽然重新被划分了，但我原来开发的一两个比较大的客人还是归我负责，随着订单的增多，我的工作量也越来越多，忙不过来了，公司了解情况后，允许我的团队增加一个人。

我是个比较粗心的人，本来上次办跟擦鞋机订单时，Lily 就被安排协助我这边的工作，Lily 是一个做事有责任心并且很细心的人，文职工作很擅长，而且与各个部门的人际关系处理的非常不错，有很多我不具备的优点，正是我最最想找的人。上次我就想申请把她调来我的组，本来以为没有什么大问题，后面才发现金子早就发光了。梁工准备筹办工厂的事情，想把 Lily 调去负责工厂的办公室助理，Paul 的工作量也大了很多，也想让 Lily 专门负责单证部，这样就变成 Paul、梁工、我三个人都想争取 Lily 到自己的部门，到了最后，Paul 说让 Lily 一周后自己决定。

团队很重要，能跟你互补的人更重要。中午吃饭的时候，我约她到大塘烧鹅那里（广州知名的快餐连锁店），点了两份白切鸡，一边吃一边聊公司的未来。"公司的订单越来越多了，你打算去哪个部门？"我直接问道。

"我还没有确定呢，先考虑考虑。"Lily 一般不会很快表态，不轻易表态的人都比较理解人与人之间的关系，非常有潜力。

"订单越多，业务部的收入就越多，其他部门都是比较固定的收入，即使是底薪高点，也不见得收入会比业务多，而且还要管人，你很喜欢管人吗？"我只能够从业务部门收入可以提高，其他部门工作困难，也不熟悉等方面尽量分析，希望能把她争取过来。最后我说了半天，Lily 只是和气地说再想想。

## 5.7 公 司 培 训

业务员是要进行培训的，公司针对我们业务员和跟单员进行了不同的培训，其中对整个外贸流程做了相应的培训。

业务流程 Business Flowing Chart

（1）接单流程如图5-1所示。

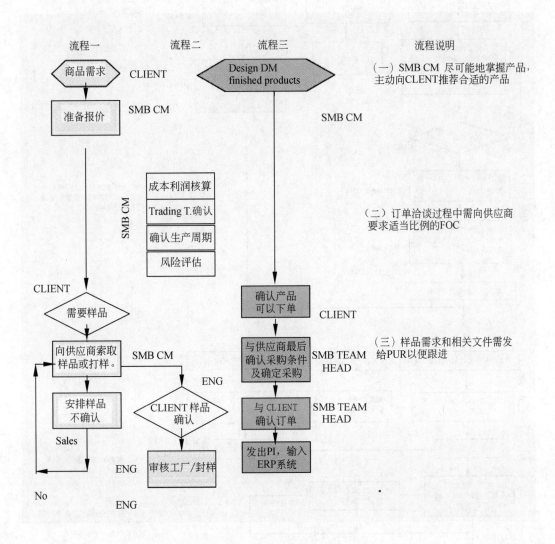

图5-1 接单流程图

（2）PO处理流程如图5-2所示。

（3）出货流程如图5-3所示。

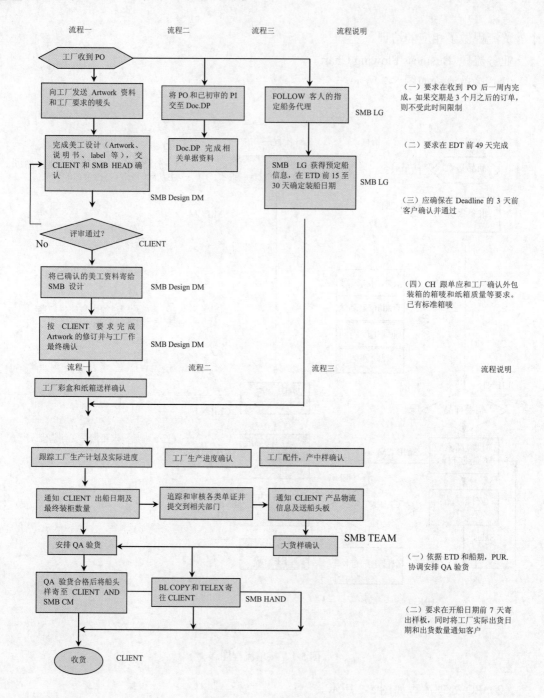

图 5-2 PO 处理流程图

第5章 外贸公司分工与培训

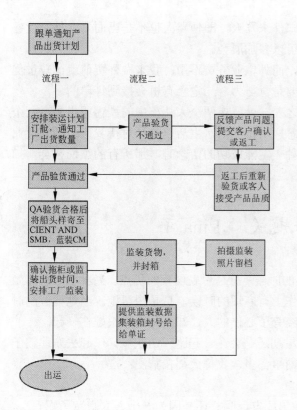

图 5-3　生产出货流程图

## 5.8　在外贸论坛上发帖

我常常也会泡泡论坛,看看别人是怎么做业务的,有时会看到不少人在论坛里抱怨外贸难做,而且公司的一些同事也会抱怨,业务员无非就是抱怨业务难做。

- 漫漫网海,客户在哪里?
- 发了无数的信件,却查无音讯。
- 接到了无数的询盘,却成就不了订单。
- 寄出了许多的样品,却都不了了之。
- 老板平台不够大,漫漫征途,业务员路在何方?

相比而言还是比内销业务员好得多。首先,内销业务员经常要提着包(包内装的都是产品)去晒太阳或淋雨,但得到的是无数的拒绝,并且是面对面的拒绝。外销业务员顶多就是发邮件给客户，基本不会碰到客户发邮件来骂人，即使骂人也不是当面骂。外贸业务员主要是在办公室里工作为主，有机会还可以参加展会。

其次，内销业务员经常要陪客户喝酒，而外销业务员不用。我来做外贸前就比较过优缺点，所以没有很多消极的情绪，相信只要是肯努力，一定会有机会接到订单的。

积极的心态与消极的心态也就是一念之差，就好像两个人从牢中的铁窗望出去，一个看到的是泥土，一个却看到了星星。我们怎样对待生活，生活就怎样对待我们。做外贸业务也是一样，当你有一个积极的心态，一种一定能成功的信念时，那所有的烦恼都会一扫而光，订单也会随你所想，源源不断。

## 5.9 我越来越关心 Lina 了

我越来越关心 Lina 了，当和她在一起的时候，总是想表现我的优点。当我不经意看她的时候，总会觉得很舒服。当我知道她工作上有麻烦的时候，总是想帮她。当她请假的时候，总是在想她在做什么。明明知道她已经有了心仪的人，却还是很想跟她在一起。

Lina 似乎也喜欢跟我来往，我们每个星期还是会在一起跑一两次步，一起去东北饺子馆吃小米粥，她跟我在一起的时间比其他同事都多，我每天都在猜测：

"她是不是也对我有好感？"

"她跟我在一起是因为我很多习惯跟她男朋友像吗？还是因为一个人太寂寞了呢？"

"她怎么看我？如果我追求她，她会有什么反应？"

这些问题犹如夏天晚上讨厌的蚊子，在我脑袋里转了又转。很多人可能不信，做了几年业务的人，口才一般都不错，追女孩子肯定没有问题，但有些人往往跟主要事实不一样，我就是其中之一。没有看见她的时候，觉得自己信心百倍，口才绝伦，但一旦与她面对面，马上像换了一个人，讲话会结结巴巴，语无伦次，极度没有自信，屌丝都不如。有几次我们在一起的时候想开口表达让她做我女朋友，都张不开口。

终于，我下定决心，一定要在星期五傍晚的一次跑步时向她表白，我鼓起最大勇气："Lina，做我女朋友好吗？"

"啊？不行啊，我有男朋友了。"

她听了我的话，有点诧异，但回答得很坚决。

"为什么？"我傻傻地继续问。

"你不要想了，我先回宿舍了。"Lina 怕我继续纠缠下去，说完就跑了，剩下我一个人在马路上发呆。

突然天空刮起一阵阵风，卷起了一片片落叶，我抬头看天，乌云密布，此时天空跟我的心情一样，越来越黑……

我又想起了高中时第一次向女生表白的情景，当时我表白后，女生淡定地对我说：

"做你女朋友，根本不可能。"

"做我朋友，嗯……不是很熟的那种还可以。"

"怎么叫不是很熟？"

"就是街上见了面就打声招呼的那种。"

那已经是 6 年前的事情了，现在看来在追女生方面我真的没有一点进步。在我自卑、失落和不断质疑自己中回到住处。

在接下来的几天里，Lina 已经开始有意地避开我，不再跟我去跑步了，也不再主动问我任何事情。死缠烂打吗？转移目标？还是……我发现我的销售经验远远不能够对我的感情有帮助，对待女生，我常常过度自卑。哎，不想了，还是努力工作吧，希望工作不会辜负我。

# 第 6 章　找客户，强中自有强中手

现在的科技发展日新月异，记得小时候家里有一台电话已经是很了不起了，Call 机更是红极一时，但现在微信里强大的功能已经让大众纷纷在朋友圈刷屏。销售其实也一样，以前用黄页、传真机，现在用邮箱、Facebook、WhatsApp，等，随着技术进步，销售的方式也要改变。

## 6.1　订单要比房子涨得快

经过前面的一番学习和锻炼，现在我终于有了一些比较稳定的客户，不用再担心被开除的日子了。但是在我的订单增长的同时，房子的价格却以更惊人的速度上涨着，如果以房子为衡量人生成功的标准尺子，那么我离人生目标越来越远了。

我可以让房价下跌吗？答案当然是否定的！那么我可以巴结一个开发商，期待他给我特价吗？痴人梦话！可以路上捡到钱吗？比愚公移山还难！可以通过炒期货收益上万倍吗？很容易输得连底裤都没有！分析来分析去，还是老老实实把本职工作做好吧，多接订单，提高收入，争取先把洗手间买回来再说。如果一年卖 200 万美金，我可以有一个洗手间……如果我一年卖 500 万美金，可以有个厨房……我这个人刚失望完，又很快陷入对未来成功的幻想中。

### 6.1.1　盯客户

我卖的是电子秤，刚好还处于市场需求高速增长的阶段，有很多不错的潜在客户。在搞定了很强购买需求的客户后，就来处理一般意向的潜在客户。

很多有意向的客户发来邮件问询，但没有下订单，这时候不能不管，只要分析出来是真正的买家，就要采取恰当的方法，咬死不放。我找来广交会的名片，筛选了一番后（怎么筛选客户在前面的内容中有介绍），就开始准备起来。

先是分析潜在客户。跟踪客户要有耐心，很多业务员发了几封信，石沉大海后就不理客户了。客户不回邮件其实有很多原因，比如：
- 客户品种很多，一般不会只买一种产品，一般的大客户，特别是贸易公司、进口商，都有几十个产品，上百个供应商。如果你卖的产品只占客户很少一部分，而且不是主要的采购产品，那么客户就不会特别关注你的邮件。
- 客户是礼品性质的贸易公司，或者是只有一个大客户，采购有很大的不确定性，那么也不会回邮件。
- 最重要临时性，因为客户往往是中间商，客户也是有客户的。如果你发的产品不是客户的客户马上想采购的，即使这个客户是真的买家，也不会回邮件。

所以很多时候客户没有反应，我们要有恒心，保持跟客户的联系，让客户对我们有印象，等到市场要买货的时候，就当然不会漏了有恒心的业务员了。这是挖掘潜在客户的方法。

例如，我有一个匈牙利客户，确定是有经营我公司所卖的电子秤产品，但我发了几次邮件给他，都是石沉大海，但我并没有马上放弃，因为他确实是有经营电子秤产品的，可能是供应商稳定或者其他原因不理我，但我依然坚持给他发一些新产品或者是简单问候的邮件，坚持了一年两个多月后他才给我回复第一封邮件，最后还成交了一个20尺柜的订单。

## 6.1.2 跟进客户——诚意

之前说的群发功能，只是用来寻找那些刚好有购买需求的客户的，如果要跟好一点的客户做生意，群发邮件是吸引不了客户注意的。把客户分析清楚就要有针对性地下手。
- 我很反对业务员为了图方便，什么邮件都用 Dear Sir/Madam，为什么？很简单，其一，国际上很多垃圾邮件就是用 Dear Sir/Madam 开头的，客户可能都没有看你的内容，就把邮件 Delete 了。其二，打个比方，你想讨人喜欢，你会对她说："那个穿红衣服的女士，你喜欢我的产品吗？"像这种问对方名字都怕麻烦的人怎么会让采购老手产生好感呢？其三，如果是你的恋人，你写信的时候会用 Dear Madam 吗？
- 更新产品介绍时要注意的。东西不在于多，在于精，特别是跟进客户的时候，附件的内容很大，并且没有压缩，这样发一个邮件就很慢，不但影响了自己的工作效率，还把客户的邮箱都占满了，有时候客户都不愿意打开看。

## 6.1.3 借鉴

客户收的邮件很多，如果我们老是发同样的邮件，客户会感觉很烦，所以我们发的邮件必须有点不一样。

- ❏ 客户国家的节日。
- ❏ 特价的时候。
- ❏ 新产品出来的时候。

其实我们可以看看周围的销售员就可以借鉴了。

### 1. 节假日学谁的呢

当然是保险公司的招数。如果各位见过保险业务员，流露出有购买意向但又没有购买的时候，那你的节日问候短信肯定少不了。把保险公司的做法用过来，再在网上找些英文的节日问候语，到节假日就可以发给客户了。

例如，第一步打开 Google 网站，输入 Festival greetings，如图 6-1 所示。

图 6-1 第一步

然后单击"图片"连接，搜索结果如图 6-2 所示。

这样就可以发现一大堆卡片，当然，你可以在网上找动感的贺卡，还有一些卡片能把自己的产品或个人介绍放进贺卡里，这样会给你个人或公司加分。怎么做呢？其实也很简单，在百度里输入动感贺卡 DIY，如图 6-3 所示。

第 6 章 找客户，强中自有强中手

图 6-2 第二步

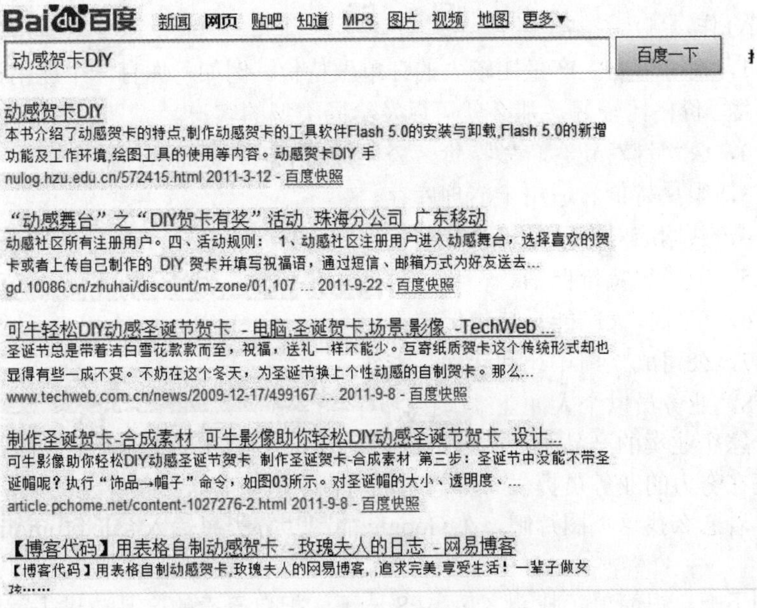

图 6-3 第三步

例如圣诞节卡片，如图 6-4 所示。

图 6-4　圣诞节卡片

这个是最基本的节日卡，如果想要更贴心一点的，可以把客户的照片和名字 PS 一下，更凸显你的关心。

2．特价向谁学

这个答案应该分歧不大，比如超市和大卖场。我们经常会看到超市搞特价，并且经常会发促销广告。特别是一到节假日，总能找出让消费者掏钱的理由，所以我们也要找理由让客户和我们合作。

- 方法 1，找工厂要生产量比较大的订单做特价。例如，你有一个促销订单要做，量比较大，价格比较好，那么就可以发给同类型的客户。
- 方法 2，公司针对新客户做特价，公司针对老客户返惠给客户。
- 方法 3，限量特价。适用于清理库存。
- 方法 4，共同应对金融危机，让利特价。
- 方法 5，节假日特价促销。
- 方法 6，工厂扩大产能，特价促销。
- 方法 7，公司成立周年让利活动。
- 方法 8，业务员以个人冲业绩为由。

因为每一家企业卖的产品不一样，因此促销方式方法的侧重点也不一样。这里只是抛砖引玉，给正在努力的业务员提供一些思考的方向。

现在来看看怎么找这类图片吧，在 Google 的图片分类里输入 sale promotion，如图 6-5 所示。

大家看到了吧，很简单，找到之后，PS 一下，把自己卖的产品放进去就可以了。

好了，现在我们的组员 Kathy 和 Carry 分工合作，Kathy 负责找促销文案和问候语，Carry 负责把不同国家的客户分开，不同的节日有哪些国家，我负责写各种跟踪客户信件的促销内容。大家把资料都收集完毕后再开会讨论。

第 6 章　找客户，强中自有强中手

图 6-5　Google 图片搜索

其实这些工作也很简单，国家不同，行情也不同，把客户分成几个板块，比如欧洲的，美洲的，亚洲的，拉美的，中东的，然后根据不同的地区找不同的相关资料即可。

资料都找齐以后，我们组的成员开始讨论，因为审美观各有不同，原则上是少数服从多数，而且由于我们的产品是女性消费者比较多，所以女同事的看法也比较重要。

资料整理好后，大家互相交流了下意见，剩下的工作就是找资料了。找资料可谓是大浪淘沙，选资料是海选。所以这项工作可大可小。要想做细致一点，花费的精力绝对不少，而如果想简单做做的话，也可以很快完工，这个就看业务员自身的条件如何了。

Grace 是我们业务部里的单身美女，负责搅拌机、排气扇等业务，前段时间跟我们说她的订单很少，在阿里巴巴网站里忙了几个月，才有了一个 3000 台的小订单，所以听说我们组搞吸引客户的培训，也参与进来。

有美女来当然欢迎了。听了我们的分析后，Grace 说："我卖的是家用小排气扇，怎么推广？来来去去就那几款，没有什么好向卖家推销的啊。"

我们看了一下她做的报价单，的确是最常用、最普通的报价，然后我问她："客户为什么买排气扇？"

"有需要啊。"

"什么需要？"

"排气需要。"（我晕，这话说得也太……）

"那么是哪种类型的客户需要？"

Grace 见我一连串的发问，顿了下，想了想说："很多，比如装修的，建材的啊。"

"那客户喜欢什么样的排气扇你知道吗？"

"当然是价格便宜质量好的啦。"

"好，怎么叫质量好呢？比如？"

Grace 稍做停顿说："就是耐用，不容易坏，受潮不容易变色。"

"除了品质好，还有其他要求吗？"我看着 Grace，想清楚她对产品了解多少。

"要方便安装。电压要符合当地要求！"

"好，那就从这里入手啊！"

我转头看着大家说："各位看看能不能想想推广信的广告语。"

大家都开始思索起来，很快有人说：

"珍惜生命，远离劣质排气扇。"

Jon 说："排气恒久远，一个还不够。"

Kathy 说："要想畅通无阻，请用\*\*排气扇！"

"这是英文信，你们会翻译吗？"Susun 突然问，大家刚刚有点气氛，一下被她被泼了半盆凉水。

我们可以多向品牌学习他们是怎么包装产品卖点的，有很多经典的案例，比如苹果手机发布会，吸引了全世界目光。当然我等远没有这个水平，因此我决定先学比我们高级点的，如宝洁公司的广告，还有麦当劳、肯德基的广告，小米手机等。卖点英文缩写就是 USP。

### 1. 新产品包装流程

首先，新产品出来之前，可以先发资料给熟悉的客户去征求一下他们的建议，例如我做的电子秤，往往有几个熟客，我会先把产品外观图和功能发给客户看看客户的意见，这样再结合自己工厂的资源，产品做出来会更靠谱。这是一个最简单、成本最低的市场调查。

其次，做好产品后，进行拍照，图片处理，再做产品介绍单张。例如麦当劳每次有新产品时都有很精致的广告单张和视频广告，我们小厂做不起视频广告，但精美的单张还是要做的。

再次，向客户发出产品推广信，有条件的一定要亲自拜访客户，增加成交率。

### 2. 新产品卖点提炼

USP 独特卖点，即独特的销售主张，找出产品独具的特点，然后以足够强大的声音说出来，而且要不断地强调。

基本要点：向消费者或客户表达一个主张，必须让其明白，购买自己的产品可以获得什么具体的利益；所强调的主张必须是竞争对手做不到的或无法提供的，必须说出其独特之处，强调人无我有的唯一性；所强调的主张必须是强有力的，必须集中在某一个点上，以达到打动、吸引别人购买产品的目的。

关于产品卖点提炼思路如图6-6所示。

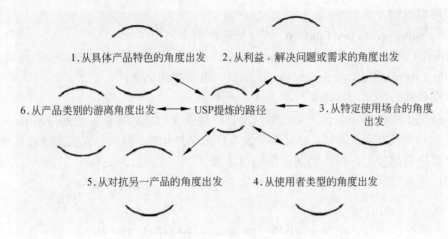

图 6-6　USP 提炼的 6 条路径

### 3. 新产品卖点要注意的地方

（1）要有清晰的产品卖点口号。

什么才是卖点？卖点就是能把我们的公司和同地区、同行业的竞争者区分开来。这个卖点能让我们从众多的竞争者中冒尖，让客户选择我们合作。

（2）把我们的卖点变得清晰明确，这个可以看看国内的淘宝天猫，已经越来越好了。

我们的卖点宣传口号越清晰明确，客户选择我们的机会就越大。在我们的专业行业市场中，客户想要采购产品的时候，就会首选我们。

卖点必须是真实的，可以让客户感受和体验到的。比如我们做的电子秤，可以跟客户说：一台电子秤，两种功能，价格不变。跟普通的电子秤只有简单的体重功能不同。

比如做 U 盘，若三个月内客户出现不能使用的情况，我们免费寄送替换产品。只要产品不是差的离谱，客户不会全部退货。

比如我们做促销礼品，我们自己开模设计符合客户市场要求的新款产品。

只要我们的服务和产品与同行有差别，客户就会选择我们，我们的产品质量和服务可能不是最好的，但却是个性化的和让客户满意的。

（3）让邮件表达更专业。

如果我们和客户说：

We will supply you high quality and best price products and excellent service.
我们将给您提供物美价廉的产品和优质服务。这样等于没说，仍然让我们陷入跟风状态。

我们可以说的专业一些：
- The same price , two function. 同样价格，两个功能。
- Signal transmission smooth，one year guarantee. 稳定的信号传输，一年品质保证。
- Free shipping charge for exchange goods. 退换货免运费。

（4）条件允许的话，可以从付款方式上入手。

比如接受小额订单，今日下单，明日发货；接受无定金先发货，货到付款等。

这是一种先发制人的方式，尽管产品没有什么个性化性，但经营方式比同行抢先一步，客户也会首先考虑我们，将我们纳入供应商体系。

例如，我做过利丰的客户，D/P 没有定金，先出货，连续下单 2 年。

## 6.2 逼客户——如何成交

客户其实有时候是要逼一下的，老是客客气气地等客户订单也不是办法，我对有些犹豫的客户会想些办法。

### 6.2.1 订单不能——主动出击

订单不能等的，比如我前几次去广交会，客户都会对我说：我们有消息会通知你们的。然后我就傻傻地等他们的消息，结果往往是杳无音讯。

在等订单的过程中会有以下问题：
- 第一，竞争对手乘虚而入。如果客户同时对比几家供应商的话，而你又不了解情况，那么客户很可能就要离自己越来越远了。
- 第二，自己后面的订单缺乏评估，对工厂后面的生产安排造成影响。

总结一、二点的结论是，要主动出击。我们先来分析一个案例吧。
- 第一种：了解客户为什么没有下一步音讯就要问，我摘录了两个问的方法，请大家参考，下面通过案例来说吧。

Glad to contact you again!
Have you kindly check my offer? Hope they are workable for your market! Sorry that we

still don't receive any information from you. I would appreciate for your any comment about our offer, including price, quality, service. No matter if it is positive answer, It is great help for us to meet your requirement.

Waiting for your favorable reply soon!

不同的客户，可以用不同的方式去问，可以不要千篇一律都是 Do you have any news?

下面再来举个例子：

Nice day!

My quotation of digital photo frame you might have received and considered. Could you kindly advise your comments at your earlier convenience?

If the products is not that your are expecting, please advise me your details requirement, I will re-offer asap.

I am of service at any time!

再来一封：

Wish you have a nice day!

May I ask whether you have received my quotation? Now I am sending it again, if you have any other ideas. Please feel free to contact me. We will do much better if you can give any advices to us.

I am waiting for your reply ASAP.

Best regards.

Dear：

Do you need further information about our products, please? You can send me the specific requirement if you need. It's my honor to help you. Have a nice day!

通常两个星期发一次问问，也可以附加新的产品去刺激一下客户。

- ❑ 第二种：如果客户连这个都不回，则基本希望不大，但也不是绝对没有机会，因为客户可能很忙，那么你不妨打个电话过去。即使死也要死个明明白白啊。

小点子：通话方面可以用 skype，费用便宜，这样可以帮公司省下不少钱，而且也很方便，安装了 skype 后，在淘宝上买卡就可以用了。

## 6.2.2 原材料或劳动力涨价为理由

如果产品价格跟原材料有很大关系，可以用这个理由，特别是五金行业。

Dear：

How are you?

Recently, our suppliers inform us the will raise their price because the inflation is serious, And the labour cost keep on going up.

Our boss is considering our price will increase too.

If you want to place order to us, Please do it in this week, otherwise our quotation will change next month.

## 6.2.3 以交货期紧张为理由

可以跟客户说，因为我们近来订单很多，如果在某时间内再不确认订单的话，交货期可能会超过预期。为了避免影响到客户的交货期，请尽早下订单，发信时间是当年12月份。

Dear sir：

How are you?

I would like to know when can you confirm the order 30,000pcs after Chinese new year, We get many orders recently, If you can not confirm it soon, ETD will be in May.

Dear sir：

I am very sorry to tell you that we can not finish your order on time.

We got more and more order last month and time is limited. I hope that the ETD will be delayed two weeks.

## 6.2.4 以客人的同行信息为理由

我之前遇到一个客户，想看看他们国家的市场能否接受我的产品。

我就对他说："这个产品反响相当好，你们国家有个客户前几天才给我返单呢！"

Dear Sir：

How are you?

Our product that you are interested in last time is very hot sell in your market, many customers in your country. And one of them just give me the return order.

我这么一说，客户就紧张了，问是什么品牌、多少钱、多少量。我一一回答后，结果客户当天晚上就详细沟通了关于产品的情况，过了两天就收到了客户的合同。

## 6.2.5 注意催客户下单的度

催客户下单会让客户感觉你心急成交，碰到老手会趁机压你的价格，所以逼客户下单还是要注意一个尺度，不要天天问客户。

# 6.3 彻底查清丢单原因

为什么订单没有下给自己呢？

很多业务员不太重视这个问题，一般都会认为价格没有竞争力，款式不行，功能不够等都是公司的原因。其实，彻底了解订单丢失有很多好处：

- ❏ 第一，能够从客户方面了解到败给竞争对手的原因，更了解你的竞争对手。
- ❏ 第二，能够为下次抢单提高成功率。
- ❏ 第三，给工厂一个清楚的理由，这样工厂会觉得你是尽力了，同时也能够给工厂合理的建议和有价值的信息。
- ❏ 第四，使业务员慢慢能够理解自己的平台实力，可以客观评估公司在市场的竞争力，是否适合长期发展。对贸易公司而言，则决定是否要调整供应链，以期找更多更强的工厂进行合作。

那么下面我们就分析下"被毙"的情况吧。

- ❏ 客户的客户已经取消了订单，这时候你应很有礼貌地回复客户希望下次合作。
- ❏ 客户订单的品种改变了，跟第一种情况一样，表示下次希望合作的意愿。
- ❏ 客户已经向竞争对手购买，如是这样，那么你就要问清楚什么原因，是价格问题还是样品或款式问题，这样以便能更清楚地了解客户的需求。

重点就在第三点上，因为第一、第二种原因都是客户方面的原因，或者客户的竞争力问题，但第三点是你败在了竞争对手上。这时候，你一定要把怎么被打败的原因找出来，这就很重要了。

白岩松评论中国足球时说过：输不是什么，重要的是输了又没有总结。同理，我们卖的东西为什么输呢？价格？款式？质量？反应速度？要一个一个地分析，找到原因所在。

下面再举个例子：

有一次我打电话给一个波兰客户，客户查询大概是8万美金的订单。我问客户："How about this order？"

客人回复："We have lose this order, because the price is too high."

我继续问:"Can I offer a better price now?"

客人答:"Celina: no , it is too late."

其实这是经常发生的情况。可能有的业务员会说,这也不关我的事啊,我已经按公司的给的价格去报了。这种做法一般是没有问题的,但却不是高手所为。

我会先把客户的背景资料调查清楚,如果这个客户在市场上是有影响力的,例如品牌客户或当地很大的连锁超市。那么

- 客户的采购是有连续性的,不但一次下单,后面还会连续下单,这样利润低点或无利润也是可以考虑的。
- 产品进去之后会对打开市场销售有帮助,能对市场部后面开发客户起到积极作用。

当有了这两个基础后,就要把数据收集好,第一时间跟老板或经理商量,能否以最低的价格把客户抢过来,这样对于开拓其他当地的客户会有很大好处。

当然,反之,如果是订单比较小,客户也不是连续性的,只是偶尔购买,那就不需要这样做了,因为这样会占用公司的资源,也产生不了效益。公司也会认为你是为了个人提成占用公司资源,对其他业务员也会有不公平的负面影响。

建议:对于因为价格产生问题的客户,要准确判断客户在当地市场的影响力、订单数量的大小,并结合工厂近期订单数量的多少,来决定跟公司要优惠条件的力度。

其次,就是款式。如果款式不好看,基本上这个订单是处于劣势,但不代表没有机会了,机会在于强调我们工厂本身的优势,这个会在其他章中说到。

再次,是质量问题。如果出现质量问题,这时候就要赶紧看看是什么原因造成的。通常有两个:

- 样品没有做好。
- 运输途中出问题了。

这时候如果是第二个问题,那么就要求客户拍个图片,然后叫工厂安排新的样品给客户确认,这种情况还是有救的。

但如果是工厂本身的产品不行,就要问清楚客户哪里质量不好?能否告诉自己哪家的产品品质好,起码能够把市场状况准确地反应到生产部和开发部中,有利于工厂下一步的改进。

## 6.4 常规买家询盘回复

在阿里巴巴或者环球资源等平台上,常常可以收到以下几种询盘。

## 6.4.1 问所有产品的报价

询盘格式通常如下：

We are interested in all your products, could you please send us more information and samples about your products and price list?

客户泛泛咨询时，往往真实购买的意图不是很明确，这时不能排除其是好的客户，但也不能给予很大希望，可以挑选部分产品来试探客户，没有回复的客户则可以考虑不必花费大量时间继续追踪。

可参考如下模板回复。

Dear Sir/ Madam：

Thanks for your inquiry at Alibaba (Made-in-China）

We are professional bathroom scale at competitive price, located in Guangzhou City, Guangdong Province. Here is the attachment with some pictures of our products that may suit your requirements, for more, please check our website, and select the products that you're interested in.

We have great interest in developing business with you, should you have any inquiries or comments, we would be glad to talk in details through skype：XXX \mails or any way you like.

（附件内容可挑选一些公司主打产品）

如要更详细点，可以看看客户来自于哪个国家，介绍一下自己工厂的知名合作品牌。

## 6.4.2 针对公司具体产品发的询价（跟进客户）

此类询价目标性较强，真实购买意图较高，需重点跟进。如果已经根据买家询盘内容做出了具体回复，并同时报了价格，但买家没有再发邮件过来时，建议可发以下类似邮件提醒买家。

Dear Sir/ Madam：

Good morning! For several days no news from you, my friend.

Now I am writing for reminding you about our offer for item of XXX dated XXX according to your relative inquiry at Alibaba. Have you got (or checked）the prices or not?

Any comments by return will be much appreciated.

（可根据客户要求的产品加上自己产品的特色）It will be our great pleasure if we have opportunities to be onservice of you in near future.

Looking forward to your prompt response.

（可将第一次发给客户的邮件内容附在邮件下方以提醒买家第一次邮件回复内容）

若过段时间，买家还是没有回复邮件，建议可再发如下类似邮件再次追踪。

Dear Sir/ Madam:

How are you? Hope everything is ok with you all along.

Now I am writing for keeping in touch with you for further business.

If any new inquiry, welcome here and I will try my best to satisfy you well with competitive prices as per your request.

By the way, how about your order (or business) with item XXX? If still pending, I would like to offer our latest prices to promote an opportunity to cooperate with each other.

如果连续三封邮件发出去之后买家仍然无动于衷，基本证明买家可能对你的产品/价格不感兴趣或者由于其他原因暂时不需要你的产品，此时应暂时搁置，将时间用在继续寻找新的目标客户上。

当然也有很多非常好的买家会被你的毅力感动，但机会非常少。此时也不要丢在一边不管，可以定期发邮件告诉客户一些关于产品进展的情况，千万不要期望很大，或者老怀疑是不是自己的邮件回复的不好，这非常没有必要。因为有可能

- 客户只是想了解行情。
- 客户无意中看到你的邮件有兴趣点击。
- 客户的客户没有下一步信息。
- 打酱油的。

所以，继续努力，喜新不厌旧。

### 6.4.3 几种经常收到的买家回复

客户收到跟进邮件后，如果觉得还没有对我们产品有需求的话，他/她一般都会说以后联系，不管怎样，能让客户回复已经不错了，说明以后还是有机会的。

- 收邮件的人只是转达信息。

Dear:

Thank you! I received your email and I sent it to my boss. He didn't tell me anything just now.

I will contact you soon once I got any news.

- 告诉你不及时回复邮件的原因。

Dear:

I receive more than 10 offer severy day and it will take me some times to look into each and very offers. I will contact you in the future if you are in our selection of companies.

Many thanks for your co-operation.

这类客户可以放在更重要的潜在客户里，方法跟前面讲得差不多，也是通过发新产品介绍或者新报价的方式来保持联系，相信时间久了成为你客户的可能性还是比较大的。至少让买家对你有印象，即使暂时不需要你的产品，日后有需要的时候也会首先想到你。

还有一种情况是可能暂时不需要你的产品，但会问其他产品或者详细咨询一些与产品相关的问题，例如

Dear:

Please excuse the delay in my reply.

I have been so busy searching through all the mails, concerning the scale project.

May I ask you, where you purchase your sensor for the scale? We have a customer who is interested in this subject.

In the coming days, I will reply concerning some samples.

跟进技巧：这样的客户就要根据公司的实际情况来回复了，建议不管能否帮得上忙都能给些回复和建议，暂时不能成为客户也可以先做朋友嘛，至少他问的是与你的产品相关的问题，中国有句俗话"多个朋友多条财路"，特别是生意上的朋友！

## 6.4.4　希望有更多信息证明供应商的实力或经验

作为买家，第一任务就是控制风险，细心和有经验的买家都会反复对比，当有几家从产品功能到价格都接近的时候，往往供应商会挑选比较有实力的或是更有经验的、熟悉的。就像我们去商店买衣服，如果好友都买过而且感觉不错，那么自己购买的几率就会大大增加。

Dear:

Sorry for the late reply. I will get back with you later.

I am very busy at the moment. If you have US customer as reference, that would help a lot. I am not here to steal information.

We use reference in U.S. to generate trust, just like you have "connections" (friends）among Chinese.

跟进技巧：

应对这样的买家，如果公司在 U.S.地区有关系较好、规模较大的老客户，不妨挑选两个介绍给他/她，这样很能显示你的实力。但回复之前还是应根据公司具体产品在这个地区的推广情况来做妥当回复，站在买家立场多思考其询问的真正目的，一般简单告知公司名称即可。

如果在 U.S.地区没有客户，可以多介绍一些其他国家的客户来显示公司实力，同时向买家暗示我们在 U.S.地区还没有合作伙伴，如果您和我合作，将会帮助您开发整个 U.S.市场。

## 6.5 讨价还价

国外客户做买卖也和我们一样，买的想更便宜买，卖的想更高的价格卖，于是就有了讨价还价。如果在生意场上没有一些方式和方法对应买家的凶悍压价，很容易处于被动一方，变成白白为老外打工，搞不好还变成亏本生意。

### 6.5.1 价格越来越难谈

价格是谈判中的重中之重，现在跟客户谈价格更难，原因有两个方面：
- 与客户是第一次接触。因为以前大家都没有实际性的接触，也没有以往订单作为铺垫，客户对于供应商的选择会变得更加谨慎，心里有很多疑惑，一旦有问题，客户可能就会中断谈判。
- 竞争者多。现在国内工厂大量产能过剩，每个行业都有无数的竞争者，劳动密集型工厂更加是以价格为主。
- 信息的透明度越来越高。随着阿里巴巴、环球资源、Google 等信息平台的快速发展，搜索技术越来越先进，客户找供应商了解供应商的效率和速度也大幅度提高。

以上 3 种原因，导致价格的谈判越来越难。

### 6.5.2 常见的价格沟通方法

下边列举一些常见的例子。
（1）最简单的方式，例如：
Dear Sir:
You price is too high.

我就会问：

How many quantity of your order?

通过询问客户订单量大小来做可能范围内的让步，或是再问问客户每年下的订单数量再决定。

（2）通过强调质量来说服客户。

Dear Sir：

Thank you for your email.

Sure , our models with good quality, and think all of them meet your level in your local market, if your price is suitable in your price range, could you please do a little change, the price will be reduced 3% ,That is USD3.4.

Please don't worry about the quality, price is important, but quality count much more.

Best regard.

（3）通过改变产品的某些材料降低成本，下面的案例里，通过改变产品部分的材料，降低成本。不要马上告诉客户这个价格做不了，而应耐心和客户讨论怎么能做到客户希望的方案。

以下客户称为 C，卖家称为 S。

C：That is incredible, Your price is too high.

S：C, please ,that is actually our best offer, I think it is very competitive in Germany.

C：NO, You quoted me USD3.8. But my competitor bought from an supplier in Zhejiang just USD3.5.

S：Hey, I also wan support you to expand your market, but the price for evaluation? I'll check why their price is too low.

C：Listen, I don't have time, The promotion date is May,13$^{th}$. We have just two months.

S：What about doing a little change? For example, using printing instead of stainless steel. And the glass is smaller ,using 6mm glass instead of 8mm glass . the price will be USD3.4. If OK. I will send PI right now.

C：That's great, but if using printing glass, It look not good .

S：Well, if we still use the stain less steel, the price is USD3.55. OK?

C：Please do USD3.3. I will give you order, 5000pcs.

S：Give you 3% discount, USD3.4/pc.8,000pcs.

C：No, the quantity is too much.

S：OK, USD3.40/pc,6,000pcs.

C：OK. 6000pcs. send me PI.

（4）通过服务提高附加值。

因为我们知道：

价格=成本+利润+附加值

上面的案例是通过降低成本来获取订单。还有一条方法就是提高附件值，通过帮助客户增加销量的思路来服务客户。

比如，我的电子秤，工厂报给我 20 块钱人民币一个，彩盒包装。这个时候我给客户怎么报？有报 4 美元，也有报 4.5 美元的。可以说，我报给每个客户的价格都不一样，但是我不会原封不动按照工厂的数据报出去，我会给客户方案，比如说 5 个产品做一个展示盒，展示盒可以怎么设计，甚至把以前给 sony 做的展示盒图片发给客户，告诉他如何改动，在超市里摆放会很漂亮。另外还会给他做好 banner 和 slogan，一整套的销售策略都做好，就等他确定如何改动了。

这样一来价格可比性一下子削弱，就变得不是那么透明了，即使客户拿我的方案询价，相信国内的同行们肯定会问客户要各种各样的信息，然后再核价，比如用的展示盒是什么纸张，上面有没有覆膜，用什么样的印刷等，这些问题能把客户问倒，绝对让客户在 N 天之内找不到参照物。而且我占据主动地位，同行要报价就会被我的方案牵着鼻子走，很多人会报不出来，就算有人核出来比我低，客户来压我价，我也有转圜的余地，比如我可以再做些更改之类的。所以很可能是客户在找不到什么参照标准的情况下，只能凭经验跟我砍砍价，然后要么成交，要么没订单。

其实这一招用好的话是很厉害的！不但能让你提高利润，还能让客户觉得你很专业，可谓一举两得的哦。

我们再反过来看，很多朋友其实很死板，收到询价后总喜欢问客人各种信息，问东问西，非要打破砂锅问到底，把所有细节弄清楚后再报价，以为这样比较准确。这种想法没错，但是现实情况是，客户会不会不厌其烦地回答你的十万个为什么？更何况，很多客户也是中间商，他的终端客户只给他一张图，或者简单的一两句描述，其他什么资料也没有，所以他没法给你更多的信息，因为他也不知道，这个时候他就没法回答你。

如果有其他聪明的供应商给出自己方案，给出建议了，客户觉得不错，他就会把别人的一些参数发给你，让你去核价。这个时候你就头痛了，发现尺寸不是常规的，包装方式也和自己的不一样，材料貌似也有点改动，没办法，只能一点一点让同事和技术部门或者供应商核价，结果三催四催，价格报出来还不一定准确。因为是别人的方案，你被别人牵着鼻子走，自然很被动了。

如果给出方案的那个人是你，那客户拿你的方案去你同行那里询价，这个时候头痛的就是他们了，需要根据你设定好的圈子来玩这个游戏，你就牢牢占据主动位置。所以你不但要给出几套方案，而且速度要快，要首先占据客户的主观思维，让他按照你的游戏规则玩下去。

上面的方法是要求业务员在懂得产品、懂得客户的基础上,才能够提高成交率。

邮件回复结束语

很多业务员的邮件结尾都很单调,让我们来点精彩的吧。

深盼贵公司及早回复:

(1) We hope to receive your favour at early date.

(2) We hope to be favoured with a reply with the least delay.

(3) We await a good news with patience.

(4) We hope to receive a favourable reply per return mail.

(5) We await the favour of your early (prompt) reply.

(6) A prompt reply would greatly oblige us.

(7) We trust you will favour us with an early (prompt) reply.

(8) We trust that you will reply us immediately.

(9) We should be obliged by your early (prompt) reply.

(10) Will you please reply without delay what your wishes are in this matter?

(11) Will you kindly inform us immediately what you wish us to do?

(12) We request you to inform us of your decision by return of post.

(13) We are awaiting (anxious to receive) your early reply.

(14) We should appreciate an early reply.

(15) We thank you for the courtesy to your early attention.

(16) We hope to receive your reply with the least possible delay.

(17) Kindly reply at your earliest convenience.

(18) Please send your reply by the earliest delivery.

(19) Please send your reply by messenger.

(20) Please reply immediately.

(21) Please favour us with your reply as early as possible.

(22) Please write to us by tonight's mail, without fail.

(23) May we remind you that we are awaiting your early reply?

(24) May we request the favour of your early reply?

(25) A prompt reply would help us greatly.

(26) A prompt reply will greatly oblige us.

(27) Your prompt reply would be greatly appreciated.

(28) Your prompt attention to this matter would be greatly esteemed.

（29）We look forward to receiving your early reply.

（30）As the matter is urgent, an early reply will reply.

（31）We reply on receiving your reply by return of post.

（32）We request you to accept our warmest thanks for the anticipated favour.

（33）We thank you in advance for the anticipated favour.

盼望以传真答复：

（1）We await your reply by fax.

（2）Please fax reply to fax this morning.

（3）We are anxiously awaiting your reply by fax.

（4）Please arrange for your fax reply, or long distance call, to reach us befour noon Monday.

（5）Fax reply immediately.

（6）Please acknowledge by fax the receipt of these instructions.

（7）Please do not fail to fax your reply immediately on receipt of this letter.

（8）Please fax your decision without delay as we have offers awaiting.

（9）Oblige us by replying by fax before noon tomorrow, as we have another offer.

（10）Inform us by fax of your lowest quotations.

（11）Fax in time for us to write you in reply by 7 p.m. mail.

（12）Fax me from Osaka before noon stating your telephone number.

（13）Kindly reply me by wire.

承蒙贵公司重视，感谢之至：

（1）Please accept our thanks for your usual kind attention.

（2）Please accept our thanks for the trouble you have taken.

（3）We are obliged to you for your kind attention in this matter.

（4）We are greatly obliged for your trial order just received.

（5）We wish to assure you of your appreciation of your courtesy in this matter.

（6）We thank you for your order just received.

（7）We thank you for the special care you have given to the matter.

（8）We tender you our sincere thanks for your generous treatment of us in this affair.

（9）Allow us to thank you for the kindness extended to us.

（10）We are very sensible of your friendly services on our behalf, for which please accept our sincere thanks.

回函迟误，请见谅：

（1）Please excuse my late reply to your very friendly letter of March 1.
（2）I hope you will forgive me for not having written you for so long.
（3）I hope you will excuse me for not having replied to you until today.
（4）I humbly apologize to you for my delay in answering your kind letter of May 5.
（5）I have to（must）apologize you for not answering your letter in time.

我们将随时为您服务：
（1）We assure you of our best services at all times.
（2）We shall spare no efforts in endeavouring to be of service to you.
（3）We shall be pleased to be of service to you at all times.

为贵公司带来不便，特此致歉，并请原谅：
（1）We hope you will pardon us for troubling you.
（2）We regret the trouble we are causing you.
（3）I regret the trouble it caused you.
（4）We trust you will excuse us for this inconvenience.
（5）We wish to crave your kind forbearance for this trouble.
（6）We solicit your forbearance for such an annoyance.
（7）Kindly excuse me for troubling you in this matter.

对此错误，谨致歉意，务请原谅：
（1）Please excuse this clerical error.
（2）We tender you our apology for the inconvenience this error may have caused you.
（3）We request you to accept our regret for the error of our clerk.
（4）We greatly regret that we have caused you such an inconvenience.
（5）We wish to express our regret for the annoyance this mistake has caused you.
（6）We frankly admit we were at fault and we are anxious to repair the consequences.

恳请贵公司支持惠顾：
（1）We solicit a continuance of your valued favour.
（2）We solicit a continuance of your confidence and support.
（3）We hope we may receive your further favour.
（4）We hope to receive a continuance of your kind patronage.
（5）We request you to favour us with a continuance of your kind support.
（6）We solicit a continuance of your kind patronage.

若有机会本公司也愿提供类似服务：
（1）It would give us great pleasure to render you a similar service should an opportunity

occur.

（2）We wish to reciprocate the goodwill.

（3）We shall on a similar occasion be pleased to reciprocate.

（4）We hope to be able to reciprocate your good offices on a similar occasion.

（5）We are always ready to render you such of similar services.

（6）We shall at all times be willing to reciprocate such of similar favour.

（7）We shall be happy to have an opportunity of reciprocating to you on a similar occasion.

## 6.6 我们的发展有突破了

Lina 还是坐在我对面，幸好这点还没有改变，我也冷静地想想。虽然 Lina 有男友，但美国那么远，感情也会逐渐淡下来的，就像我们班毕业好几年了，曾经同班那么多对情侣，但还没有听说哪对能走到了最后。

正好这个时候正在热播日本的电视剧《第 101 次求婚》，剧中的男主角长相很普通甚至可以说丑，但最后还是追到了漂亮的女主角，想到自己起码还是一表人才，应该还有很大的机会，顿时又信心大增。

我没有再提出来要求 Lina 做我女朋友，我们的关系重新恢复到以前的朋友之间互相关心的那种状态。人与人之间很奇怪，有了摩擦隔阂后在一起会关系会更好。我与一个客户就是这样的，开始第一单生意的时候为芝麻绿豆的小事情争吵得一塌糊涂，但在顺利出货后，后面的合作就很顺利。希望我和 Lina 的关系也能如此。

我们重新一起跑步，谈工作，聊理想，对社会上的，各种事情说说大家的看法。日子又一天一天过去了，她慢慢地习惯跟我在一起了，下班会问我去不去跑步，吃完饭很自然地一起散步，我习惯了跟她在一起的生活，内心也不知不觉更近了，但我还是不敢再提女朋友的事情，怕她又一次被吓跑了。

那一年的圣诞节，老外放长假，我们做外贸的就比较有空，我想约下 Lina 到广州中心去玩，又不敢单独约她，于是想了个办法："Lina，我想圣诞节放假的时候到市区玩，你问下其他女同事去不去？" Lina 不知所以，就去问旁边的 Susan、Yuki 等，公司的同事早就知道我追求 Lina 了，当然不想做"电灯泡"，很配合地说"没有空，你们去吧。"

"她们都不去啊？怎么办？" Lina 问完后对我说。

"那要不我们去吧，怎么样？"我装作有些遗憾地说。

Lina 想了一想，看看我最终点了点头。

12 月 25 号，天晴，天河城，连接地铁和公交车站中心，临近天河体育中心，人来人往，串流不息，广州最大的商业中心。我们坐公交车到达天河城，从最底层走上去，一路上都是各种高档的服装、金银首饰、最新的电子消费产品……一直逛到6楼的电玩城，电动车、游戏机、赛车、音乐舞蹈、有奖游戏等占据了整个6楼，我买了100元硬币，Lina最喜欢玩打怪兽的游戏，抓起枪来比我还猛，我都战死了，她还在埋头杀敌，看不出来说话很柔的她居然是个"女杀手"。玩了不少游戏之后，我们逛到了一个角落里，看到有个"鬼城"，门票10元就可以体验里面的鬼怪刺激，我故意问她："敢不敢进去转一圈？"

"好，进就进。"Lina不甘示弱地说。

推开厚重的窗帘，一条狭窄的小路，昏暗的灯光，幽怨的乐音，气氛变得越来越恐怖，左边墙忽然冒出一幅骷髅画像，右边墙又出现了一个血淋淋的散发女鬼，Lina开始有点害怕了，紧跟在我身后。忽然拐角半空倒挂出一个僵尸，Lina不禁吓出声来，我也吓了一跳。回头看看Lina，她已经不敢睁开眼睛看了，紧紧地拉着我，很害怕的样子，我牵着她的手继续往前走。

"啊……"更大的尖叫声传来，这不是Lina叫的，而是前面参观的女生的惊叫声，莫非前面有更恐怖的东西？很明显Lina也听到了，闭着眼说：

"要不我们回去吧。"

"不用怕，有我呢。"我安慰她说。

"好，那走吧。"Lina已经没有什么主意了。

走着走着，Lina突然又尖叫起来"啊，有鬼啊！"我转过身，原来是有人扮成鬼，穿了个黑色的骷髅头的衣服，拿着一个拂尘，应该是后面用拂尘碰了Lina一下。已经高度紧张的Lina，没留意后面有"鬼"吓的朝我跑来，我赶紧拉紧她，安慰她"不用怕，不用怕，没事。"她还是吓的不敢抬头看，"快走，快走。"急声催促我。

扮鬼的人还在张牙舞爪，并发出一些怪叫，我拉着她，快步走出鬼屋。

出来之后，Lina还是惊魂未定，靠着我喘气，休息了一会儿才发现靠在我身上，又不好意思地离开。哎，一直期盼的事情居然来趟鬼屋就成真了，真是感谢鬼屋，感谢那个扮鬼的人。

我在鬼屋里淡定的表现博得了Lina的好感，从那次之后，Lina终于默认了我，我牵她的手时她不再拒绝了。

# 第 7 章　细节决定成败

细节决定成败，精益求精争创一流业绩。有位哲学家说过：细节差之毫厘，结果谬之千里，真理和谬论往往只有一步之遥。相信大家都有过这样的体验：一个错误的数据可以导致病人死亡；一个标点符号的错误，可以使几个通宵的心血白费；一篇材料的失误，可以使若干年的努力泡汤，而人生紧要关头一步踏错，可以使一生的命运彻底改变。这就是细节的重要性，这就是精细的力量。我们做外贸的也一样，有时一个小小的错误，可能导致公司重大的损失。

## 7.1　订舱与拖车

生产完订单产品，只是完成了部分工作，还要把产品送到船上去。但往往在这个环节会有些意外的问题会发生，下面来看看有哪些事情是经常会碰到的。

例如，取消舱位就会产生以下几种情况

情况 A：客户下订单，时间很紧张，要先定仓位，结果验货不合格，最后要取消舱位。

情况 B：放给他以后，客户要并柜，其他工厂没有做好，或其他原因迟迟不装货，最后取消舱位，如果在旺季舱位紧张时会被船公司骂死……

情况 C：要装货了，去车队派车被告知生意太好明天没车了，能改后天吗？但一改后天，就可能赶不上预定的船期，客户咆哮中……

情况 D：好不容易派好车，车子晚上去提柜，连夜电话过来说现在码头没柜，晚上又找不到人改单，今晚提不了。工厂那边一大群人在仓库等车过来，这边却关键时刻掉链子，害一大堆人在白白忙活，不用说，客户再次咆哮。如果赶不上最后进仓的时间，就要推迟下一班船，都不知道怎么跟客户解释。

情况 E：顺利提到柜，车到半路，客户说取消装货，柜子返空，产生返空费、吊柜费……好一个恨字。

情况 F：柜车顺利到达工厂装货，结果工厂货还没好，压车一个晚上。等装完货赶紧去发货，车子在半路坏了，推迟半天回码头（大哥，柜子等着回到码头报关啊，赶时间啊，杀了我吧）。

情况 G：柜子终于回到码头，安排报关，报关时间不够，要申请放行条 LATER COME，只有求船老大了……

情况 H：查柜？我的货物没问题，慢慢查，有的是时间……。你的货柜里货不对板，不是重量有偏差，就是备品没有上报，给 2W 当场搞定……"

情况 I：查柜，货物没问题，可是已经截关了，申请不到 LATER COME。船走了……走下一水吧……

情况 J：终于放行了，补料对提单，上船，出提单……"是熟客了，能不能先给提单啊，又不是第一次做。"，结果客户消失了，运费没收回（我没遇到过，朋友遇到过）。

情况 K：一切都没事，很安静……在你最舒服的时候，客户说：怎么这么多天还没收到提单？原来是快递把提单搞丢了……这是很恶劣的事件，提单丢了很麻烦……（我没遇过，朋友遇过）。

情况 L：钱给了，提单也收到了，没问题了吧？错，船遇到海盗……船遇到台风耽误船期……柜子中转时被船公司遗忘在不知名港口……不知道还有没有更不幸的事情：沉船，货物没买保险，客户跟你扯皮……

当然，并不是每一票货都会碰到这些问题，但这些问题如果出现两个以上，很容易让人崩溃，半夜三更出货，最后还是推迟出进不了仓，真是欲哭无泪。但各位别急，装柜只是其中一项，下面接着来看单证，如果处理不好，麻烦更大。

## 7.2 外贸单证常见的问题

对于信用证溢短条款的误解，容易造成单证金额、数量错误。一般来说，如果信用证对金额和数量溢短装有明确规定，要按照要求出具；如果信用证没有明确规定，可以有 5% 溢短装。这里要说的是，根据 UCP500 条款，如果计量单位是个、只等，则此项规定不实用。

- ❏ 如果单证上写的是 100 箱产品，但真实数量是 108 箱，超过了 5%，千万不要怕麻烦，一定要让报关员修改单据资料。因为如果多装了或者是备品，但没有在装箱单上注明，万一被海关抽检到，则会被判为走私，情况很严重。
- ❏ 汇票的受票人名称、地址打错。这里要注意付款行、偿付行的区别。
- ❏ 发票中受益人名称、地址等与信用证描述不一致。

- ☐ 汇票、发票、保险单等之间币制名称不一致或不符合信用证的规定。
- ☐ 发票上的货物描述与信用证描述不完全一致。特别是常见的有备品。不能够给抽检到。
- ☐ 要求认证或证实单据的类型、出单人等不符合信用证要求。
- ☐ 单单之间商品名称、数量、计量单位、唛头描述、毛净重等不一致。
- ☐ 正本单据没有显示正本字样或提交份数不足。
- ☐ 提单、保险单缺少有关签字或印章不按要求背书。
- ☐ 提单中的卸货港、目的地签发错误以及存在不良批注等。

拖车延误还可以跟客户解释，如果是单证出了问题就麻烦了，或者就是重新再做资料，银行、外管局、货代之间来回更改，累人累己；或者就是不能退税，变成走私，问题大多了。所以单证要细心，不要栽到这些小事上。

## 7.3 付款方式——收钱方式不同，风险大不同

付款方式有很多种，对于工厂来说当然是越安全越好，能争取有利于自己的方式就积极争取，规避风险。如表7-1所示为各种付款方式，各有利弊。

表7.1 外贸的各种付款方式

| 付款方式 | | | 名称 | 说明 | 风险 | 英文表达 |
|---|---|---|---|---|---|---|
| 电汇（T/T） | 前 | T/T | 款到生产(A) | 收到款后给工厂传合同,工厂开始生产,发货,收到提单后,立刻寄单 | 无 | Full payment in advance |
| | | | 款到发货(B) | 先给工厂传合同,安排生产,接到货款后,发货,收到提单后,立刻寄单 | 较小 | seller release the shipment after receipt buyer's full payment |
| | | | 款到发单(C) | 先给工厂传合同,安排工厂生产,发货,接到货款后,寄单据 | 小 | seller release the shipping documents after receipt buyer's full payment |
| | 后 | T/T | 货到收款(D) | 先给工厂传合同,安排工厂生产,发货,收到提单后,立刻寄单,等货到达客户那里后,收款 | 最大 | The buyer shall pay the total value to the seller after receipt of goods |
| | | | 提单日后xx天收款(E) | 先给工厂传合同,安排工厂生产,发货,收到提单后,立刻寄单,等到达规定的天数时,收款 | 较大 | Full payment within xx days after B/L date |

续表

| 付款方式 | | 名称 | 说明 | 风险 | 英文表达 |
|---|---|---|---|---|---|
| T/T | 前后结合 | A与D结合 | 收到部分款后给工厂传合同,工厂开始生产,发货,收到提单后,立刻寄单,等货到后,收其余货款 | 小 | ?% payment in advance and and the buyer shall pay the rest value to the seller after receipt of goods |
| | | A与E结合 | 收到部分款后给工厂传合同,工厂开始生产,发货,收到提单后,立刻寄单,等提单日后xx天,再收其余货款 | 小 | ?% payment in advance and the rest payment within xx days after B/L date |
| 托收（D/P） | | 即期托收 | 先给工厂传合同,安排工厂生产,发货,拿到提单后,将单据交给托收行,托收行再将单据交给代收行,代收行通知进口人付款赎单,代收行收妥货款后,将货款转给托收行,托收行再将货款给我方 | 大 | D/P at sight |
| 托收（D/P） | | 远期托收(付款赎单) | 先给工厂传合同,安排工厂生产,发货,拿到提单后,将单据交给托收行,托收行再将单据交给代收行,代收行向进口人提示承兑,到期日进口人付款赎单,代收行收妥货款后,将货款转给托收行,托收行再将货款给我方 | 大 | D/P after sight<br>D/P at xx days sight<br>D/P at xx days after B/L date<br>(注:天数要根据航行天数而定,最好早于航行天数4~7天) |
| 托收（D/P） | | 远期托收(承兑取单) | 先给工厂传合同,安排工厂生产,发货,拿到提单后,将单据交给托收行,托收行再将单据交给代收行,代收行向进口人提示承兑,进口人承兑后取得单据,到期日进口人付款,代收行收妥货款后,将货款转给托收行,托收行再将货款给我方 | 较小 | D/A(documents against acceptance) |

续表

| 付款方式 | 名 称 | 说　明 | 风险 | 英文表达 |
|---|---|---|---|---|
| 信用证(L/C) | 即期不可撤销信用证 | 接到客户信用证后,给工厂传合同,工厂开始生产,发货,取得提单后,连同其他单据,一起交给通知/议付行,银行审单无误后,将单据寄给开证行,开证行接单据审核无误后,付款给议付/通知行,议付/通知行再将款项给受益人(我方) | 小 | irrevocable L/C at sight |
| | 远期不可撤销信用证 | 接到客户信用证后,给工厂传合同,工厂开始生产,发货,取得提单后,连同其他单据,一起交给通知/议付行,银行审单无误后,将单据寄给开证行,开证行接单据审核无误后,承兑,等到期日付款给议付/通知行,议付/通知行再将款项给受益人(我方) | 较小 | irrevocable L/C at xx days sight/irrevocable L/C at xx days after B/L date |
| 三种付款方式的综合运用 | 款到生产与D/P 即期的结合 | 收到客户部分款项后,给工厂传合同,安排工厂生产,发货,取得提单后,连同其他单据交给托收行,托收行再将单据交给代收行,代收行向进口人提示付款,进口人付款后,代收行将款项划拨给托收行,托收行将款项交给出口人(我方) | 小 | ? % payment in advance and the rest payment by D/P at sight |
| | 款到发货与D/P 即期的结合 | 先给工厂传合同,安排生产,等收到部分款后,安排发货,取得提单后,连同其他单据交给托收行,托收行再将单据交给代收行,代收行向进口人提示付款,进口人付款后,代收行将款项划拨给托收行,托收行将款项交给出口人(我方) | 小 | seller release the shipment after receipt buyer's ?% payment and the rest payment by D/P at sight |

**软条款——销售合同里面的陷阱**

这么多种付款方式中,以 L/C 方式最为常见,现在就来看看 L/C 里面的软条款。

来证含有制约受益人权利的"软条款",常见的软条款归纳如下:

(1) 开证申请人(买方)通知船公司、船名、装船日期、目的港、验货人等,受益人才能上船。此条款使卖方装船完全由买方控制。

(2) 信用证开出后暂不生效,待进口许可证签发后通知生效,或待货样经申请人确认后生效。此类条款使出口货物能否装运，完全取决于进口商，出口商则处于被动地位。出口商见信用证才能投产，生产难安排，装期紧，出运有困难。

（3）1/3 正本提单迳（直）寄开证申请人。买方可能持此单先行将货提走。

（4）记名提单，承运人可凭收货人合法身份证明交货，不必提交本提单。

（5）信用证到期地点在开证行所在国，有效期在开证行所在国，使卖方延误寄单，单据寄到开证行时已过议付有效期。

（6）信用证限制运输船只、船龄或航线等条款。

（7）含空运提单的条款，提货人签字就可提货，不需交单，货权难以控制。有的信用证规定提单发货人为开证申请人或客户，可能被不法商人利用此特殊条款进行无单提货。

（8）品质检验证书须由开证申请人或其授权者签发，由开证行核实，并与开证行印签相符。采用买方国商品检验标准，此条款使得卖方由于采用本国标准，而无法达到买方国标准，使信用证失效。

（9）收货收据须由开证申请人签发或核实。此条款使买方托延验货，使信用证失效。

（10）自相矛盾，即规定允许提交联运提单，又规定禁止转船。

（11）规定受益人不易提交的单据，如要求使用 CMR 运输单据（我国没有参加《国际公路货物运输合同公约》，所以我国的承运人无法开出 CMR 运输单据）。

（12）一票货物，信用证要求就每个包装单位分别独立提单。

（13）设置质量检验证书障碍，伪造质检证书。

（14）本证经当局（进口国当局）审批才生效，未生效前，不许装运。

（15）易腐货物要求受益人先寄一份提单，持此单可先行提货。

（16）货款须于货物运抵目的地经外汇管理局核准后付款。

（17）卖方议付时需提交买方在目的港的收货证明。

（18）产地证书签发日晚于提单日期，这会被怀疑未经检验，先装船，装船后再检验。

（19）延期付款信用证下受益人交单在先，银行付款在后，风险大，应加具保兑。

（20）不接受联合，进口国家拒绝接受联合单据。

（21）信用证规定指定货代出具联运提单，当一程海运后，二程境外改空运，容易被收货人不凭正本联运提单提货。

（22）信用证规定受益人在货物装运后如不及时寄 1/3 提单，开证申请人将不寄客检证，使受益人难以议付单据。

（23）证中货物一般为大宗建筑材料和包装材料，如"花岗石、鹅卵石、铸铁井盖、木箱和纤维袋"等。

（24）买方要求出口企业按合同金额或开证金额的 5%~15% 预付履约金、佣金或质保金给买方指代表或中介人。

（25）买方获得履约金、佣金或质保金后，即借故刁难，拒绝签发检验证书，或不通知装船，使出口企业无法取得全套单据议付，白白遭受损失。

以下是一些常见的软条款案例：

（1）freight charges not acceptable. 除了运费以外，提单上不能显示其他费用。

（2）THIS CERTIFICATE IS NOT REQUIRED IF SHIPMENT IS EFFECTED THRU N.S.C.S.A/U.A.S.C. 如果货由 N.S.C.S.A/U.A.S.C 运输，则无须此证明。

（3）Extra copy of invoice for issuing banks file is required. 另外提交一份作为开证行留档。

（4）A CONFIRMATION CERTIFICATE ISSUED BY THE APPLICANT'S REPRESENTATIVE, WHOSE NAME WILL BE INTRODUCED BY THE ISSUING BANK. 开证人代表出具的证明书，且签字要和开证行留存的相同。

（5）SHOULD THE APPLICANT WAIVE THE DISCREPANCY（IES）WE SHALL RELEASE DOCUMENTS. 如果开证人接受不符点，我们将放单给开证人。

（6）DOCUMENTS TO BE AIR COURIERED IN ONE LOT TO NEDBANK LTD.单据需通过航空快递一次性寄给（开证行）。

（7）THIRD PARTY DOCUMENTS ARE ACCEPTABLE. 接受第三方单据。

（8）SIGNED COMMERCIAL INVOICE IN TRIPLICATE.ORIGINAL LEGALIZED AND CERTIFIED BY C.C.P.I.T. 3 份签字的，其中正本需要贸促会认证。

（9）SIGNED COPY OF THE BENEFICIARYS LETTER ADDRESSED TO US ACCOMPANIED WITH COPY OF D.H.L .RECEIPT. 加签字的受益人证明，并提交 DHL 快邮底单。

（10）B/L showing costs additional to freight charges not acceptable. 除了运费以外，提单上不能显示其他费用。

（11）BENEFICIARY MUST COURIER ONE SET OF NON-NEGOTIABLE DOCUMENTS TO THE APPLICANT. 受益人必须快递一套副本单据给开证人。

（12）ONE ORIGINAL BILL OF LADING PLUS COPY OF SHIPPING DOCUMENTS HAVE BEEN SENT TO US DIRECTLY BY D.H.L WITHIN 7 DAYS FROM BILL OF LADING DATE.

一正一副的提单已经在装船后的 7 天之内通过 DHL 寄给我们了。

（13）DOCUMENTS PRODUCED BY REPROGRAPHIC SYSTEMS, AUTOMATED OR COMPUTERIZED SYSTEMS OR AS CARBON COPIES IF MARKED AS ORIGINAL ARE ACCEPTABLE.

接受复印、计算机打印等自动制单完成的单据，但需表面注名 ORIGINAL。

（14）A HANDING FEE OF USD80．00 TO BE DEDUCTED FOR ALL DISCREPANT. 有不符点的单据将收取 80 美元的费用。

(15) PLEASE ADVISE BENEFICIARIES BY TELECOMMUNICATION. 请用电讯方式通知受益人。

(16) IF DOCUMENTS PRESENTED UNDER THIS CREDIT ARE FOUND TO BE DISCREPANT, WE SHALL GIVE NOTICE OF REFUSAL AND SHALL HOLD COCUMENT AT YOUR DIPOSAL. 如果单据有不符点，我们将拒付，然后替你保管单据。

(17) PACKING LIST IN THREE COPIES MENTIONING THE GROSS AND NET WEIGHT OF EACH PACKAGE AND THE MARKS. 3 份装箱单，显示毛重净重和唛头。

(18) NOTWITHSTANDING THE PROVISONG OF UCP500, IF WE GIVE NOTICE OF REFUSAL OF DOCUMENTS PRESENTED UNDER THIS CREDIT WE SHALL HOWEVER RETAIN THE RIGHT TO ACCEPT A WAIVER OF DISCREPANCIES FROM THE APPLICANT.
即使 UCP500 有规定，我行拒付了该信用证下提交的单据后，我行也保留开证人接受不符点后的我行的权利。

(19) IF DATED AND SIGNED AFTER THIS DATE BY COMPETENT AUTHORITIES IT MUST BEARS THE MENTION ISSUED RETROSPECTIVELY. 如果权威部门在该日期之后签署，则必须倒签。

(20) WE HEREBY ENGAGE WITH DRAWERS AND/OR HOLDERS THAT DRAFTS DRAWN AND NEGOTIATED IN CONFORMITY WITH THE TERMS OF THIS CREDIT. 开证行承诺汇票的出票人和/或持票人将在单证相符的情况下得到议付。

(21) THIRD PARTY, SHORT FORM AND CHARTERED PARTY B/L NOT ACCEPTABLE.
不接受第三方提单，简式提单，租船提单。

(22) EXCEPT AS FAR AS OTHERWISE EXPRESSLY STATED,THIS CREDIT IS SUBJECT TO THE UNIFORM CUSTOMS AND PRACTICE FOR DOCUMENTARY CRDITS,INTERNATIONAL CHAMBER OF COMMERCE PUBLICATION NO.600 CURRENTLY IN FORCE.
除非另有说明，该信用证遵守国际商会目前正实行的 UCP600 规则。

(23) INSURANCE TO BE EFFECTED BY APPLICANT. 保险由开证人办理。

如何应对软条款？

（1）要认真审证。如果是小公司，对条款不熟悉，可以找专业的人士进行评估，收费均为 200～500 元一次，做到准确找出"软条款"。在贸易过程中，收到 L/C 后应立即与合同核对，看看条款是否与合同一致，能否办得到。发现问题后要马上与开证申请人联系对信用证做修改，业务员也要跟客户反映情况，不要等到做到一半才发现情况不妙，那个时候货物已上船，为时已晚，一旦对方不肯修改信用证，我方就陷入了被动。

（2）尽量要求对方客户从一些大的，信誉较好的银行开证，例如汇丰银行。特别是中东被美国打压的国家和比较落后的国家，由于大银行一般很注意自身的声誉，会很严肃认真对待"软条款"问题，相对来说，风险会小得多。要及时识破不法外商与一些开证行相互勾结设下的圈套。

（3）通过调查了解合作客户，及客户公司的资信及在商界的声誉状况。这是涉及避免找错生意伙伴的重要前提。经济允许的情况可以通过付费公司调查，如中国出口信用保险公司，以及可以通过当地大使馆，以及对方开证行、生意合作伙伴等进行了解。

（4）关键地方一定要清楚，涉外商务中的银行信用和商务合同是两回事，要特别注意审查信用证条款中的要求、规定是否和签约的买卖合同相符合。如货物装运期、付款期限、付款行都必须写明，最重要的是看是否为无法执行的信用证。

（5）签定的买卖合同应有买卖双方承担风险的责任保证，同时应该有第三方、第三国做担保人以及进行公证，不能听信单方面的任何承诺，可以向中信保买保险。

（6）最后就是在订合同时，要力争客户同意由我国的商检机构来实行商品检验。如果能争取到由我国商检机构实施商检，不但可以方便我国企业，而且还将主动权掌握在我方手中。

## 7.4 货到不提，国家不同，法律不同

我个人还碰到一些例子，比如买家通过一些当地的法规来骗取供应商的钱。

例如在土耳其国家，我们公司的一个做家具的部门，就被骗了 2 万多美金，一个 20 尺柜，做的是 L/C，但等公司业务按照要求将货物运抵伊斯坦布尔港口后，该公司却以进口许可证尚未申请下来等为由不提货，接着又以公司业务员出差、等待银行信用额度批复等种种借口迟迟不付货款。根据当地法律规定，如果货物到港 45 天内不提货，土耳其海关将没收货物并进行拍卖，而拍卖时该货物的进口商享有优先购买权。如果我国出口商想退货，土耳其海关须得到进口商的同意和书面证明，才能办理退货手续。结果我们公司真的没有收到钱。

下面再列举一些其他国家海关的相关规定。

了解出口国海关规定，谨慎选择 DP 结算方式，一般情况下，DP 结算方式相对于 DA、OA 这些非证结算方式风险较低，主要在于出口方可以控制货权，如果进口方不付款，出口方可以处置货物降低损失。在理赔实践中，部分国家由于其特殊的海关规定，出口方"货权在控"并不一定能够顺利处置货物。目前主要有如下两种情况：

❑ 被保险人处置货物需要得到原买方的同意函：比如巴基斯坦、印度、土耳其、阿尔及利亚、摩洛哥。

❏ 进口方未付款的情况下可以先行办理通关手续,出口方处置货物存在障碍。比如南美的巴西、秘鲁。

基于上述情况,建议被保险人注意关注进口国的相关海关规定,谨慎选择 DP 结算方式。

**1. 世界部分国家对于进口货物滞留时限的相关规定**

(1)美国关税法规定:已办理报关或未办理报关手续的货物(按本法第一五五七条规定办理报关手续的货物除外,但包括按转关运输或出口办理报关手续的货物),从进口之日起按本法第一四九零条规定存放在保税仓库内超过 6 个月时,如果未缴纳全部关税及其他税费、利息、仓储费或其他费用,应被视为放弃货物,所有权转归美国政府,由海关按财政部长行政规章规定以公开拍卖形式予以估价并拍卖。

(2)加拿大海关法规定:除本条另有规定外,所有进口货物应按规定条件在办公时间内向指定办理此项业务的最近一处现场海关申报。授权总督对货物按本条第一款申报的时间及方式做出规定。

(3)欧盟海关法规定:①已做进境报告的货物,其按海关批准待遇或用途的申请手续应在下列期限内完成:a.运货物于进境报告之日起 45 天。b.其他运输方式的货物于进境报告之日起 20 天。②情况允许时,海关当局可缩短或延长本条第一款规定指期限,但所延长期限不得超过适应有关情况所需要的时间。

(4)泰国海关法规定:在船舶抵港 10 日后,仍滞留在船上或者在其卸货地点附近尚未正式报关、查验、结关的货物,可立即交由海关看管,也可以由货物的所有人承担费用将该货物存入保税场所。在该货物解除海关看管之时,应当交付包括部令规章所规定的租金在内的所有费用。

(5)韩国海关法规定:经公告,海关关长可以在关税厅厅长规定的范围内将保税区内储存期届满的货物销售。但对于鲜活动植物、已经或者将要腐烂货物、将会对仓库或者其他外国货物造成损害的货物、随时间推移将要丧失或降低其实际使用价值的货物,或者应货物的所有人要求,可以在储存期届满前销售。

(6)印度尼西亚海关法规定:本条第 3 款规定以外的其他无人认领货物,海关官员应当立即以书面通知该货物的所有人,如果自存放在海关仓库之日起 60 日内不作处理,海关将该货物予以拍卖(海关规定货物到达印尼后 30 日内须完税。雅加达港,货物超过期限后将被送往国营港务公司监管仓库,当存放 3 个月不取的将被拍卖,以用于支付仓储费,余额保留 3 年无人认领则上缴国库。货物在缴纳关税之前不允许退回)。

(7)马来西亚相关规定:收货人未按期提取到港货物,海关仓库给予保留 21 日。逾期，通知收货人7日内提货，否则海关将拍卖以支付报关费、仓储费和其他费用。空运货物须72小时内领取，否则将处以高额仓储罚款。3个月后货物仍未被提取将退回。

（8）伊拉克相关规定：进入伊拉克海关仓库的货物，无论是入境储存或转品，都必须登记清理，贮存限时从货物到岸时起算两个月（空运货物限一个月）。规定期限内无人认领的货物，海关将进行拍卖。

（9）沙特阿拉伯相关规定：收货人须在船舶到港后两星期内提货，否则将予拍卖。

（10）土耳其相关规定：根据土耳其海关规定，进入土耳其的货物没有进口商的同意不得转售给第三方，也不得退运，如果进口商在货物到达后45天不提货，海关有权拍卖，且原进口商有优先购买权。

（11）印度相关规定：印度海关规定，货物到港后可在海关仓库存放30天。满30天后海关将向进口商发出提货通知。如进口商因某种原因不能按时提货，可根据需要向海关提出延长申请。如印度买家不做延长申请的话，出口商的货物在海关存放30天后会被拍卖。

（12）中国相关规定：进口货物的收货人自运输工具申报进境之日起超过3个月未向海关申报的，其进口货物由海关提取依法变卖处理，所得价款在扣除运输、装卸、储存等费用和税款后，尚有余款的，自货物依法变卖之日起1年内，经收货人申请，予以发还；其中属于国家对进口有限制性规定，应当提交许可证件而不能提供的，不予发还。逾期无人申请或者不予发还的，上缴国库。

（13）尼日利亚相关规定：未完税货物的货主应在进口15天内，在海关以集中报关形式对所有未放行（未接受）的货物进行报关。然后由海关决定处理有关货物。多数情况下，这些货物被移入保税仓库（国家仓库），并按仓储期计收费用，费用按星期递增。易腐烂货物可在不破坏一般仓储规定的情况下立即拍卖。其他货物的拍卖期限（一般定为3个月后），自在尼日尔公报上公布之日算起，一般为4个星期。

**2．世界部分国家及地区其他进口规定**

（1）印度相关规定：印度海关规定，货物到达目的地后，如果因为进口商不付款不提货或因质量问题需要退货时，出口商需凭原进口商提供的不要货证明、有关提货凭证及出口商要求退货函电办理退货手续。

（2）巴基斯坦相关规定：卡拉奇港务当局规定，入境纸袋包装的碳粉、石墨粉、二氧化镁及其他染料等，必须打托盘或装入箱子，腐蚀品、放射性物品及每船危险货物总量超过200公斤的其他危险品，收货人必须在船边直提，否则它们都不予卸货。另外，该国不接受挂印度旗和南非、以色列、韩国和台湾船舶靠港。

（3）斯里兰卡相关规定：该国的标准研究所和海关对许多进口货物实施强制性质量检验，进口商在开信用证之前应向标准检验所递交一份事先检验报告。政论统一管理经营武器、对人体有害的化工产品、大米、小麦、土豆、汽车、奶粉、纺织品、木制品和纸制品等货物。递交给海关的单证,纺织品应说明织物成分;车辆应注明新车、或二手车、或旧车翻新;香水、化妆品和香精应注明单位容器的加仑数量和总量。科伦坡港或马里港,海运船舶到港之日起,一般3个晴天工作日之内完成交货装卸并付装卸费。如货物到港之日起7个晴天工作日后才完成交接货物,则需要支付等于两倍的装卸费和交货费。托运人在海关销售货栈完成交货,须支付附加运费。某些贵重货物在特设柜台货栈内进行交付,托运人须支付柜台费和有关杂费。对于危险品,托运人需支付特别税。

(4)沙特阿拉伯相关规定:运往沙特的货物不准经亚丁转船。吉达和达曼港口当局规定,凡往该两港的货物必须在装运港打托盘,集装箱货物先打托盘后装箱;袋装货每包净重不得超过50千克,毛重不得超过65千克;货运文件的各项内容须详细清楚,如收货人是银行,须列明最后提单持有人的详细名称和地址;钢材必须使用钢丝索或使用吊环捆扎。违背上述规定,船方将受罚款。抵港船舶的船龄不得超过15年,否则不准靠泊。如果是转船,上述规定仅对最后程船有效,对一程船船龄没有限制。港口对船舶运载危险品有的有限量规定和须事先同意。

(5)阿拉伯联合酋长国相关规定:迪拜和阿布扎比港卫生当局规定凡进口食品,必须注明失效期,并随船带有卫生健康说明书,否则港方不予卸货。

(6)约旦相关规定:阿喀巴港务局规定,禁止接受超过15年船龄的船舶,但自卸散货船,由公司董事会证明保证船舶吊机、钢丝绳索和其他所有设备良好,并能装卸货物的不确定班轮除外。超龄船舶抵达阿喀巴后,如发现船舶条件不完善,或与所保证的条件不符,船方需承担一切卸货责任。第二次如再不提供修理或更换证明,将禁止该船在阿喀巴装卸货物。卸载重大件货物须用船吊,否则须经港务当局同意,并提供积载图和每件货物的重量和体积。

(7)也门相关规定:荷台达港务局规定,袋装货与其他件杂货不得同船,因为袋装货安排在凯西布浮码头卸货,而杂货安排在本港区卸货。否则,会产生两次排队等卸。去亚丁港的货、亚丁自由贸易区的货及转船货,货运单证上须列明。每年6~9月为季风,穆卡拉港不能卸货,去该港的货物需从亚丁转运。

(8)黎巴嫩相关规定:发货人必须提供收货人详细地址、名称,以便船方及时通知收货人提货。有关买卖合同、信用证和提单必须证明:货物预定运往贝鲁特,但贝鲁特由于战争、内乱、封锁港口、停止作业、罢工等非承运人所能控制的原因,使船舶和货物不能正常、安全到贝鲁特港口靠泊卸货时,承运人有权把货物选卸在附近港口,承运人的责任因此全部终止。货物卸岸后,贮运费及其他费用由收货人负担;当船舶抵达贝鲁特卸货时,收货人务必备足卡车在码头船边接货,否则承运人有权指示船舶离开贝鲁特并将货物卸至便利的港口,货物卸岸后的贮存费及其他费用和风险均由收货人承担。黎巴嫩兽医卫生检疫法规定,凡进口活动物、畜产品及其制品、所有易腐坏的罐头和食品,均需随船带交有关生产国出具的正式卫生证书，无证书的商品禁止入港。

（9）伊拉克相关规定：货物进入伊拉克需要进口许可证。许可证一般只发给确定的进口商，包括国有商业公司、政府采购代办或该国的商会成员，有效期 12 个月。报关单证包括：商业发票、提单、原产地证书、载货舱单和其他要求的证明文件。其中，提单正本至少 3 份，须写明承运船舶的国籍，否则银行将拒绝接受。货物标签应有阿拉伯文的使用说明。酒精类饮料，标签上须用英文和阿拉伯文写上"专供伊拉克"字样。货物包装应牢固。伊拉克在其南部的巴士拉港附近建立有自由贸易区，可进行货物贮存、装配、再包装、清洗和整理等。

（10）科威特相关规定：港务局规定到港船舶装载过境货物限占本港货的 50%，并必须使用托盘。如超过 50%，船舶只准卸本港货，而不准卸转口货。收货人不能到船边提货。货物装船时，本港货与转口过境货须分开，不得混装。

（11）以色列相关规定：货物出口以色列，由进口商或其代理人办理海关申报，提交单证包括：海关发票、商业发票和提单，并向海关提交一份由银行开具证明兑换外汇和支付方式的文件。提单一般要求一式两份，必须载明："除遇海难或不可抗力，本货轮在以色列卸货之前不在也门、约旦、沙特阿拉伯、伊拉克、黎巴嫩、叙利亚、苏丹、利比亚和其他阿拉伯国家（埃及除外）港口泊靠或进入其领海"。海关查验无误放行。如需某些特殊进口规定，则应附上其遵守这些规定的证明文件。在以色列卸下的货物可贮存于公用仓库或海关批准的任何安全场所。10 吨以上货物存放 10 天以上，应缴付港口存放费，10 吨以下货物存放 30 天以上，应缴纳港口存放费。以色列的阿什多德港区、埃拉特港区和海法港区为自由港。货物出入自由港区可享受优惠待遇等。样品入境限期为 6 个月，延长须经海关准许。少量样品免征进口税，也无须许可证。

（12）卡塔尔相关规定：多哈港务局规定，凡进港船舶，其船龄不得超过 15 年。

（13）马尔代夫相关规定：①未经国内事务部允许，不准进口各种毒品和硫酸、硝酸盐、危险动物等。②未经对外事务部允许，不准进口酒精饮料、狗、猪或猪肉、雕像等。

（14）阿根廷相关规定：阿根廷法律规定收货人遗失提单必须向海关申报，经海关同意后由船公司或由船公司委托代理签发另一套提单，同时向有关机构递交一份声明认定原始提单失效。

（15）吉布提相关规定：吉布提港口规定在该港转运的货物，所有文件及包装唛头上应明确填写最终目的港，但必须注意，不能将上述内容填在提单目的港一栏内，而只能在唛头上或提单其他空白处表明，否则海关将视作吉布提本港货，而且要收货人交付进口税后才放行。

（16）肯尼亚相关规定：肯尼亚政府规定凡对肯尼亚出口货物均需在肯尼亚的保险公司投保。不接受 CIF 条款。

（17）科特迪瓦相关规定：阿比让海关规定① 提单和舱单所列货物名称应具体详细，

不能以货类代替。如不按上述规定办理,承运人为此产生的海关罚款将由托运人承担。② 经阿比让过境去马里、布基纳法索等内陆国家的货物,提单和船务单据及货物运输包装上,均需注明"科特迪瓦过境"才能免税,否则要征收附加税。

(18) 尼日利亚相关规定:可以运回未被领取的货物,但如需在抵达尼日尔后 2 个月内运回货物,则应得到尼日尔方面有关托收银行的核准。如已超出 2 个月期限,则需尼日尔中央银行的核准。属后一种情况,存在风险,即在中央银行核准前,未被领取的货物可能已由有关海关没收及拍卖。

(19) 澳大利亚相关规定:澳大利亚港务局规定木箱包装货物进口时,其木材须经熏蒸处理,并将熏蒸证书寄收货人。如无木材熏蒸证书,木箱将被拆除烧毁,更换包装费用均由发货人负担。

(20) 加拿大相关规定:加拿大政府规定去该国东岸的货物,冬季交货最好在哈利法克斯和圣约翰斯,因为这两个港口不受冰冻影响。

(21) 日本相关规定:对日出口食品时,除必须遵守具体商品配额、关税配额限制或禁止进口的品种等有关规定外,为保证输日食品顺利通关,货运代理人应尽快把有关货运资料提供给日本进口商,使其在货物到达 7 日之前,向厚生省提交入境说明书。日本厚生省检疫所接受该说明书后对进口食品有无与该国食品卫生法冲突、出口国检查情况、进口商违法前科等进行审查。货物入保税仓库后,还要进行有关项目的检测,不合格货物将被责令退回或监督报废。

(22) 韩国相关规定:韩国关税法规定,那些有可能动摇国家根本法或公共安全、有害于传统民俗的物品,禁止进口。韩国通关程序大致是:货物卸后运进保税区或其他经海关批准的存放场所;向海关申报进口手续;海关查验货物,确定税率,计算税金,纳税;批准放行。其中,进口申请必须在货物运进指定存放场所后,自批准之日起 30 日内提交,纳税人没有按规定日期缴纳关税,自逾期之日起征收滞纳关税。

(23) 香港相关规定:对烟、酒类和含酒精成分的商品均属有税品并加以管制。药酒不能笼统写成"成药",纺织品必须详细列明其质地。吗啡、可卡因等危险药物的出入境和中转规定必须申领签证。对于气枪、弹药等战略性货物管制严格,此类货物在香港中转时必须做到:包装牢固,不准用旧木版和旧钉;需向警方提供每箱枪支的支数、枪械口径和每箱重量;除申请出入境许可证外,还需向警方申请许可证;转船时,一、二程船必须衔接,并由二程船船长或大副签字证明收妥该批货物。对于可制作化学武器的化学危险品进出或在香港中转,须事先得到有关部门签发的出入境或中转许可证。供应香港或经香港转运出境的动物、雀鸟和动植物标本、猫科带有斑纹的皮革等,出运前,须向渔农处办理申请,批准后才能装船。上述若有违反者,将会被检控和按条例做出处罚。

(24) 新加坡相关规定:装有危险品的船只不得靠码头,必须在危险品锚地卸驳后转运或运往港务局危验品码头仓库交收货人,费用由船方负责。因此,船方在承运去新加坡的危险品时，通常要求发货人支付危险品补贴。

（25）马来西亚相关规定：进口通关单证，需要商业发票、原产地证书、提单等。用于计征关税的原始发票要求使用英语填写并签署姓名。允许使用指示性提单，但须注明一位通知人地址。包装上的商品说明必须与商业发票内容一致，但必须用巴哈萨来语在已包装完毕的货物标签上注明有关商品说明、公制重和原产地的所有详情，英语只允许作为第二语言使用。食品、药品、家畜和肉类必须注明卫生检疫规定等。

（26）印度尼西亚相关规定：进口，一般货物不需要进口许可证，有些货物需要商业部的特别许可证，各别货物禁止进口，某些货物只有经授权的独家代理商方可办理进口，所以货运代理人在承接委托业务时要了解清楚。报关单证要求商业发票、原产地证明书和包括检验报告在内的其他单证。除价值在5000美元以下的某些特品如原油、石油、贵金属、宝石等。所有货物在发运前必须经过质量、数量、价格检查，并获得检验报告。当需要对进口商品进行装船前检验时，印尼的相关部门会向出口国的检验代理人提供进口许可证及其他特别文件，出口国的代理人凭借这些文件同发货人或其代理人联系，安排出口商品检验。发货人应提供货物买卖、装货清单、提单等相关文件的副本。货物包装，根据印尼的气候状况，须特别注意防水和防锈。

（27）菲律宾相关规定：菲律宾海关规定，入境货物文件，包括提单、舱单及运费清单等不准修改，否则处罚船方。麻袋包装的货物，必须先经熏蒸才得入境。危险品不能卸落码头仓库，必须由收货人直接派船或用车到船边直接提货。

（28）澳大利亚和新西兰相关规定：为防止外来病菌进入，两国防疫部门规定，木箱包装货物进口时，其木材需经过熏蒸处理，并将熏蒸证书寄收货人。否则，货物到达两国港口时，木箱将被拆除烧毁，更换包装费用由发货人负责。新西兰渔农部规定，集装箱货物必须在设立有检疫机关的口岸入境，未经检疫许可不准远离码头或机场。为使集装箱入境后迅速通过植物检疫，集装箱木质结构及箱内的木质包装物、垫箱木料等必须经过检疫处理，箱体必须清洁无污染物。

新西兰海关实行事先报关系统，报关文件应在货物到达之前报送海关，包括：进口许可证、商业发票、原产地证书、装货单及其他货运文件等，若是植物、水果、蔬菜和木材等，还要求提交植物检疫证书、木材和木制产品的声明等。其中，进口许可证在货物到港前向贸易工业部申领并呈交海关；原产地证书须是合法商业协会出具并由公证人证实；货运文件须有装运日期和承运人的签署，每份装货单原件要附上发票复印件；进口植物须由原产国合法和权威检疫机构进行检查和提供无病证明。木材与木制品须有出口商的声明，说明产品在运输前已被检查，没有虫子和真菌。海关事先报关系统审核所有申报文件，若核准，则货物一到新西兰，进口商即可从海关得到放行单。

新西兰海外对价值较低或临时入境的价值较大的样品免进口税，但须有关税保证或存款保证。该国已签署ATA报关单证册的海关公约，按规定对相关物品进口实施方便通关。

澳大利亚最近宣布，将实施新的进口食品安全检查规定，确保澳消费者能获得符合世界上最严格质量控制标准的食品和质量监管方面居世界领先水平。

（29）斐济相关规定：海关规定，禁止进口弹簧刀和旧衣服。检疫当局规定，到港船舶必须详细申报抵港前 50 天内挂靠的港名，对健康没有问题以及在 50 天内未停靠过疟疾流行港口的船舶，可通过无线电申报免检。

其实细节的地方还有很多，这里就不一一列出来了。总而言之，很多时候，让我们失败的不是没有订单而是没有把细节做好，希望大家一开始就养成细心的习惯，不要在阴沟里翻船。

## 7.5 事情突变

鬼屋之后，Lina 开始默认我们之间的关系，大家在一起起哄我们的时候，Lina 也不会再否认了，我和 Lina 终于开始恋爱了。

我有喝绿茶的习惯，就是那时候开始的，原因很简单，因为她也喝。

我没有选错人，Lina 脾气性格都很好，和我一起逛街也不像其他女孩子，想买这个又想买那个，还提醒我要节约一点，而且会做饭菜。有一次，梁工回家了，她到我宿舍亲自买菜，亲自下厨，我不好意思让她一人忙活就想过去帮忙，她笑笑对我说："你还是坐着等吃吧。"不一会她就做了两个菜，一个是黄瓜炒蛋，一个是清蒸鲩鱼。

不知道是真的好吃，还是因为是她做的，我感觉从来没有吃过如此好吃的菜，她吃的很少就饱了，我在一边大口大口的吃，她坐在旁边，手托着下巴，看着我吃。

"吃饭不要太快了，胃都消化不了。"她一边说，一边很满意地看着我猛吃……

我们一起跑步，一起吃饭，一起逛街，好像有说不完的话。恋爱的时间总是很快乐，Lina 对我越来越好，但有些事情还隐隐像乌云潜伏在心里，Lina 并没有跟他美国的男朋友说清楚，她的男朋友还是保持每天打电话过来。Lina 说，她的男朋友对她也很好，不知道怎么拒绝他，希望跟他慢慢淡下来。即使如此，这也是我在公司里最快乐的一段时光。

这几天公司生意不错，我又接到一个不大不小的订单，但眼皮一直在剧烈跳动，不知道什么原因，根据经验来说，一般眼皮跳，多少会有些事情发生。例如上次，我姐姐出事的时候，我的眼皮就跳得比较厉害，难道会有什么事情要发生吗？

这天傍晚，刚下班，本来我们打算去跑步，Lina 的电话就响了，我当然知道是她大学男友打过来的，她今天的电话打了接近一个多小时，平时大概只有半个小时，而且看她时不时皱着眉头，很明显心事重重的样子，终于等她挂了电话，我连忙问：

"怎么啦，发生了什么事情吗？"

Lina 低着头，沉默不语。

"告诉我嘛,你不说话我很担心的。"我追问。

"是不是他不同意你分手?"我试探着问。

"不是,我都还没有跟他说。"她轻轻地回答。

"时间可以冲淡一切,慢慢跟他淡下来,就没有必要担心啦。"我故作镇定,希望听到的不是什么坏事情。

Lina 沉默了很久,没有理我,我知道她在犹豫,心里很着急,但还是在旁边默默等待她的答复。终于,Lina 转过身来,用幽怨的、迷茫的眼睛看着我,告诉了我答案:

"他要从美国回来了。"

"啊?"我大吃一惊:

"怎么回事?他要回来吗?就是为了你吗还是为了其他事情?什么时候?"

我马上问了一大串问题。

"就是为了我回来。"Lina 说。

"我们还是分手吧。"Lina 又轻轻吐出一句话。

"你怎么可以这样?"惊愕,失望,愤怒,我快要情绪失控了。分手两个字很简单,但此时像一把刀,捅进我心里。

Lina 看到我这副模样,也不忍心:

"你不要这个样子,先听我说。"

"还要说什么呢?你还是在意他,根本没有喜欢过我。"我大声对 Lina 说。

我实在没办法想象已经跟我恋爱了几个月的 Lina 突然跟我提出分手,我还以为我们能够一直走下去,我带着满腔愤怒转身跑开,疯狂地跑回到宿舍,把自己关起来。

难道 Lina 只是因为寂寞才同意做我女朋友的吗?我只是替身吗?我注定不能够拥有喜欢的人吗?哀求她回心转意?还是果断分手?

为什么幸福刚刚开始,就无情地被毁灭呢?上天对我真不公平。我该怎么办?

实在是太混乱了。我还是决定一个人去跑步,希望通过运动把我混乱、烦躁的心情平缓一些。手机决定不带了,虽然我很希望 Lina 能够改变主意。

一个人跑步已经很不习惯了。以前和她一块跑步时路边的小鸟,传来的是快乐的歌声,然而现在却感觉是让人心烦的噪音。以前的微风,迎来的是清爽的气息,而现在却是麻木的刺痛。以前路边碰到熟人会微笑地打招呼,而现在我熟视无睹……

拖着疲惫的身体,带着落魄的情绪,我又回到宿舍。嘀嘀,嘀嘀……我放在床头的手机发出有信息的声音,翻开手机,发现有四五个未接号码,不是别人,是 Lina。当我正在看信息时,电话又响了。

"喂,你怎么啦?怎么不接电话?"Lina 语气关切地问。

"没什么,我去跑步了。"我装作没事一样。

"我过来你这里。"她立刻说。

"好。"我挂上电话。

我们住的是一个小区，相隔也就几分钟左右，Lina 很快出现在我面前，我本来想生气地质问她为什么这样，但当她用关切而忧愁的眼睛看着我的时候，我又觉得无从发火。

"你为什么要说分手？你还是喜欢他吗？"

"你听我说嘛。"Lina 开始告诉了我以前她从来没有讲过的事情。

"他跟我是同班同学，也是班长，当时候追了我很久，我跟他是同一个地方，而且我们生日也只是相差两天，我当时觉得跟他也挺有缘分的。当初毕业的时候，我们已经约定好了，他先去美国半工半读，等三年后，就回来接我过去。我现在觉得跟他的共同语言也越来越少了，其实他几天前就跟我讲起这件事情了，说感觉我不像以前的样子，就提前回来，说要跟我结婚。"

原来是这样的，我的脑子更乱了，我感觉自己像是第三者，插足别人的幸福？

"这两天我晚上都做梦，一会梦到你，一会梦到他，我怕他到时候知道我跟你在一起，不知道会做出什么样的事情。你对我也很好，但应该比他更理智一点，你可以在他回国之前，开开心心地陪我最后一段时间吗？"

看着 Lina 期望的眼神，我感到无比悲凉。

"你还会回来吗？"我问了一句多余的话。

"不知道，先去那边再说吧。"Lina 给了我一个没有答案的回答，我知道这只是她不想我太伤心。

第二天，Lina 向公司提交了辞职书，同事们都很惊讶，很多同事问我到底怎么回事，我只是淡淡地说她家里有事。在最后的两个星期里，我尽最大的努力，每天还是陪她跑步、打球、逛公园，努力做到不去想那么多，好好把和她在一起的剩余的时间过好。以前听人说爱情很痛苦，当时并不这样认为，但现在我却深刻地体会到了，眼角慢慢渗出了苦涩的泪水。

# 第 8 章  向公司四大天王学习外贸经验

做好外贸的方式方法有很多种，关键是看哪种更适合自己……

## 8.1  邮件狂人——Tom

邮件是公司与客户最重要的沟通方式，邮件回复的速度与质量是评估一个业务员的核心指标之一。能够快速、准确、优质地跟客户沟通是我们外贸工作人员每天必修的课程。

### 8.1.1  个性名言：宁可错发三千，不可放过一个

Tom 身高 1.78 米，体重 75KG，标准身材，样子俊朗，而且订单也非常多，所以特别受异性欢迎，经常见跟单部门的小 MM 不知道有意还是无意地都去找他讨教问题，其他男同胞特别眼红。但没办法，谁叫他单多人帅，被称为外贸圈里的高帅富呢。但我开始感觉他也什么特别的，也不去拜访客户，甚至展会也不参加，也不见他特别勤奋，但订单却源源不断，怎么回事呢？

经过慢慢熟悉，一起共事久了，加上我虚心请教，终于了解了一些他的方法。

方法一：客户积累，利用网络上的方法找到客户，以及展会上别人跟进没有回应的客户、公司留下来的客户等，反正有可能的潜在客户，一概放在邮箱里分别归类。

### 8.1.2  专业开发信

**1. 模板1  产品开发信**

（1）范文一

Dear XXX:

Good day! This is John, Sales Manager from a well-established PRODUCT manufacturer in China. Hope I reach the right person at the right time to talk about PRODUCT cooperation and strategies for your company?

I did a little bit research on your company, I'm sure you would be continuously looking at opportunities to expand your product supplying scope/services, make it as the brand to own your company reputation in the PRODUCT market, increase your market return with your constant efforts.

We can fulfill any of your business needs, maximize your business profits compared with lots of PRODUCT manufacturers as we are newly launching DDDD brand PRODUCT in international market.

Our business reference includes: 20 years appointed OEM for EU,USA PRODUCT manufacturers？Approvals from…(主要客户，最好是国际同行知名企业)…？70%~80% products for international application (for more details, please contact us) 这个地方用黄色文字背景，突出公司优势 As the GM of 客户公司名称，it is your responsibility to find a sustainable and trustworthy business partner relationship and ensure a promising company future. 我的公司 is interested in cooperating with you to uncover the PRODUCT demand of 客户市场 market from now on. As you have experiences in PROCUT, it would be easier to seize the opportunity to win great PRODUCT demand in 客户市场（这里很明显地标示你的合作意图和对客户公司的了解及所联系人的职责所在，没有人会反对你强调他的职责和利益）。Hope to have your excited feedback TODAY.

Best regards

John Mo

如果产品比较贵重的，做中高端市场的，可以强调工厂。

（2）范文二

[Your company] is the main [your product] manufacturer in China since 1968, our major clients are[those have very good reputation and renown companies in the field that have direct or indirect biz with your company, i.e. IBM, SONY .. ].

We believe that you can rely on us as we provide you quite satisfactory service and products with best quality at most competitive price in the world. We are very happy if you do not hesitate to send us any of your inquiries and we will always give satisfactory services.

Products: (product range)

Standards: (product design standard, if any)

Service: (product applicable field, function)

Size: (don't tell your client you don't know)

Etc.

Certificates: (certificates that your company got)

Annual Sales Turnover: ( just list some number here,)

Staff No. staff no of your company, if your company is big, if not, omit this point)

Cover of Land list some number here)

Looking forward to hearing from you at your convenience.

Thanks & best regards,

P.S. I am attaching our product catalogue/scope of service for your future reference in my following email to you, please kindly check.

2．模板2　请对方上线沟通

Do you have Skype, or Yahoo message chat online tool？If have please give me then we chat online some urgent and important questions will easy. Please add ...

My MSN ID is johnscale@hotmail.com.

My Skype ID is john-scale.

如果有阿里巴巴做推广的可以这样写：

If all you have not , and you can check following websitehttp://trademanager.alibaba.com/，and then download TraderManager and install this software on your computer, then register it and then open my website http://grant.en.alibaba.com. You will find my trader manager online , and you can add and chat with me also is ok .try do it , it's very good for your future business.

3．模板3　询盘未回复

Did you got my last email？

I got your email interested our products via my Alibaba Website

http://www.made-in-china.com/showroom/.

http://***.en.alibaba.com.

Do you remember my company or me？Please check my above website you will clear know. If you got my email please let me know your idea and further info, if not also tell me then I resend you like products E-Catalogue and pricelist to you .Thanks.

4．模板4　及时告诉客户你的状态

Hi, Thanks for your email.

I will back you ASAP soon, I am sorry.

Regards

John

## 5. 模板5 长久跟踪信

- Hi, I know you got my more emails, but why not any feedback me for your final idea or any further info？I think at least feedback me your final idea, then I know how to next do it.
- Please feedback me, thanks.

## 6. 模板6 很久没联系了，写一封信

（1）范文一

Long time not talk with you. How are you?

I'm writing to you for inquiry any possibility we can work together in the coming year?

New competitive prices, much better improved service including delivery... I'm sure we can you're your requirement on every aspect. I believe that our business relationship can move forward soon in the near future!

（2）范文二

A good day!

March is coming! I'm so pleased to inform you that we have recently updated our pricelist, many new and attractive products are released out. For your convenience, we prepared a form with our New & hot /popular products here.

For further details please kindly visit our website at: or contact me directly. Any kind of comments from you will be highly appreciated.

For online consultation, could you add my MSN dobby-newsurway@hotmail.com(Online time:09:00am-06:00pm Monday to Friday 09:00am-12:00am Saturday).

We sincerely hope you can gain great result by our products!

（3）范文三

A good day!

In this early May, we are bringing you new items and preferable prices again, in the hope of being helpful in your marketing sale and development. Here is a list of new products as usual you're your information (but the prices are excluded in this public not.

For further details please visit our website at…Any kind of comments from you will be highly appreciated.

For online consultation, could you add my MSN…

We sincerely hope you can gain great result by our products!

### 7. 模板7　已经做了PI没有回复

Hi：

How are you ? Did you got my performa invoice last email ?

Please check and confirm back me ,thanks.

### 8. 模板8　对以前客户说，我们有了一些改进，价格下降了，继续联系

We presume that you may be interested to know whether our products have improved.

We could tell you that we have made a series of improvements in our products, in both technology and packing.

Recently, our factory has enlarged its fiber production line, so the patch cords, pigtails, adapters price is go down, but still with good quality as original. So I am very happy to inform you that. If you have inquires on this items, you can ask me. ^-^  I look forward to a pleasant business relationship with you.

### 9. 模板9　向老客户推荐新产品

I enclose an illustrated supplement tour catalogue.

It covers the latest designs, which are now available from stock. We are most gratified that you have, for several years. Include a selection of our products in your mail-order catalogues.

The resulting sales have been very steady. We believe that you will find our new designs most attractive. They should get a very good reception in your market. Once you have had time to study the supplement, please let us know if you would like to take the matter further.

We would be very happy to send samples to you for closer inspection. For your information, we are planning a range of classical English dinner services that should do well in the North American market.

We will keep you informed on our progress and look forward to hearing from you.

随函寄奉配有插图的商品目录附页，介绍最新设计的产品。贵公司的邮购目录多年来收录本公司产品，产品销售成绩理想，特此致以深切谢意。最新设计的产品巧夺天工，定能吸引顾客选购。烦请参阅上述附页，需查看样本，请赐复，本公司乐意效劳。本公司现正设计一系列款式古典的英国餐具，适合北美市场需求。如感兴趣，亦请赐知，愿进一步加强联系并候复音。

### 10. 模板10　看到网站后，希望客户对新供应商感兴趣

I know you have demand in XX products, and I also have carefully browsed your website and find many of your products could be supplied by us.

I am contacting you in hopes that you might be interested in new suppliers of high-quality, reasonable price, fast delivery. Hope to receive your specific inquiry, our best offer will be forwarded without delay.

We are confident in our further cooperation. And you will find we will be your valued supplier.

## 11. 模板11  有人在我们网站注册后，可以这么写

Thank you for your registering in our ADTEK web. Welcome you to be our partner in the business. Believe you should have fast view in our website already.

Could you please let me know what kind of products you are interested in? We will be pleased to offer the further info to you including the price, certificate etc.

## 12. 模板12  部分产品调整价格

We enclose our new catalogue and price list. The revised prices will apply from 1 April 2015. You will see that there have been number of changes in our product range. A number of improved models have been introduced.

Out range of washing machines has been completely revamped. Many popular lines, however, have been retained unchanged.

You will be aware that inflation is affecting industry as a whole .We have been affected like everyone else and some price increases have been unavoidable. We have not, however, increased our prices across the board, In many cases, there is a small price increase, but in others, none at all. We can assure you that the quality of our consumer durables has been maintained at a high standard and that our service will continue to be first class.

We look forward to receiving your orders.

谨附上新的商品目录和价格表。修订价格定于2015年4月1日起生效。产品系列有一大革新，增加了不少改良的型号，推出一系列新款的洗衣机，但许多款的开动号仍保持不变。通货膨胀影响整个工业连带令货品价格上涨，虽然如此，本公司并未全面提升价格，调整幅度亦不大。本公司坚守一贯信念，务求出产优质之耐用消费品，迎合顾客的需要。谢谢贵公司多年惠顾，盼继续合作。

## 13. 模板13  提价原因说明

I enclose our new price list, which will come into effect, from the end of this month.

You will see that we have increased our prices on most models. We have, however, refrained from doing so on some models of which we hold large stocks. We feel we should explain why we have increased our prices.

We are paying 10% more for our raw materials than we were paying last year. Some of our subcontractors have risen there by as much as 15%. As you know, we take great pride in our machines and are jealous of the reputation for quality and dependability that we have achieved over the last 40 years.

We will not compromise that reputation because of rising costs. We hope, therefore decided to raise the price of some of our machines.

We hope you will understand our position and look forward to your orders.

现谨附上本公司新价格表，新价格将于本月底生效。除了存货充裕的商品外，其余大部分货品均已调升价格。这次调整原因是原材料价格升幅上涨10%，一些承包商的价格调升到15%。过去40年，本公司生产的机器品质优良、性能可靠。今为确保产品质量，唯有稍为调整价格。上述情况，还望考虑。愿能与贵公司保持紧密合作。

### 14．模板14　拒绝客户要求

Thank you for your enquiry of 25 August. We are always pleased to hear from a valued customer. I regret to say that we cannot agree to your request for technical information regarding our software security systems. The fact is, that most of our competitors also keep such information private and confidential. I sincerely hope that this does not inconvenience you in any way. If there is any other way in which we can help. Do not hesitate to contact us again.

8月25日信收悉，谨此致谢。来信要求本公司提供有关软件保密系统的技术资料，但鉴于同行向来视该等资料为机密文件，本公司亦不便透露，尚祈见谅。我真诚地希望这样不会对贵公司造成不便。如需本公司协助其他事宜，欢迎随时赐顾垂询。祝业务蒸蒸日上！

### 15．模板15　请求开立信用证

Thank you for your order No. 599. In order to execute it, please open an irrevocable L/C for the amount of US$ 50,000 in our favor. This account shall be available until Sep. 20. Upon arrival of the L/C we will pack and ship the order as requested.

### 16．模板16　修改信用证

We have received your L/C No.121/99 issued by the Yemen Bank for Reconstruction & Development for the amount of $19,720 covering 1,600 dozen Men's Shirts. After reviewing the L/C, we find that transshipment and partial shipment are not allowed.

As direct steamers to your port are difficult to find, we have to ship via Hong Kong more often than not. As to partial shipment, it would be our mutual benefit because we could ship immediately whatever we have on hand instead waiting for the whole lot to be completed.

We, therefore, are writing this afternoon, asking you to amend the L/C to read: "TRANSSHIPMENT AND PARTIALSHIPMENT ALLOWED"

We shall be glad if you see to it that amendment is cabled without any delay, as our goods have been packed ready for shipment for quite some time.

### 17．模板17　延期信用证的期限

We thank you for your L/C for the captioned goods. We are sorry that owing to some delay on the part of our suppliers at the point of origin, we are not able to get the goods ready before the end of this month. As a result, we sent you a cable yesterday reading: L/C1415 PLSCABLE EXTENSION SHIPMENT VALIDITY 15/31 MAY RESPECTIVELY LETFOLLOWS

It is expected that the consignment will be ready for shipment in the early part of May and we are arranging to ship it on s/s "Fanyang" sailing from Dalian on or about 10th May.

We are looking forward to receiving your cable extension of the above L/C thus enabling us to effect shipment of the goods in question.

We thank you for your cooperation.

### 18．模板18　拒绝对方做独家代理商的要求

Thank you for your letter of 15th September.

As we are now only at the get-acquainted stage, we feel it is too early to take into consideration the matter of sole agency. In our opinion, it would be better for both of us to try out a period of cooperation to see how things go. Also, it would be necessary for you to test the marketability of our products at your end and to continue your efforts in building a larger turnover to justify the sole agency arrangement.

We enclose our latest pricelist covering all the products, we handle within the framework of your specialized lines.

We look forward to hearing from you.

### 19．模板19　同意对方为独家代理商

We have received your letter of the 15th and are impressed with the proposal you make. We are pleased to tell you that we have decided to entrust you with the sole agency for our Embroideries in the territory of Sweden.

The Agency Agreement has been drawn up for a duration of one year, automatically renewable on expiration for a similar period unless a written notice is given to the contrary. Enclosed you will find a copy of the draft. Please go over the provisions and advise us whether they meet with your approval.

We shall do all in our power to assist you in establishing a mutually beneficial trade.

### 20．模板20　对货物损坏的投诉

We have received your letter of 18th July, informing us that the sewing machines we shipped to you arrived in a damaged condition on account of imperfectness of our packing.

Upon receipt of your letter, we have given this matter our immediate attention. We have studied your surveyor's report very carefully.

We are convinced that the present damage was due to extraordinary circumstances under which they were transported to you. We are therefore not responsible for the damage, but as we do not think that it would be fair to have you bear the loss alone, we suggest that the loss be divided between both of us, to which we hope you will agree.

### 21．模板21　对货物品质的投诉

范文一

We very much regret to learn from your letter of 2nd March that you are not satisfied with the dress materials supplied to your order No.9578

From what you say it seems possible that some mistakes has been made in our selection of the materials meant for you, we are arranging for our Mr. Yang to call on you later this week to compare the materials supplied with the samples form which your ordered them.

If it is found that our selection faulty, then you can most certainly rely on us to replace the materials.

In any case, we are willing to take the materials back and, if we can't supply what you want, to cancel your order, though do this reluctantly since we have no wish to lose your custom.

范文二

I am very sorry to hear about that. Since I did carefully check the order and the package to make sure everything was in good condition? Before shipping it out, I suppose that the damage might have happened during the transportation. But I'm still very sorry for the inconvenience this has brought you. I guarantee that I will give you more discounts to make this up next time you buy from us. Thanks for your understanding.

### 22．模板22　无法提供对方查询中所要求的产品时

Thank you for your enquiry of 12 March cate 9 cable.

We appreciate your efforts in marketing our products, regret very much that we are unable to supply the desired goods due to excessive demand.

We would, however, like to take this opportunity to offer the following material as a close substitute:

Cate 5, US$__ per meter FOB Shanghai, including your commission 2%.

Please visit our catalog at http://www.xxxxxxxxx.com for more information on this item. If you find the product acceptable, please email us as soon as possible.

## 23. 模板23　改善服务

Thank you for your letter of 26 January.

I apologize for the delivery problems you had with us last month.

I have had a meeting with our production and shipping managers to work out a better system for handling your account .We know we made a mistake on your last order. Although we have replaced it for you, we want to make sure it does not happen again. We have devised the enclosed checklist to use for each of your future order. It includes your firm's particular specifications, packing requirements and marking instructions.

I believe can service your company better and help you operations run more smoothly with this safeguard.

Please contact us if there are any additional points you would like us to include.

感谢 1 月 26 日来信。对上月贵公司更换所需货品，唯恐类似事件再发生，本公司生产、运输和出口部经理已商议制定了更有效的方法处理贵公司事务，并为此特别设计清单。随信奉上该清单，供贵公司今后订货之用。当中包括特殊规格、包装要求和说明等栏目，相信此举有助本公司提供更佳服务，促进双方合作。如欲增设任何栏目于该清单上，恳求惠示。

## 24. 模板24　要求约见

Would you be interested in stocking a radical new departure in laptop computers? I would very much like to brief you on this great innovation. Could we make an appointment? The machine is the same size as most laptops but comes with some totally new features. The retail price will undercut its nearest competitor by at least 20%. I shall be in the UK from 1 September to 20 October. If you would like to know more, just fax or telex me.

贵公司有没有考虑配置最新型号的手提电脑?本公司诚意推介该崭新产品，盼能预约时间作一介绍。该电脑体积和同类电脑相仿，但备有多项先进功能。其零售价较同类产品便宜 20%以上。本人将于 9 月 1 日至 10 月 20 日逗留英国。如蒙拨冗了解该产品资料，烦请函复。

### 25．模板25　展会邀请函模板

We hereby sincerely invite you and your company representatives to visit our booth at The Continental Exhibition Center from April 15th to 20th 2006.

We're one of the manufacturers specialized in sanitaryware, concluding one &amp; two piece toilet, wash basin, cabinet basin, pedestal basin, bidet, urinal, counter basin , decorated ceramics and so on. Our new models offer superb design and their new features give them distinct advantages over similar products from other manufacturers.

It would be a great pleasure to meet you at the exhibition. We expect to establish long-term business relations with your company in future.

Exhibition Center : The Continental Exhibition Center.

Booth Number : G-K105 G-K-106.

### 26．模板26　展会中有兴趣的客户

Dear :

We thank your presence at 摊位信息, asking us details and prices of our bluetooths products. In compliance with your request, we are pleased to quote as follows:

Terms:

Shipment:

Price:

The quotation is subject to our final confirmation.

If the above meets your interest, please let us have your specific enquiry, we will transact without delay, and a small sample could also be sent to you for your final checking if the price is finally acceptable. Or if any new inquiry, welcome here and we will try our best to satisfy you well with competitive prices as per request, now we are waiting for keeping in touch with your further business.

It is our pleasure to provide the best service to your esteemed corporation. Your early reply will be appreciated.

Best wishes.

### 27．模板27　展会中只是看看的邮件模板

We thank your presence at our XX on the Hong Kong In Style of DUBAI on 21/Dec, and feel you may be interested in some of our products. Just as bluetooths scale, we sincerely hope to establish business relations with your esteemed corporation.

As a professional exporter for those products in , We are sure that our product will sell well in U.A.E. market. You are not the only importer in U.A.E. that it's very interesting in our products during the exhibition of , we had also received inquiries from lots of company in U.A.E, our product is popular not only because it is high quality, but also because the competitive price.

If any of our items interests you, please do not hesitate to let us know. We will make you the best offers upon receipt of you detailed requirements. We sincerely hope to conclude some satisfactory transactions with you in the near future. Or would you like we to help you by making a special sample for your U.A.E. market?

To know more about our corporation, kindly visit our website (www.skymark.cc), We look forward to your early reply with much interest.

Best wishes.

## 28. 模板28 回复感谢信

We greatly appreciate your letter describing the assistance you received in solving your air-conditioning problems.

We are now in our fifty-year of operation, and we receive many letters like your indicating a high level of customer satisfaction with our installation.

We are pleased that our technical staff assisted you so capably. We would like you to know that it you need to contact us at any time in the future. Our engineers will be equally responsive to your request for assistance. If we can be of service to you again, please let us know.

Thank you again for your very kind letter.

承蒙来信赞扬本公司提供的空调维修工程服务，欣喜不已。五年前开业至今，屡获客户来函嘉奖，本公司荣幸之至。欣悉贵公司识技术人员的服务，他日苟有任何需要，亦请与本公司联络，本公司定当提供优秀技师，竭诚效劳。在此谨再衷心感谢贵公司的赞赏，并请继续保持联络。

## 29. 模板29 圣诞节祝福邮件模版

（1）范文一

Christmas Best Wishes to Customers

Dear xxx:

The holiday season offers us a special opportunity to extend our personal thanks to our friends，and our very best wishes for the future.! O% l- u0 P6 p% |7 Z.

And so it is that we now gather together and wish to you a very Merry Christmas and a

Happy New Year. We consider you a good friend and extend our wishes for good health and good cheer.

It is people like you who make being in business such a pleasure all year long. Our business is a source of pride to us, and with customers like you, we find going to work each day a rewarding experience.

We tip our glasses to you. Thanks again for a wonderful year.

（2）范文二

We would like to extend our warm wishes for the upcoming holiday season and would like to wish you and your family a Merry Christmas and a prosperous New Year. We also would like to take this opportunity to say thank you for your business and support over the years.

Our office will be officially closed the following times during the holiday period: from Monday 24th December to Monday 2nd January.

Our support team will still answer emails through the Holidays, however, please be patient as our response time may be a little slower than usual.

May you travel safely over this busy festive season and come back refreshed for a successful 2015.

## 30. 模板30　催要逾期货款

It has come to our attention that your payment is one month overdue. The units ordered were delivered to you on September 26 and were invoiced on September 30. Payment is due on October 30. We look forward to seeing your remittance within a week.

Sincerely.

好的邮件才有好的回复，在这里再分享一下，在发送外贸邮件的时候，需要注意以下几点。

写信表达目的开头

- ❑ We are now writing to you for…
- ❑ We are willing to (shall be glad to) enter into business relation with your firm.
- ❑ We wish to express our desire to establish business relation with your firm.
- ❑ Our company is contacting you in hopes that you might be interested in new suppliers of high-quality, field-tested oil equipment and related services.
- ❑ 非常简洁明了的标题。
- ❑ 语言要简洁，多用短句，长句一定要分拆为短句，哪怕多写几句。

## 第8章 向公司四大天王学习外贸经验

- 语气要委婉，不要用 you should know, you should, you must 这类，也不要说什么 your order is too small，换种语气，会非常好。
- 多用被动语态。老外写邮件是很少用 we, i 之类的第一人称，通常都是用被动，比如，I WILL inform you tracking no. soon，老外会写 the tracking no. will be supplied soon。
- 段落之间的逻辑关系一定要清晰。
- 有选择的情况下，不要用陈述句，要用选择句型。比如外贸人常用的 our price is XXX for 2, 000 pcs but it is XXX for 3, 000 pcs Do you want to buy 2, 000 pcs or 3, 000 pcs?
- 另外，就是在提出解决办法的时候，一定要用 1, 2, 3……简洁明白地说出来，然后让客户选择，或者提问 What is your idea or solution?
- 注意中式英语，很多都是习惯问题，我们自己看得很明白，很清楚，但是老外就很难看懂。

注意邮件里面的字体、颜色等问题，一般老外都用 Arial 字体。

- 称呼。有的人喜欢用 hi my brother、hi boss、hi manager、dear sir 等，这些不要所有的客户都用一种，要根据客户的反应来称呼，通常要一个客户保持一致，或者根据客户的年龄、性格等去区分，不能简单地就将所有的客户用同一个称呼。有的客户是 Boss，有的是 Manager，有的只是一般采购代表。在国外公司的邮件都是有监控系统的，在没有搞清对方身份或者爱好前，乱称呼是有风险的。
- 注意多用详细的数据，比如多少数量、多少箱、多重、多少钱、PI 号码、多少天数等，这类信息都是非常重要。
- 多用感谢的话，多用问候，结尾不要一成不变地是 have a nice day best regards，可以这样写：

祝你今天过得非常愉快！
祝你有一个美好的一天！
周末愉快！
祝你有个好心情！
祝贺你今天撞大运！
针对客户的邮件多问客户一些问题，多用 What do you think? What is your idea?
多跟客户套近乎，黏住一个客户是非常重要的事情，所以怎样跟客户做成朋友就非常关键了。这里，外贸行业有一个说法：不会跟客户"谈恋爱"的业务一定做不成一个好业务。所以，做外贸常常也是在跟自己的产品"谈恋爱"，跟客户"谈恋爱"。

- 节日的问候，圣诞节一定要给客户发电子贺卡。平时其他一些重大节日也要问候客户。发生重大事件跟客户交流想法，比如冰岛火山、地震、海啸等，也要及时问候当地的客户。另外,自己公司的放假通知一定要提前传达给客户。

## 8.2 温柔的美女老大——Amy

优秀的业务员一定会给客户不同的感觉,除了前面已经提到过的熟悉产品,熟悉外贸流程,精通外语几个硬件上的要求之外,在细节完美、诚信宽容和耐心坚持方面才是区别业务员能力高低的关键。

### 8.2.1 个性名言:客人也是水做的

Amy是我们公司服装吧的经理,客户不是很多,但即使她的价格比较高,客户还是愿意跟她做,以下是她的一些个人心得。

#### 1. 建议一 主动推荐其他产品

作为专业的进口商,一般来说产品线会比较长,不会只经营一种单独的产品,而是经营一类产品,因此我们就可以从产品线入手,主动推荐其他产品。

以服装纺织品为例。客户第一张订单的产品是内裤,那么就可以告诉他我们还有童装、睡衣等产品。其实,对客户的了解很重要,我们可以去了解这个客户是贸易公司还是商场或者超市,如果是超市,他肯定不会只做内裤业务,所以我们就可以把公司能做的产品系列推荐给他。由于已经合作过第一张单,双方对合作程序等都比较清楚,客户也比较信任我们,所以向他推荐其他产品时,他只要有需求一般都会询价。

有时候也会发生客户下第一单之后没有音信了,这时候是任其自然,还是想办法继续沟通呢?答案自然是后者。好的公司都很重视创新,那么一定会不断地开发很多新产品,新产品设计出来后,就应该在第一时间发给客户看,并且跟客户说:"您是我们很重要的客户,希望得到您的意见。您觉得这个设计怎样?是否合适您们的市场?"这种方法可以不错地维护与客户的关系,不断有新东西给对方看。另外,还应学会观察客户的下单规律,了解客户大概什么时候需要采购,然后在对方采购之前,按照其采购规律推荐产品。

#### 2. 建议二 分析反复打样要求

可能有不少做外贸的人,都有过客户反复要求打样的遭遇,有些人可能反复打样几次觉得客户太烦,因此就冷落了客户。其实这样的做法不可取,我们应该摆正心态,而和国外客户做生意时不要带有太明显的目的性。因为刚开始,彼此都还不熟悉,需要一个认知的过程。其实,客户反反复复的修改更能证明他对这个产品有兴趣,因为如果他没兴趣,会在收到样品后就告诉你以后再联系。但反复修改,说明对方很用心,很仔细,下单的可能性更大。"其实做销售就是在做服务,客户提出问题,不管有没有这回事,我们都要认真处理。首先稳定他的情绪,然后再去落实是否真的存在这样的质量问题。如果确实有问题,那就好好改正;如果没有问题,就跟客户好好解释。另外,我们还要保持一种心态,并不是提供样品给客户就一定要让他下单。因为他也要把你的样品提供给他的买家,他的买家还没回复,如果你一直问他到底要不要下单,就会让他感到很为难。如果你经常催他,那他可能连你的电话都不敢接了。所以,目的性太强,追得太急,都容易失去客户。"一位资深的外贸人如实说。

其实客户对样品修改所反映出来的信息对出口商很重要,因为这种修改传达了当地市场实际的需求信息。比如美国客户说,他要的产品是圆的,而不是尖的。这其实就告诉我们,圆的可能更适合在美国市场销售。所以,下次给其他的美国客户推荐产品时,就应该尝试推荐圆的。

### 3. 建议三  与客户保持联系

有一些外贸新人,在客户下单之后,基本上不和客户沟通,直到出货时才跟客户说"已经出货了。这种做法其实是很不可取的。相反,可以在这个过程中和客户多聊聊。并不一定要聊生产方面的事情,可以跟他聊一些日常的琐事,最好是客户感兴趣的话题。例如,和美国客户就可以聊聊 NBA,和英国客户就可以谈谈足球。总之,不要让对方觉得你只有在需要订单的时候才能想到他。当然,在这一过程中,也可以和客户聊生产方面的事,例如告诉他现在生产进展顺利,我们可以如期交货。快出货时,你可以跟他说这边要出货了,你那边要做好准备。等到出完货之后,还可以跟他说船已经如期开了,估计什么时候到港等。其实这些事情客户都知道,但这样会让他感觉你在持续关心着他的订单。等货到了之后,你还可以问他产品怎么样了、有哪些地方需要改进的。再过一段时间,比如3~4个月后,你可以问他现在这批货卖得怎么样。如果他说卖得不错,那你就可以接着问他是不是应该考虑翻单等。这些话题看起来似乎很平常,但可以使客户感受到我们服务的周到以及我们的专业,同时也与客户保持了很好的联系。

### 4. 建议四  有出国机会可上门拜访

作为国际贸易的买卖双方,一般都是通过电子邮件、电话、传真的形式联系,见面的机会很少。但是面对面的交流更有利于关系的建立,因此如果有机会出国的话,还是应该利用机会多拜访一些客户。

平时,我们可能都是和客户的采购人员在交往,往往有时谈不到点子上,或者他本身也没法拿主意。如果我们直接到客户那里的话,可以跟他们的老板和采购、技术等方面的人直接沟通,而且还有我们带过去的产品实样,这样就容易解决很多问题,而且我们给客户的印象也会更加深刻。

5. 建议五　偶尔告知原料行情

原材料价格是客户很关心的，因为这与其成本包括未来的销售都有着密切的联系，我们偶尔把行情告诉他，这样会保持着不中断的联系。同时，当原材料价格上涨的时候也可以获取对方的理解和支持。

因此想和客户说话并不是只有问对方有没有订单，话题还是很多的。让客户在没有压力的情况下愉悦地和我们对话，在不知不觉中产生对我们的依赖，那么客户就不会跑了。

## 8.2.2　独门秘技：慢慢融化你

Amy 专门会为老客户做以下工作，会为老买家提供：
- 送 VIP 卡；
- 建立客户档案；
- 送生日卡；
- 来货最快通知；
- 定期电子问候；
- 经常沟通；
- 其中节假日的问候是最常见的例子。

### 1. 感恩节例子1

Dear sir/madam：

Hi ,today is good day.

May the good things of life be yours in abundance not only at Thanksgiving but throughout the coming year.

A special greeting of thanksgiving time to express to you our sincere appreciation for your confidence and loyalty. We are deeply thankful and extend to you our best wishes for a happy and healthy Thanksgiving Day.

One of the joys Thanksgiving is wishing you a happy holiday Season and a healthy and prosperous New Year.

Wishing you all the hope ,wonder, and joy that the season can coming! Wishing you a season filled with warm moments and cherished memories.

### 2. 感恩节例子2

Dear Sir/Madam：

Thank you for being your valued customers, We wish you a beautiful thanksgiving and a joyous years end.

补充一句，后面有个客户主动跟 Amy 合作，在 2010 年的时候，让她成为国内的采购商，采购金额的 5%作为佣金，令人羡慕，这都跟她的努力分不开。

下面是西方（以美国为主）的主要节日：

（1）元旦节（New Year's Day），每年 1 月 1 日庆祝新一年的开始。人们举办各种各样的新年晚会，到处可以听到辞旧迎新的钟声，为美国的联邦假日。

（2）林肯诞辰（Abraham Lincoln's Birthday），每年 2 月 12 日，庆祝林肯诞辰，为大多数州的节日。

（3）圣瓦伦丁节（St. Valentine's Day），每年 2 月 14 日，是 3 世纪殉教的圣徒圣瓦伦丁逝世纪念日。情人们在这一天互赠礼物，故又称"情人节"（the lovers' day）。

（4）华盛顿诞辰（George Washington's Birthday），每年 2 月 22 日，庆祝华盛顿诞辰，为美国的联邦假日。

（5）圣帕特里克节（St. Patrick's Day），每年 3 月 17 日，是悼念爱尔兰的守护神圣帕特里克的节日。

（6）复活节（Easter Day, Easter Sunday），一般在每年春分后月圆第一个星期天，约在 3 月 7 日左右。该节是庆祝基督（Jesus Christ）的复活，过节人们吃复活节彩蛋（Easter Eggs），为美国的联邦假日。

（7）愚人节（April Fool's Day），每年 4 月 1 日，该节出自于庆祝"春分点"（Venal Equinox）的来临，在 4 月 1 日受到恶作剧愚弄的人称为"四月愚人"（April Fools）。

（8）母亲节（Mother's Day），每年 5 月份的第 2 个星期日，政府部门和各家门口悬挂国旗，表示对母亲的尊敬。在家里，儿女们和父亲给母亲买些礼物或做些家务。

（9）阵亡烈士纪念日（Memorial Day），每年 5 月份的最后一个星期一，纪念为美国献身的阵亡烈士，为美国的联邦假日。

（10）国旗日（National Flag Day），每年 6 月 14 日，庆祝国旗的升起。

（11）父亲节（Father's Day），每年 6 月份的第 3 个星期天，表示对父亲的尊敬。在家里，儿女们和母亲给父亲买些礼物。

（12）国庆节（Independence Day），每年 7 月 4 日，庆祝美国建国，为美国的联邦假日。

（13）劳动节（Labor Day），每年 9 月份的第一个星期一，表示对劳工的敬意，为美国的联邦假日。

（14）哥伦布日（Columbus Day），每年 10 月 12 日，纪念哥伦布在北美登陆，为美国的联邦假日。

（15）万圣节（Halloween；Eve of All Saint's Day），每年10月31日，孩子们多装扮成鬼，打着灯笼或点燃篝火尽情地玩耍。

（16）万灵节（All Soul's Day），每年11月2日，祭奠所有死者灵魂之日。

（17）退伍军人节（Veterans Day），每年11月11日，表示对退伍军人的敬意。

（18）感恩节（Thanksgiving Day），每年11月最后一个星期四，感谢上帝所赐予的秋收，为美国的联邦假日。

（19）大选日（Election Day），每年11月份第一个星期一之后的星期二，选举美国总统。

（20）清教徒登陆纪念日（Forefather's Day），每年12月21日，纪念清教徒在美洲登陆。

（21）圣诞节（Christmas Day），每年12月25日，基督徒庆祝基督诞生的日子，是美国最隆重的节日。

## 8.3 土耳其之王——Susan

每个市场都有不同的特点，了解不同地区客户的风格习惯，制定针对性的销售策略，对打开当地市场有非常大帮助。

### 8.3.1 个性名言：两鸟在林，不如一鸟在手

公司里还有一个业务员叫Susan，她在土耳其的业务特别好，只要是土耳其的客户都跟她沟通十分融洽，原因原来如此……

Susan先在土耳其市场跟一个知名品牌做生意，叫KOC开始的。

KOC是土耳其家电器集团，是欧洲五大家电生产企业之一，旗下有著名品牌Arcelik和Beko。KOC集团的产品涉及几乎所有的家电领域，包括空调、冰箱、洗衣机、洗碗机等白色家电；彩电、音箱等黑色家电；PC、笔记本等IT产品；吸尘器、面包机等小家电产品。因为其是土耳其最大的集团，因此我开始研究起土耳其市场，然后便深入了解土耳其市场。土耳其市场的家电品牌比较高档的还有Arzum，中档的有SINBO、KING等。

通过了解后，Susan知道了一些客户是土耳其数一数二的连锁店的进口商。紧接着Susan知道了土耳其几个比较大的进出口采购商，甚至是卖到整个欧洲区的大贸易商，这样主要的客户她都开始了解了。然后她又了解了土耳其的生意特点。

土耳其市场具有放射性，土耳其是欧盟海关同盟成员国，在贸易上享受成员国待遇。土耳其与欧盟成员国之间进出口互免关税，取消数量配额限制，这为土耳其生产的产品进

入欧盟创造了非常好的条件。同时，除农产品和一些特殊商品外，第三国产品可在土耳其和欧盟成员国之间自由流通。

## 8.3.2 独门秘技：顺藤摸瓜

Susan 主要是通过一个比较熟的客户，成为对方的朋友，聊天的时候问客户一些相关问题，如品牌有那几个？超市有几家？大的贸易公司是什么？以一个客户为切入点，快速了解整体市场。

中东迪拜作为中东地区最大的贸易市场，覆盖了非洲以及海湾国家，贸易覆盖人口达到 13 亿，相当于我国的总人口，在这里云集了全世界 120 个国家的客商。迪拜市场的特点是批发为主要的经营方式，产品以中低价为主，质量为中等要求，求购数量巨大，主要为转口贸易，现货交易和订货贸易形式同时进行。

相对我们工厂的小音箱而言，中东迪拜确实是一个很好的待开发市场。

以下是一些中东阿拉伯人的特点。

（1）阿拉伯人性格急躁，对于正常的贸易交货期限定的比较死，对于样品和质量的一致性非常敏感，一旦疏忽延误交期和有质量问题，供货方不是要面对降价就是索赔，这一点至关重要。

案例：发报价给客户好些天了，以至于我都忘了什么时候发的。突然一个下午，客户联系到我，让我准备几个样品并马上快递给他。此时刚好仓库没现货，也没有外壳了，下午寄出是来不及了，但客户坚持要我下午寄出。实在没办法，找另一家工厂（我们经常从那里拿货），拿了同款质量最好的几个样品，最后顺利寄出，后来客户说准时拿到了样品。

（2）阿拉伯人从商精明，他们对于任何客户都表现出他们的友好热情，待人热忱，不会流露出蔑视，但是通常他们言语夸夸其谈，涉及价格等关键因素，如果你拿不出来信服的理由说服他，价格上一点一滴都不会退让。

案例：客户测试了样品后很满意。准备下单时，觉得价格高了，一再要求降价，对于他的数量，我们还是降价了。可是客户还是觉得高，说别的工厂比我们足足少了 10 元人民币。我给客户解释，这款音箱外面的市场有很多价格，主要蓝牙模块不同，而我们的产品稳定性、抗干扰性强。最后客户终于下单了。

（3）阿拉伯人比较重视与朋友的交往，良好的关系可以对生意的成功有至关重要的影响，所有日常友好的礼尚往来必不可少。

（4）中东商人喜欢讨价还价的过程甚于价格本身。但当被告知有最后期限存在时，往往对方会妥协，可促成尽快下单。同时针对产品除价格之外没有太多的讨论空间，只要市场上流行的产品品质是欧美的档次即可，当然质量要好。

案例：客户一直说很急，要赶上他们的节日登宵节 7 月 27 日，但是他们一直没下单付款，只是说他们肯定会下单的，让我们生产好了，他们随时要求发货。可是当时工厂没现货，要下单才生产。我只好催客户赶紧安排付款，说这款很热卖，货很快会订完的，如他们没打款过来，就要等一个星期后再生产了。客户说一个星期后就太晚了，当晚马上付了定金过来确认订单，工厂马上开始生产。几天后，尾款就打过来，要求发货了。

综合上述特点，希望开发中东迪拜市场的企业，可以参考以下建议：

（1）认真仔细地做好一切开发市场的准备，包括有实际效果的市场考察，拜访主要客户等一系列工作，认真把好质量关，注意产品的地区包装特点，在合约里明确各种条款，责任分明。

（2）掌握主动的谈判条件，详细了解产品的特点和优势，选择当地信誉良好的市场开发商和代理公司，在与中东商人谈判时一定要通过当地的代理公司详细了解该客户的全面的资料。

（3）尊重中东买家穆斯林宗教信仰，尽量不要说 God，也不要说 Merry。Christmas 或发送与之相关的卡片灯。招待及送礼时，不要送酒等禁品。在中东，13 是禁忌数字，而 3、5、7 和 40 却带有积极的含义。

（4）与当地代理公司以及客户保持良好的关系，定期拜访客户，不要做事拖拖拉拉，多接触中东客户，多了解当地的行情，做到心中有数，关系良好。

（5）即便与中东客户已建立了信任关系，最好也不要轻易放货，以免由于对方无法支付货款造成损失。中东商人不太习惯用信用证，金额小的比较喜欢前 T/T；金额大的一般采用定金结合 T/T。

（6）中东地区是仅次于西非地区的全球第二大贸易诈骗群体，出口商要擦亮眼睛，严格遵守贸易规则，采取对自己有利的贸易方式。

兵法曰：知己知彼，百战百胜，了解了全面的中东客户心理和特点，也就掌握了最终的成交机会，开拓中东市场，为时不晚了。

各国买家特点

（1）东欧国家买家主要特点如下。

- 主要国家包括：东欧是指欧洲的东部地区。东欧国家包括白俄罗斯、爱沙尼亚、拉脱维亚、立陶宛、摩尔多瓦、俄罗斯、乌克兰。即位于东欧平原区的国家范围和地区。东欧地区地貌比较单一，以东欧平原为主，气候复杂多样，以温带大陆性气候为主，自然资源丰富，主要集中分布在东欧平原上，民族以俄罗斯族为主，经济发展差异悬殊。
- 性格：东欧人性格比较直爽，大部分人信仰东正教。

- 诚信：东欧人做生意比较让人放心，但是爱计较，对价格要求比较严格，因为受季节的影响，性格比较谨慎，建议外贸公司逼单很重要；俄罗斯人官僚主义作风较为严重，办事喜欢拖拉，喜欢从事"灰色贸易"，外贸人员应该注意追踪和跟进买家，趁热打铁，避免对方嬗变；对俄罗斯人要用"本地化"策略。

(2) 德国人在生意场有以下几点显著的特征。

- 严谨、保守、思维缜密。在谈判前做好充分周到的准备工作，不仅要知道谈判的议题、产品的品质和价格，而且对对方公司的经营、资信情况也会做详尽周密的研究和比较。因此，与德国人做生意，一定要在谈判前做好充分的准备，以便回答关于你的公司和产品的详细问题。同时应该保证产品的质量问题。
- 追求质量和实用主义，讲究效率，关注细节。德国人对产品的要求非常高，所以供应商一定要注意提供优质的产品。同时在谈判桌上注意要表现果断不要拖泥带水，在交货的整个流程中一定要注意细节，随时跟踪货物的情况并及时反馈给买家。
- 信守合同，崇尚契约。德国人素有"契约之民"的称号，他们对涉及合同的任何条款都非常细节，对所有细节认真推敲，一旦签订合约就会严格遵守，按合同条款一丝不苟地执行，不论发生什么问题都不会轻易毁约。所以和德国人做生意，也必须学会信守合同，如果供应商签了合同后，又出现要求更改交货期、付款期等条款的情况，那就是对德国人的大不敬了，这很有可能是你和这位德国商人的最后一笔生意了。

(3) 英国买家特点如下。

- 冷静稳重、自信内敛、注重礼仪、崇尚绅士风度。英国商人一般举止高雅，遵守社会公德，有礼让精神。同时，他们也很关注对方的修养和风度，如果你能在谈判中显示出良好的教养和风度，就会很快赢得他们的尊重，为谈判成功打下良好的基础。英国人的绅士风度常使他们的谈判人员受到自我形象定位的约束，对此如果我方在谈判中以确凿的论据、有理、有力的论证施加压力，就会促使英国谈判人员因担心丢面子而放弃其不合理的立场，从而取得良好的谈判效果。
- 喜欢按部就班，特别看重订单且订单的循序渐进。所以中国供应商和英国人做生意时，要特别注意试订单或样品单的质量，因为这是英国人考察供应商的先决条件。如果试订单或样品单可以很好地满足英国买家的要求，他们才会逐步给供应商更多更大订单的机会，反之，如果第一笔试订单都不能达到其要求，英国人一般就不会愿意再继续合作了。有个供应商就遇到位英国买家，他为了一个只有100件物品的试订单，前前后后一共三次乘飞机从英国到广州来考察该供应商的工厂生产情况，在观看了整个生产流程以及成品生产出来之后，终于放心，并要求该供应商今后就按照此流程来生产大货。之后下的订单，英国买家就不来现场看货了，因为他觉得该供应商的生产流程已经符合其要求，所以以后只要按照这个固定的步骤来生产就可以了。
- 注意英国买家的性质。很多中国供应商经常在交易会上遇到一些英国买家，交换名片时发现上面写的地址是"伦敦唐宁街××号"，买家住在大城市市中心，但一看这英国人，并不是盎格鲁-撒克逊白人，而是非洲裔或亚洲裔人，一交谈会发现对方也不是什么大采购商，于是很失望。其实英国是个多民族国家，很多英国大买家并不住在城市里，因为一些有悠久历史、传统的家族企业（如制鞋业、皮革业等）性质的英国裔人，很可能是住在一些庄园、村庄，甚至是古堡里，所以他们的住址一般都是诸如"切斯菲尔德"、"谢菲尔德"等以"菲尔德（field）"为后缀的地方。所以这一点需要格外注意，住在乡村庄园里的英国裔人很有可能是大买家。

（4）法国买家特点如下。
- 法国买家一般都比较注重自己的民族文化和本国语言，因此在进行商务谈判时，他们往往习惯要求对方以法语为谈判语言。所以要与法国人长期做生意，最好学些法语，或在谈判时选择一名优秀的法语翻译。法国商人大多性格开朗，十分健谈，他们喜欢在谈判过程中谈些新闻趣事，以创造一种宽松的气氛。多了解一些法国文化、电影文学、艺术摄影等方面的知识，非常有助于互相沟通、交流。
- 法国人天性浪漫，重视休闲，时间观念不强。他们在商业往来或社会交际中经常迟到或单方面改变时间，而且总会找一大堆冠冕堂皇的理由。在法国还有一种非正式的习俗，即在正式场合，主客身份越高来得越迟。所以，要与他们做生意，就须学会忍耐。但法国人对于别人的迟到往往不予原谅，对于迟到者，他们都会很冷淡地接待。因此，如果你有求于他们，千万别迟到。
- 谈判中重视合同条款，思路灵活效率高，注重依靠个人力量达成交易。法国商人谈判时思路灵活、手法多样，为促成交易，他们常会借助行政、外交等手段介入谈判；同时喜欢个人拥有较大的办事权限，在进行商务谈判时，多由一个人承担并负责决策，很少有集体决策的情况，谈判效率较高。
- 法国商人对商品的质量要求十分严格，条件比较苛刻，同时他们也十分重视商品的美感，要求包装精美。法国人从来就认为法国是精美商品的世界潮流领导者，巴黎的时装和香水就是典型代表。因此，他们在穿戴上都极为讲究。在他们看来，衣着可以代表一个人的修养与身份。所以在谈判时，稳重、考究的着装会带来好的效果。

北欧国家主要包括丹麦、芬兰、冰岛、挪威和瑞典。它们的特点如下。
- 非常注重产品的质量、认证、环保、节能等方面，重视程度高于对价格的关注；心中对价格有上下限，往往一旦报价在此范围内就会同意。因此，应保证产品的质量，提供环保、节能的产品及包装，提供相应认证。北欧人有着强大的市场购买力，在谈判中，对于高档次、高质量、款式新奇的消费品，他们会表现出很大的兴趣。
- 低调的性格特点决定了他们不善于交际和言谈，不善于讨价还价，喜欢就事论事，务实高效；谈判风格坦诚，不隐藏自己的观点，善于提出各种建设性方案，追求和谐的气氛。因此，在谈判时注意态度严谨和认真，我们需要考虑如何与其配合。首先，以坦诚的态度对待来自北欧的谈判人员。这可以使谈判双方感情融合、交流顺畅，形成互相信任的气氛，以推进谈判。
- 在付款方式上不喜欢用 L/C，比较倾向于 T/T 和 D/P，因为他们认为自己信誉度和商业道德高。因此，他们在谈判中更多地把注意力集中在价格作出让步才能保住合同，不喜欢无休止的讨价还价，他们希望对方的公司在市场上是优秀的，同时希望对方提出的建议是他们所能得到的最好的建议。

(5) 美国买家特点如下。
- 追求高效率，直接坦率，谈判时直截了当，时间安排紧凑。
- 非常重视合同的法律性，一旦违约，他们会严格按照合同的条款要求赔偿。在商会中，美国商人很自信，谈吐直率大方，要是有能力就一定要展示出来。
- 美国人讲求实际，注意利益，和美国人谈生意，一定要提前做好准备，资料准备越细越好。

(6) 加拿大买家特点如下。
- 商人经营企业时都努力维护自己的信誉，对产品质量要求甚高。加拿大零售商总是希望与外国生产厂或出口商建立长期而不是短期的相互依赖与合作关系。
- 由于加拿大零售商大多数参加了"加拿大零售业运输协定"，能享受集装箱运输的最优惠价，所以在做进口业务时总希望把租船运输的环节掌握在自己手中。因此在签订进口合同时，他们总是坚持按指定港口离岸价成交，建议可以报 FOB 价格。

(7) 拉丁美洲买家特点如下。

拉丁美洲是指美国以南的美洲地区，地处北纬 32°42′和南纬 56°54′之间，包括墨西哥、中美洲、西印度群岛和南美洲。因长期曾沦为拉丁语族的西班牙和葡萄牙的殖民地，现有国家中大多数通行的语言属拉丁语族，故被称为拉丁美洲。
- 比较散漫，无时间观念，假期多。
- 信用有一定的风险。

(8) 日本买家特点如下。
- 耐心。日本商人喜欢在正式谈判之前，先与谈判对手进行接触以了解对手，增进感情，促进成交，而这种接触往往通过朋友或适当的人作介绍。日本人在谈判中通常不能坦率、明确地表态。有时报价中的水分极大，常使谈判对手产生含糊不清、模棱两可的印象甚至产生误会，令谈判对手感到焦躁不安。

- 谨慎。日本人在签订合同前一般格外谨慎，习惯对合同进行详细审查并且在内部做好协调工作，这就需要一个较漫长的过程。但一旦做出决定，日本商人都能重视合同的履行，履约率很高。因此，同日本商人谈判要有耐心，事先要有人介绍，在合同签订之前必须仔细审查合同，含糊不清的地方必须明确，以免日后造成纠纷。
- 要有策略、智慧和雄辩。日本人谈判会安排多一些人员参加谈判，这样既体现了团体精神，又可以轮番上阵，保持充沛的精力。日本商人在一番寒暄和介绍之后，往往开始施展拖延战术。他们或是提出诸多的提案长时间讨论，或是一直保持沉默而不肯拿出一个方案，一副慢条斯理的样子，以待时机。当对方对长时间的沉默感到困惑时，他们则首先提出方案。所以和日本人谈判之前要想好以何种方式对付他们，否则会很被动，谈判也不易成功。
- 要有质量。日本人是很看重产品质量的。如果你的产品质量过硬，你才能有足够的信心和日本人谈判。否则，说得再好他都会有一大堆疑问，都会对你采取否认态度。

（9）韩国买家特点如下。

- 要尊重对方。韩国人十分敏感，只要对方稍稍有点不尊重他，生意就会谈崩。年轻的韩国商人希望其妻子能同时被对方邀请参加各种社交晚会，但又希望妻子谢绝邀请。
- 讲究人际关系。在韩国商务中，人际关系也很重要，最好由第三者把你介绍给客户或同事。这是韩国商界正式的介绍方式，可帮助你扩展商界社交网。通常，在与韩国进口商做生意时，个人情况起很重要的作用。若被问及个人生活情况（如婚姻状况、年龄、家庭背景和收入等），要有思想准备，因为韩国人不把这些问题当作隐私，对了解别人的背景常常很有兴趣。
- 初次会面的重要性。收到对方名片后，要端详片刻，不要在上面涂改、写字或撕扯。首次会见，韩国商人习惯握手，也会轻微鞠躬。韩国人姓名通常是三个字，姓在前，名在后。可称其姓，如 Pack Nam-sun 应称 Pack 先生。千万不要直呼其名，尤其不能当着其他客商的面叫其名字。第一次会见非常重要，韩国商人很看重初次见面时的印象，所以要记着穿正式套装。
- 送礼忌重金。在韩国，对别人的关心帮助不能以钱作为礼品回报，这样做可能会冒犯对方。送礼时，最适合的包装纸颜色是红色，蓝色代表幸运。如果给政府工作人员送礼，切记不要选择价值100美元以上的礼品。根据政府工作人员道德法，收受礼品必须向上级报告，礼品过于贵重可能给人带来不便。礼品或促销材料避免包装成三角形形状，三角形带有不好的含义。

（10）非洲买家特点如下。

两级分化严重，富有的特富有，穷的特别穷，采购数量较少，较杂，但是要货会比较急，大多采用 TT、现金支付的方式，不喜欢用 L/C。有一点格外注意，尽管贸易领域存在着不少非洲的诈骗犯，但是很多非洲大买家往往在当地是特权阶级，不仅有钱也很有权。

## 8.4 大客户杀手——Ranbo

大客户对于公司有非常重要的地位，主要表现在：

### 1. 销售订单的稳定，人员稳定，取得成本优势

20%客户带来公司 80%的业务。大客户通过双方的逐步适应，会为公司带来稳定的订单。只有稳定的订单才会有稳定的工人和管理团队，稳定的团队才能够稳步发展，订单重复稳定还能够有效形成规模生产，提高效率，降低企业管理成本。

### 2. 使成功的大客户经验在行业客户中产生最大辐射效应

从行业客户角度看，每个行业中都有一些领军企业，这些企业的需求却占了该行业整体需求的绝大部分，而这些企业就是被大多数企业所竞争的大客户。如果这些大客户在需求上发生大的变化，很可能将直接影响到其所在的行业市场的整体走势。而企业对这些客户的成功应用经验将起到标杆作用，进而辐射到整个行业客户中。

### 3. 通过发展大客户提高市场占有率

大多数大客户的自身组织体系复杂，覆盖地理区域广，业务种类丰富，这使得行业大客户的需求必然是一个整体性的、稳定性和持续性规划，而不似中小客户那样，需求具有零散性和相对独立性。同时，大客户对需求的投入数额可观，因此发展大客户不仅仅是整体提升销售业绩的最佳选择，更是提高市场占有率的有效途径。大多数大客户的自身组织体系复杂，覆盖地理区域广，业务种类丰富，这使得行业大客户的需求必然是一个整体性的、稳定性和持续性规划，而不似中小客户那样，需求具有零散性和相对独立性。同时，大客户对需求的投入数额可观，因此发展大客户不仅仅是整体提升销售业绩的最佳选择，更是提高市场占有率的有效途径。

### 8.4.1 个性名言：再大的老板都有平凡的一面

Rambo 名气很大，因为美国几个大客户都在他手上，只要服务好这两三个大客户就够了。他的方式方法也很简单，但过程很复杂，第一步是收集资料。

业务重点：

（1）资料的收集与整理。包括市场信息、联系人、客户的背景、喜好、习惯等，客户报价资料的收集与整理，建立报价历史库；客户订单、包装、唛头、箱规、栈板、运输、仓储、交货、客诉挑拣、样品需求、产品常用标准（材料、电镀、品质、检测等标准）及客户的项目开发流程，样品确认流程（PPAP 流程）、出货收款流程，各种相关要求与格式表等收集与整理；客户合同、预计用量表、出货收款发票、佣金、汇收款资料等收集与整理；客户沟通过程中重要邮件，更改产品/样品意见与反馈等收集与整理；客诉资料收集与整理。

（2）熟悉产品和成本。只有熟悉产品的各种情况，如材料、电镀、包装、物流、内外表面积、机器类型、良品率、标准、电镀线的使用率、规模效应等，才可以合理地进行分析、判断，并作出合理报价，同时灵活机动地进行相关方面的协商，达到双赢。

（3）了解客户，大客户一般都不缺供应商，有稳定的供货渠道，考核一个新供应商周期都比较长。

（4）分布打入，客户先是安排人来验厂，一般是客户的技术人员或者是第三方，客户的技术人员，应做好充分准备来整理工厂，争取一次性过关。

- 做好陪同工作，每次客户过来，都应专车接送，而且遇到广交会等情况时候一定主动安排客户的吃住，即使客户还没有下订单。
- 专门出国拜访大客户总负责人或者是老板，提供针对性的合作方案。

因为 Rambo 在 2001 年就开始外贸了，当时的外贸环境比现在简单，而现在做大客户的各方面条件相对就比较难一些了。

### 8.4.2 独门秘技：我不是狡诈

除了传统的方法外凡是大客户，还要研究客户新的需求。在现实生活中，根据客户的个性喜好"收买"客户有时候也必不可少。

（1）开始合作的大客户，如果想长期合作，并且想成为核心的供应商，Rambo 还是用了不少中国式的办法，所以大客户的主要人员包括采购、技术等重要人物，每年私下里都以某种方式向它们支付佣金。

（2）凡是亲自来中国的国外客户，必定会全程陪同，而且会说服客户去当地旅游景点玩，根据客户个人喜好来安排吃住等一条龙服务。

（3）对客户的特殊喜好还有重点研究，如果客户喜欢钓鱼，就要学钓鱼，如果客户喜欢拍照，我们也要喜欢拍照，投其所好。

（4）利用即时通工具（国内最大的是微信，国外最大的是 WhatsApp）更亲密的朋友圈关系，和客户建立更深一层的联系。

商业竞争激烈,如何能抓住客户让他和你签单,就要八仙过海各显神勇了。一句话:不管黑猫白猫,抓到老鼠的就是好猫。

## 8.5 结　　局

"他回来了,要过两天就和我结婚,而且结婚后马上去美国。"这是 Lina 请假一个星期后回到公司见到我说的第一句话。Lina 穿着牛仔裤,白色的长衬衫,简单搭配,依旧很漂亮。

"哦,这样啊。"我点点头。

"我今天回来只是把所有的东西打包好,打包好了马上就走了。"Lina 补充了一句。

"现在回来是把这里所有的东西打包然后快递回家,你和我一起去好吗?"她继续说。

"哦,好。"我又点点头。

东西其实已经打包好,就等快递公司的人收走,房东也到了,Linu 把租金退还给她。她一直没有说话,我也没有说话。

快递来了,我帮她把东西搬到楼下,很快东西已经都搬完并快递走了。这期间我们一直没有说话。Lina 看着平时多话的我,好像希望我说些什么,但我什么都没有说。

"那我走了。"终于,Lina 说。

"好的。"我表情麻木,好像她只是再普通不过的朋友一样。

"你不送送我吗?"Lina 看着我,我感觉到了她眼中的一丝留恋。

"哦,好。"我依旧是简短的回答。

走到 506 的公交车总站,我们沉默地等车过来。

"我还要买些东西,买完再走吧。"Lina 突然说。

"哦,好。"我们又朝附近的超市走去。

"谢谢,87 元。"超市收银台小姐很有礼貌地说。

"这次是最后一次帮你买东西了,我来吧。"我平静地对她说。结完账我们拿着刚买的一些东西,默默地走出了超市。

"你说说话吧,你不说话我不习惯。"Lina 忍不住开口了,眼神复杂的看着我。

面对着她,我们之间的距离只有不到 0.5 米,但我感觉我们好像隔了一重重大山。很想说两句话,又真的什么都说不出来,大脑其实早就筋疲力尽。一个星期没见到她,每天都像没有灵魂的行尸走肉一般,但再见到她后麻木的感觉已经不在,悲凉却在慢慢苏醒、渗透出来,几乎让我无法思考,更无法再说什么。

"你说话啊!"Lina 感受到了我悲凉的目光,忍不住轻轻哭起来。

"你回去吧,车快到了。"看着她幽怨的眼神,我心中不忍,想留下她,嘴巴却说出了相反的话。

Lina 赶紧转过身去，努力抑制她的情绪。

"我走了，你自己保重。"说完，我马上转身用尽所有的力量艰难地迈出离她愈来愈远的步伐。她没有再叫我，我知道她同样也在抑制自己的情绪。

"啊……啊……"我跑到附近一个公园，仰天狂吼……

生活还要继续，我想用工作来麻痹自己，但这谈何容易。每次看到对面已经空缺的位置，脑海里总是浮现出她微笑着对我说"你喝绿茶吗？"

嘀嘀…嘀嘀…手机响起来，是 Lina 的电话，这是她走后的第 10 天。

"我明天就要坐飞机了，今晚我过来再见一次面，好吗？"Lina 问。

"好的，哪里见？"我大脑根本来不及思考，脱口而出。

"黄埔公园，八点半。"Lina 说完就挂了电话。

天空下起了毛毛细雨。八点钟还没到，我已经出现在黄埔公园门口，看着旁边的公交车站，看看有没有她的踪影。

依旧是高腰的牛仔裤，勾勒出她美好的身材，配搭一件浅绿色的衬衫，普通灰白色的平底布鞋。依旧很漂亮。她一下车就到处张望看我到了没有。

"我在这里。"我走过去，又见到她了。

我们慢慢地在公园里走着。

"他带我去见了他的朋友，但我没有什么感觉。你近来有新订单吗？"

一路上 Lina 说了很多，她的手机也响了很多次，但她没有接，我知道，打电话的是他男朋友。我也说了很多，但始终没有说"你留下来吧"。因为从以前和她的聊天中我知道，不仅是她的男朋友很优秀，还因为去美国一直是 Lina 的人生梦想，也许是我太过懦弱或者太爱她，只是单纯地希望她幸福就好。

Lina 终于走了，对于这段没有结果的感情，我将它藏在心底，生活还在继续，我还是我。

# 第 9 章　销售还是用传统模式吗

时间流逝，公司在行业内增长速度很快，工厂的订单也越来越多，而我在公司里也可以说如日中天，但感觉离目标还是很遥远，考虑种种原因后决定离开这个令我非常怀念的公司，离开一起战斗的同事，自己创业。

要知道做老板可不是一般的跨度，从主要专注市场到产品、采购、财务、生产这些都是要亲自上阵。这时候要更加注重工作效率了，那么要怎样才能提高工作效率呢？我先说说自己的经验吧。

## 9.1　更高效的外贸工作

一年之计在于春，一天之计在于晨，外贸业务员也不例外。

从早上上班开始，进入办公室，打开电脑先在网页上查看一下行业信息。可以看行业的垂直门户网站，或者从 Google 订阅的行业信息也许有龙头企业的信息，这样对于了解市场的动态发展很有帮助，并且可以为面对客户的时候储备话题。其次，了解原材料的动向，一般可以两三天查一次，看看有没有可以涨价的理由。一般这些工作 10 分钟可以完成，然后打开邮件客户端，查看客户邮件。

### 9.1.1　需紧急处理的客户

先看看邮件中有没有紧急要处理的事，或有什么喜事，比如客户发 PI 过来了，这个好办，只要打印出 PI，要回签盖章，扫描，跟着回复邮件 thank for your order very much 就可以了。恭喜恭喜，又有新订单啦。

也或许是客户的定金水单传过来了，这样要赶紧通知财务，留意未来几天内钱有没有到账，并且可以正式下生产通知单了，把生产通知单下发到各个部门。

但有时也可能是客户投诉……事情总有不顺利的时候，赶紧看看投诉内容，把客户投诉的内容翻译成中文并把原文打印出来，跟上级反映情况，一起分析原因和对策。记得，问题可能很大，如果当天不能回答客户，至少也要回复一封邮件给客户：

Sorry to receive your email. All of us very care your problem and discuss it together, I will give you feedacd ASAP.

## 9.1.2 已经有段时间未联系的客户

一般我会按照间隔 1~2 个星期左右的时间，给他们逐个发一些问候的邮件，邮件的内容根据不同的对象选择不同的内容。

这项工作主要是针对未成交的客户，这是跟踪重点，目的是让客户始终记得你。尤其在客户准备换供应商的时候尤为重要，他会第一时间想到你！持续的联系会给未成交客户一种感觉，你的服务很好并且有诚意跟他合作，那么当他的老供应商出问题的时候，他会给你机会！

以我公司开始采购玻璃的事情为例。以前我们公司有固定玻璃供应商的时候，我们一接到新的玻璃厂打来的自我推荐的电话，都是随便应付几句，恨不得早点挂电话。后来，公司的玻璃出现了问题，决定更换供应商。正好两天后我接到一个以前打过好几次电话的玻璃厂的来电，于是很高兴地约了时间谈谈。后来工厂派人过来，我们仔细聊了一下相关情况，之后很快就合作了。

邮件的内容以简洁、轻淡为主，千万别写太长，客户没时间看！只需要简单明了就OK了。比如下面的一封信：

Dear XXX:

How are you ? I hope your everything is going well.

I wonder whether you have any pending orders or inquiry recently ? If so, please contact me with no hesitate, we are sure any of your inquiry will get our prompt attention & reply. Thanks.

Best regards.

XXX

## 9.1.3 已经成交的客户

对于已经成交的客户，增加贴心的售后服务，或许是提高这单的契机！因为客户都喜欢有跟进意识的服务人员。我们都有这样的经历，当你从商场里买了一个不知名品牌的电器，买回来用了一周后突然有个回访电话，问你使用中是否有任何问题或者不便，你的任何建议都会对今后提升产品的品质和服务起到至关重要的作用。你会不会感觉有些惊讶或者惊喜？不管产品品牌如何，产品体验如何，起码服务应该说是比较满意的。对这个品牌或者制造商内心也会打一些分。海尔当年能快速发展，电话追踪服务就是主要方法之一。

其实放到外贸行业中也是一个道理，有些业务员认为出了货、收了尾款这一单就结束了。其实，实际情况告诉我，每一次的售后跟进都是客户决定返单的一个机会。这样客户体验才强，对你的印象甚至信任都会起到潜移默化的作用。因此这样随手就能发的邮件，为什么不做呢？邮件的内容尽量简洁、轻描淡写。例如

Dear XXX:

Hope this email finds you well.

Have you received the goods ? How do you think

I hope you are satisfied with our quality. If any comments, please let me know. Thanks.

Best regards.

XXX

## 9.1.4　一定时间内没有返单的重要客户

对于一定时间内没有返单的客户，可提醒客户是否要准备下单。邮件内容可以统一模板化格式，老客户收到后一般会很快回复你的邮件，有些客户还会告知你具体什么时候会有新的订单。这样做主要是把客户归好类后，发一封邮件就很简单了。

## 9.1.5　检查前一天的工作计划是否有未完成的项

做业务其实是一件很苦的事情，特别是没有订单之前，很多行业的业务员淘汰率是非常高的，因为工作量大，失落感高，但重要的是坚持，只有坚持下去才能有结果。外贸业务员也一样。

还有一点是检查前一天的工作任务。对于前一天没完成的工作，大致考虑好今天安排在哪个时间完成。然后开始计划今天的工作内容。有些人工作根本没有计划性，想到什么做什么，忙得不可开交，客户却丢着好几个月没有跟进。

这里补充一下，我们做任何事情，其实都反映出了我们在这个时候的重心取向。

如果你的当时想法是有买房的压力，或者是要供房，则这个阶段最大的愿望就是接订单，接订单，增加收入，那么计划表中重要的事情就是考虑做一切能够提高业绩的事情。

如果你当前想法是保持生活安定，接订单就不会产生那么大的动力，那么工作重心就转移到在维护老客户方面。

人的一生有很多阶段，每个阶段的需求都不一样，所以清楚地知道这个阶段你最想要的是什么。不论接订单也好，维护客户也罢，想清楚就按计划去做，设定工作计划，分步实施。

### 1. 工作内容分类

外贸业务员的工作很多，也比较杂，我们先分好类，根据4个象限工作划分法，根据

事情的性质分为 4 类：重要不紧急，重要且紧急，紧急不重要，既不紧急也不重要。应优先处理重要且紧急和重要不紧急的两类，如图 9-1 所示。

换成外贸的工作分类是这样的。

2. 重要不紧急

重要不紧急的事情有：开发新客户，跟进未成交客户，研究目标市场，学习更多的产品知识，汲取更多业务经验，和客户建立信任，制定销售计划和工作目标，改进与供应商的关系，锻炼身体，好好吃一顿午饭，适当休息等（一切对你未来业绩提升有直接关系的事务）。

3. 重要且紧急

重要且紧急的事情有：跟客户谈判，催客户尾款，给意向客户报价，给客户做 PI，准备样品（维持你现有的业绩的事务），完成工作计划。

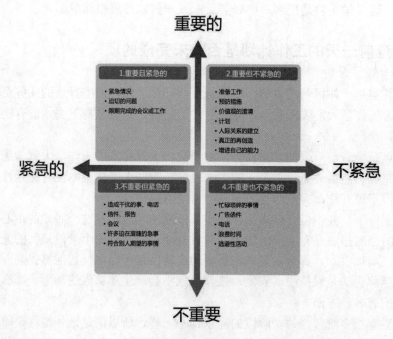

图 9-1　工作分类

4. 紧急不重要

紧急不重要的事情有：其他部门要求你配合的工作，领导交待的非业务性工作等。很多事情看似很"紧急",实际上拖一拖,甚至不办也无关大局,要学会委托或分配这些事务给助理、跟单甚至新业务员去做。

#### 5. 既不紧急也不重要

既不紧急也不重要的工作有:跟朋友、工作无关的闲聊,上网,逛论坛等。平时应把主要时间和精力集中于前两类事务,这样工作时才是真正有效率的。可以把要做的事情用计算机上的日记或者手机的记事本功能记下来,然后添加到每日工作计划表中。

一般来说,如果是老业务员,每天花在重要紧急的事情的时间上比较多,因为订单比较多,整个订单完成中出现的问题相应也会较多,但也要分点时间在重要不紧急的事情上,例如:花半个小时对一段时间未联系的客户 say hello;每天花半个小时时间阅读一下英文新闻,Yahoo 和 The Economist 经济学人杂志就是不错的英语新闻,并且还可以锻炼阅读能力。当有客户来拜访时,至少可以多了很多当下热点的话题无聊。

新的业务员老客户还不多,每天花半小时至一个小时用来回复老客户的邮件,简洁表达清楚即可,应把更多的精力用来考虑和研究怎样去跟进和回复潜在客户,力求建立起客户的信任感;每天花半小时的时间来研究了解目标市场,对一个目标市场的了解起码要做到对市场销售价格、市场常见品牌、做这个品牌的供应商和其分销商有哪些、销售渠道有哪些、目标市场上行业内的标杆客户、主要规格类型、该国最大的几个 Supermarket、该国最主要的一两个 B2B 网站的了解等。

 著名的 80/20 法则

你每天做的工作内容,只有 20%会和产生利润有直接联系;用 20%的成本去维护老客户,将会得到 80%的收益;在看这篇文章后,有 20%的人会真正把这些内容去实践,而不是和其他 80%的人一样,简单地 Copy 到 Word 里,然后无限期封藏。

### 9.1.6 充分运用现有的软件工具提高和客户的沟通效率

时间可以定在早上完成基本工作后,应该在 9 点或 9 点半左右。早上的这段时间对大多数人来说,都属于效率不高的一段时间。这段时间内适合做一些机械的、闲杂的工作。因此我不得不说,这段时间用来发开发信,是再合适不过了(一般为半小时或一小时,结束时间控制在 10 点半之前)。

当然有些人认为,应该根据不同时区的客户,选择不同的时区去发开发信,这样确保开发信能够出现在客户邮件列表的最上部。我认为,这个考虑是 OK 的。但是我可以用别的方法去吸引客户的注意力来弥补。比如邮件标题的写法、设置邮件高优先级标签等。

设置邮件高优先级标签,也就是客户收到邮件后左边会提示一个红色的感叹号,在

Foxmail 写邮件的"选项"→"邮件优先级"中可进行设置。

## 1. 外贸业务工具之一邮件客户端的使用

对于邮件客户端，每个业务员都有自己的选择，有些人用 Outlook Express 顺手，有些人用 Office 的 Outlook 顺手，有些人用 Foxmail 顺手，还有少数一部分人用网页收发邮件。我个人的建议是推荐大家用 Foxmail。

Foxmail 相比较其他邮箱的好处是：你可以创建很多签名，把很多不同版本的开发信做成签名，然后针对不同的客户，发开发信的时候选择插入不同的签名，这样会非常方便。比如，我会建立好几个开发信版本，专门针对某一行业产品，然后还能细化具体哪些产品，如专门针对 XX 产品的，专门针对 YY 产品的等。另外，不同阶段的客户可以用不同的标签标示，例如要重点跟进客户的邮件，如图 9-2 所示。

鼠标对着邮件右击，即会弹出"新建标签"对话框，如图 9-3 所示。

图 9-2　Foxmail 上邮件的显示

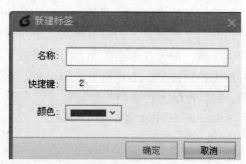

图 9-3　"新建标签"对话框

然后在其中对颜色进行选择，加上名称，这样就可以有效对客户进行分类。用 Outlook Express 搜索一个客户的邮件需要在搜索栏里输入客户邮箱或者名字才能搜索，而在 Foxmail 7 中可直接在邮件上右击，在菜单里有个"查找来自 XXX 的邮件"命令，选择后就会立即列出这个客户的所有邮件，还是很方便的。

使用 Foxmail 回复更方便，其右上角有个回复按钮，如图 9-4 所示。

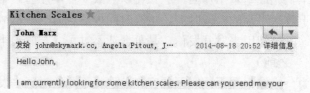

图 9-4　邮件截图

直接单击回复按钮就会出现如图 9-5 所示界面。这样的好处是能够看着客户的要求给予相应的回复，而不需要下拉来看内容回复，更加方便快捷。

把邮件做成签名在前面章节中已经具体介绍了，这里不再赘述。Foxmail 里还有很多功能可以提高工作效率，大家只要多试试就能找到。

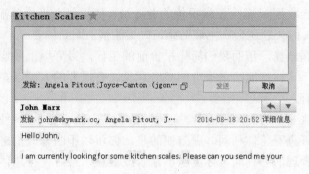

图 9-5　邮件截图

**2．外贸业务工具之二便利贴**

有些工具看起来很简单就很容易被忽视，但或许这个工具对提高工作效率和完成计划能起到很大的作用。比如便利贴，每天把要做的任务写下来，1、2、3、4 点，贴在显示器下角或任何你可以看到的地方。位置的顺序可根据重要性自己定。完成之后把它取下，贴在一个专门的本子上。每完成一个，就取下来贴到笔记本上。没有完成的时候，你会看到显示器下面飘着好几张黄色的小贴。随着你笔记本上的即时贴越来越多，本子越来越厚，你会感觉到自信心的提升，工作效率的提高。最重要的是，如果你能坚持下去，你的拖拉、慢性子都会得到改变。

**3．外贸业务工具之三文件夹和笔记本**

文件夹是建立客户资料和订单所必不可少的。文件夹我喜欢使之保持左边显示树状结构，这样可避免很多返回上级等操作。

另外我的 E 盘很干净，完全当做了客户资料盘。根据不同市场我建立了 5 个根文件夹：北美、南美、中东、欧洲、亚洲。然后在"北美"里再建立一个公司名称的文件夹，如 AAA GROUP 的年期分为 2008、2009、2010、2011、2012。进入 2012 后，逐个建立"包装资料"、"客户 PO"、"形式发票"、"采购合同"、"大货照片及验货情况"、"装船通知"、"报关单据"和"结汇单据"。再建立两个 TXT 文本，一个是"到款记录"，一个是"快递单号记录"。这样虽然前期工作量比较大，不过可以复制操作，并且用熟了之后一切都一目了然。

关于笔记本，没有太多好说的，一般就是写上客户的需求信息和要点。建议多准备一个小笔记本，用来写下客户的询问，因为研究客户的询问很重要，可以了解客户的心理。

### 4. 外贸业务工具之三方便快捷的报价利润核算表

对于那些每天会收到 N 多个要求报价的业务员，如果每个报价单都一个个去做，精力再旺盛也吃不消，久而久之还会产生疲劳感，失去激情。因此需要一个表格能高效、方便、快捷的进行报价利润核算，帮助我们简化报价前的工作。最好填上采购价、退税率、汇率等一些基本的数值，这样就能给出报价的参考意见。有需要的人可以在网上搜索一下，福步论坛和外贸圈都有。

现在，你只需填上采购价、退税率、汇率、数量等，就会显示出不同利润率下的价格。价格都填写好后即可查看总体利润。更方便的是，你可以不断修改价格，调整不同的利润率，最终得到一个合理的总利润。你可以不断修改数量，最终使得总体积正好是你的目标立方数。另外，当货物品种多拼一起走散货或整柜的情况下，我们经常要去掉或者加上一些数量的产品。到底哪个产品去掉或者加上好呢？按照以往的经验，如果超过整柜的体积，就去掉一部分产量低的、手工做得慢的、难做的产品。如果数量不够整柜体积，那么就增加一些产量高、交货快的产品。然后你可以根据利润/立方来考虑，即每立方利润额。这个数值高的，说明每多装一个立方此产品，可以获得较高利润。

### 5. 外贸工具之按键精灵

阿里巴巴平台是非常多的出口企业首选，但很多业务员为阿里巴巴发布和更新产品的工作而头疼，有些公司的老板或者经理甚至规定了硬性指标，一天要更新多少个产品。

在发完开发信以及回复完客户邮件之后，时钟大约指向了十一点半。这正是吃午饭的时间。如果计算机可以在吃午饭的时间帮我们把阿里巴巴产品更新或发布完，这将会节省多少精力和时间？这里还有一个非常好用的工具：按键精灵。

按键精灵是一个模拟鼠标、键盘动作的软件。通过制作脚本，可以让按键精灵代替双手，自动执行一系列鼠标键盘动作。按键精灵简单易用，不需要任何编程知识就可以做出功能强大的脚本。要在计算机用双手可以完成的动作，按键精灵都可以替代完成。一般来说，它有两个主要功能：

❑ 网络游戏中可作为脚本实现自动打怪、自动补血、自动说话等功能。

❑ 办公族可用它自动处理表格、文档，自动收发邮件等。

目前来说，90%的用户还只是将其用在游戏上，其实这个软件用在自动化办公上很给力！下面简单介绍一下原理：用 Excel 文档建立几个表格，模拟成一个"Excel 数据库"。然后根据更新或者发布产品页面的每一项需要填写内容，在单元格中填入不同的内容。建立好模拟的 Excel 数据库后。用按键精灵完整地记录一次更新产品或者发布新产品的鼠标动作。之后设置循环完成类似任务。

不夸张地说，只要你的 Excel 表格中的值足够多（比如"产品关键词"），那么基本上一个小时内计算机可以自动更新或发布 100 个产品信息！想象一下，我们吃完午饭回来，计算机已经自动更新了 100 个阿里巴巴产品信息，这是多么令人愉悦的事情。

另外，不同的字段会有不同的组合方式，产品信息数量是乘法原则。可以想象，当你设置足够多的产品关键词和产品描述后，一个相同的产品会衍生出 N 多个产品页面！

做这个工作，前期主要是不断丰富你的"EXCEL 表格数据库"中的记录。

## 9.2 流量暴涨之 SEO

为了以更低的成本去发掘客户，除了要做好我们的网站，还要懂得怎么去做 Google 上的排名，能让客户更好地找到我们，前面已经介绍了在阿里巴巴上怎么优化，现在来看看公司的主要网站应该怎么优化。

做好网站的 SEO 的第一步就是要分析好 SEO，下面以外贸圈为例来做一个简单的 SEO 分析。

### 9.2.1 首页关键词分析

外贸圈的关键词类型主要分为首页关键词、分类关键词、产品关键词、品牌关键词以及搜索关键词。这里也以这 5 大类关键词来进行分析。

首页往往由于其首页的高权重，因此在这里所分配的关键词应该是最为核心的，应该好好利用这一块资源，如图 9-6 所示。

```
<head>
   <title>外贸圈广场,外贸交流第一平台 - 阿里巴巴外贸圈</title>
   <meta http-equiv="Content-Type" content="text/html; charset=utf-8" />
   <meta name="keywords" content="外贸圈,阿里巴巴外贸圈,阿里外贸圈,外贸广场,深圳外贸圈,杭州外贸圈,阿里巴巴外贸,外贸学习,外贸平台,外贸交流,外贸培训,外贸" />
   <meta name="description" content="阿里巴巴外贸圈旨在为广大的供应商提供从事网上生意的帮助、技巧分享。通过外贸人之间的交流，协同做好外贸" />
```

图 9-6　首页 meta 标签

由图 9-6 中可以看出，外贸圈的关键词应该是"外贸圈，阿里巴巴外贸圈，阿里外贸圈，外贸广场，深圳外贸圈，杭州外贸圈，阿里巴巴外贸，外贸学习，外贸平台，外贸交流，外贸培训，外贸"，一共是 64 个字节，太长了，正常的关键词应该是 12 个为佳，不然的话容易被判定为关键词堆砌。

由于网站首页关键词能带来较多的流量，因此在选择首页关键词的时候，要综合其关键词的竞争程度以及所能够带来的效益。通过分析，有些关键词可以去掉，外贸圈网的主要可参考首页关键词有"外贸"、"外贸论坛"、"外贸培训"、"外贸交流"、"外贸平台”等关键词，可以把深圳外贸圈和杭州外贸圈去掉。因为阿里巴巴已经非常出名，通过输入阿里巴巴找外贸圈的客户群体很少，所以也可以去掉。

外贸圈原有的 keywords 中的关键词“外贸圈网，外贸圈网上商城”，属于网站的名称词或者网站品牌词，一般这样的词竞争力不大，自然排名一般都是第一，所以不用将它们放在首页关键词的优化工作任务中，从而有效利用首页的权重。

针对用户需求，我们认为外贸网站也是热门词，可以考虑加入外贸网站作为关键词。

这样所罗列出来的可提供的关键词就有 4 个，分别是“外贸”、“外贸论坛”、“外贸圈”和“外贸培训”，对比一下 4 个词的百度指数，如图 9-7 和图 9-8 所示。

| | 整体搜索指数 | 移动搜索指数 | 整体同比 | 整体环比 | 移动同比 | 移动环比 |
|---|---|---|---|---|---|---|
| 外贸 | 1,432 | 648 | 3% ↑ | -7% ↓ | 16% ↑ | -10% ↓ |
| 外贸论坛 | 966 | 369 | 27% ↑ | -5% ↓ | 150% ↑ | -17% ↓ |
| 外贸圈 | 284 | 75 | 296% ↑ | 7% ↑ | 4% ↑ | 2% ↑ |
| 外贸培训 | 135 | 47 | 14% ↑ | -11% ↓ | 28% ↑ | -14% ↓ |

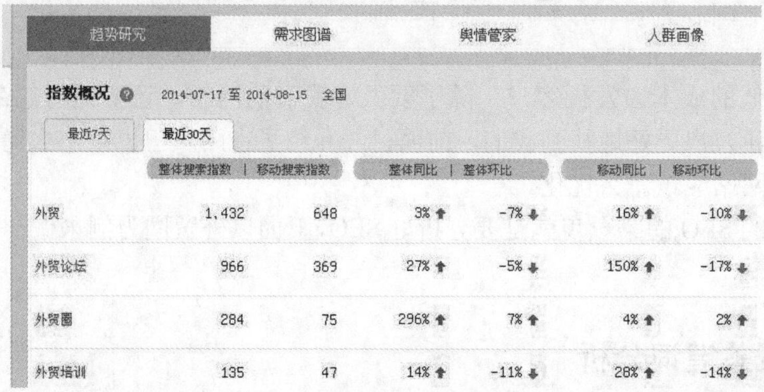

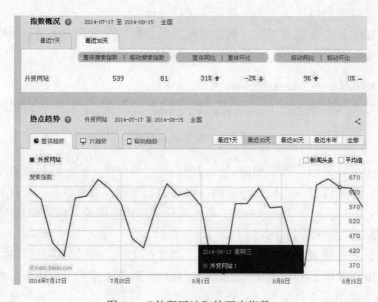

图 9-7 “外贸”、“外贸论坛”和“外贸圈”等关键词的百度指数

图 9-8 “外贸网站”的百度指数

从图 9-7 和 9-8 中的数据中可以看出，关键词"外贸""外贸论坛"的搜索指数最高，因此带来的流量和效益最大，但是这两个关键词的竞争指数也是很高的，外贸网站的搜索量是 539，也比外贸圈和外贸培训要高。

鉴于外贸圈目前的知名度已经比较高，因此建议可以重点做这 3 个词："外贸"、"外贸论坛"和"外贸网站"，meta 描述里的内容太少了，正常建议增加到 70 个字，在描述里自然地包含 3 个关键字。因此最终的首页头部标签建议调整为：

```
<title>外贸圈广场,外贸交流第一平台 - 阿里巴巴外贸圈！</title>
<meta name=" keywords " content=" 外贸, 外贸论坛, 外贸网站 " />
<meta name=" description " content=" 阿里巴巴外贸圈旨在为广大外贸供应商提供网上生意的帮助、外贸技巧分享。在外贸论坛里可互相交流，协同做好外贸生意，建立好一个开发、分享、互助、共赢的外贸网站 " />
```

调整之后，头部的这 3 个标签按照标准的顺序排列并进行关键词的设置，更有利于搜索引擎的识别。

## 9.2.2 次关键词

次关键词也可以说是比较热门的关键词，一般是在一级目录里，这里从导航条里挑一个，以"贸易经"分类为例，如图 9-9 所示。

图 9-9 "贸易经"分类的顶部截图

我们来看看这个页面的关键词，如图 9-10 所示。

```
<head>
    <title>贸易经 外贸交流第一平台</title>
    <meta http-equiv="Content-Type" content="text/html; charset=utf-8" />
    <meta name="keywords" content="外贸圈,阿里巴巴外贸圈,阿里外贸圈,外贸广场,深圳外贸圈,杭州外贸圈,阿里巴巴外贸,外贸学习,外贸平台,外贸交流,外贸培训,外贸" />
    <meta name="description" content="阿里巴巴外贸圈旨在为广大的供应商提供从事网上生意的帮助、技巧分享。通过外贸人之间的交流，协同做好外贸" />
```

图 9-10　页面关键词

我们发现，贸易经页面关键词的首页关键词是一样的，这样就会浪费了这个页面的资源，应该把相关关键词改为"外贸技巧，外贸百科，外贸经验，外贸工具"，因为这个导航条的版块就是页面的主要内容，可以直接用导航条上的栏目作为关键词，结合消费者的搜索习惯进行更改。这里注意分析出的二级目，都应该独立设置 title、keywords、description 跟这个页面匹配的关键字，这样有助于使二级目录也能获得比较好的排名。

这里再做一个测试，就是外贸经验是属于次关键词，在百度里输入"外贸经验"，结果如图 9-11 所示。第一名是福步外贸论坛的链接，外贸圈里的 SEO 连前三页都没有进入。

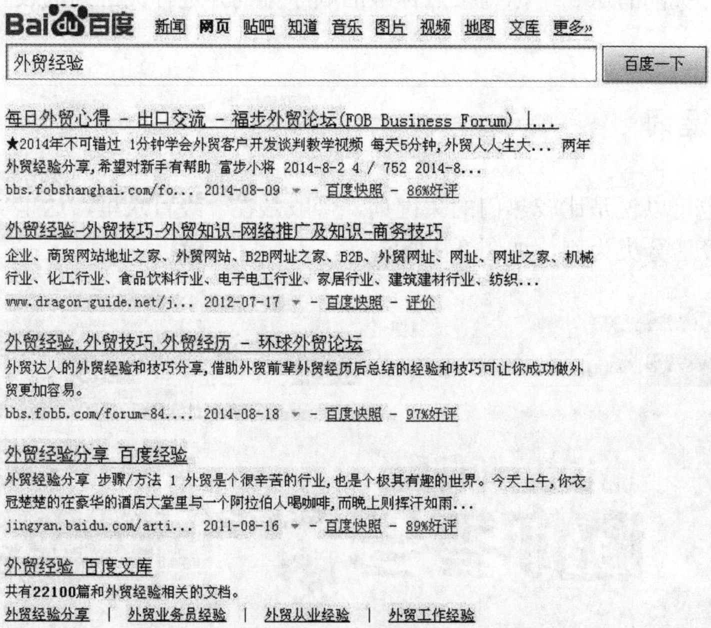

图 9-11　输入"外贸经验"后的网页排名

前面是依然不是外贸圈的页面，一直到第 3 页才出现外贸圈，为什么前面没有出现阿里巴巴的排名呢？先分析分析该页面的关键词密度，如图 9-12 所示。

次关键词出现的密度还是比较合理的，主要的次关键字都有重复出现，所以次关键词的排名没有上去主要是 title、keywords、description 这几个地方不够重视，但也正是可以提升的空间。二级目录里的关键字优化很多公司都忽略了，但这样的关键字做好后能够带来不少的自然流量。

图 9-12 关键词密度

### 9.2.3 搜索关键词

外贸圈目前还没有搜索功能设置,是不利于搜索引擎收录页面的,如图 9-13 所示。

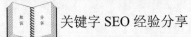

图 9-13 没有搜索结果

外贸圈可以产生数万个搜索关键词页面,但是首页或者其他页面没有途径让搜索引擎去爬行到这些页面,因此最好的方法是首页的搜索框调用热门的搜索关键词,每个一级分类和二级分类也分别调用该分类的热门搜索关键词,每个关键词的搜索结果列表再调用相关的搜索关键词。这样调整之后,所产生的新页面就会数以万计,从而使收录更上一层。

**关键字 SEO 经验分享**

❑ 第一,建立自己的目标关键词和相关关键词,前面已经讲过,然后在首页和子目录的页面中填好 3 个标签。3 个标签的标准写法就是每一页都有的 title、keywords、 description，这个对于优化有非常重要的作用。

```
<title>关键词 1_关键词 2_关键词 3-seowhy</title>
<meta name="keywords"content="关键词 1,关键词 2,关键词 3" />
<meta name="description"content="针对关键词展开描述，在 80-100 字间" />
```

- 第二，除了首页要做好关键词优化，重要的一级目录下的关键词也要做好优化，每一页做 1~3 个关键词优化就可以了。

## 9.3 站内结构分析

站内结构分析将从网站的各个细节着手，全面分析网站内部的各个结构，其中集中在几个方面去分析和完善，包括是否有错误代码、H 标签的使用方法、nofollow 标签的使用方法等。

### 9.3.1 检查有没有错误代码

标准的检查网址是 http://validator.w3.org/，一般来说有错误代码很正常，而且不影响排位或者影响很小，但如果能在兼容各种功能版本的同时减少错误代码，使代码标准，那么用户体验会更好。外贸圈首页如图 9-14 所示。

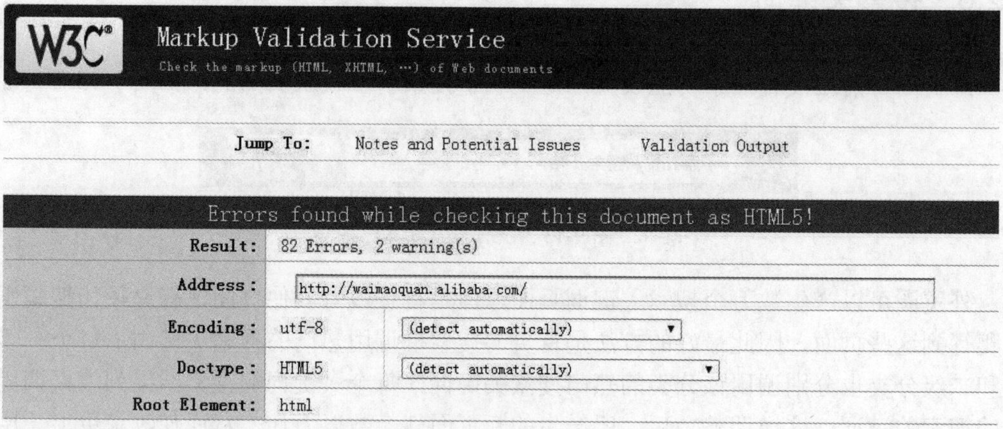

图 9-14 外贸圈首页

坦白说，对于信息量大的网站来说，82 Errors,2 warning（82 个地方有错误，2 个地方有警示）不算多。

## 9.3.2 图片 alt 描述

目前外贸圈很多的图片 alt 描述都为空,就网站首页来讲,没有使用 alt 描述,如图 9-15 所示。添加 alt 描述的作用不仅仅有利于搜索引擎识别图片的含义,增加其页面文字内容的比例,更能够让图片搜索引擎收录并使其获取相应排名,给网站带来流量,如图 9-15 所示。

图 9-15 查图片 alt 是否有加图片描述

因为图片的 alt 描述更多的时候是给搜索引擎看的,因此从搜索引擎蜘蛛的角度来看,最好的描述写法是一段包含该产品关键词的简短的自然语句。

示例:&lt;img src=" … " alt=" 外贸精英回答问题 " width=" 610 " height=" 320 " /&gt;&lt;/a&gt;&lt;/li&gt;

## 9.3.3 H1 标签的使用

H1 标签可使搜索引擎容易判断出该页面最重要的文字,并在原有的基础上增加其网页权重,一般是给产品的标题加 H1 标签,使其突出。但外贸圈 H 标签的使用是不合理的,只有 H3 有填写,其他都没有,如图 9-16 所示。

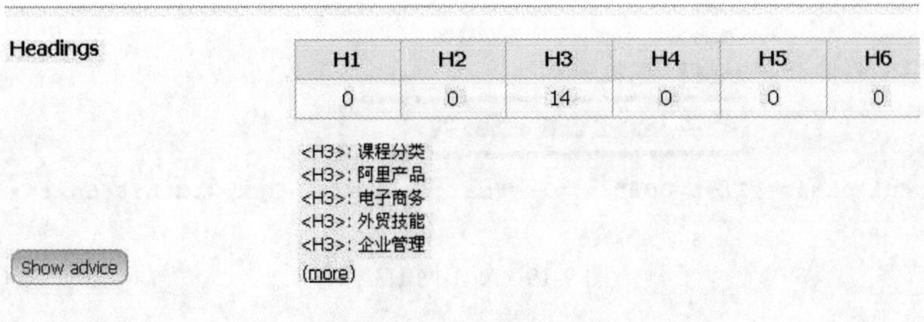

图 9-16 外贸圈 H 标签

可以添加 H1 标签使其强化页面关键字,增加相应的权重。

H 标签作为标题标签,其本身就是按照每一个标题的重要性进行层次的传递。填写好

H 标签是可以加强排名的，特别是 H1 的填写。下面用新浪页面举个例子，如图 9-17 所示。

图 9-17　新浪首页

图 9-17 中可看到首页中唯一的一个 H1 标签的使用！事实上也确实如此，我们一直建议站长在每个页面定义唯一的 H1 标签，这样更符合搜索引擎优化规范。下面再看一下 H2 标签新浪是如何定义的，如图 9-18 所示。

图 9-18　新浪 H2 标签

搜索是搜索全站的主要环节，同时也为了告诉搜索引擎其重要性，堆砌进行了 H2 标签的表述。

经观察，新浪网中基本所有二级导航中都进行了 H2 标签的表述，而其他如 H3 标签，如图 9-19 所示。

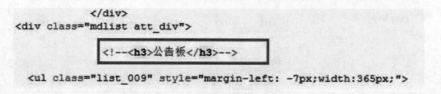

图 9-19　新浪网 H3 标签

可以说到 H3 时基本就不是很重要了，而 H3 以下的标签更是找不到一个。当然，我们仅仅是对新浪网首页进行了一个简要的分析，但不难说明一点，网站中 H 标签的主要用途如图 9-20 所示。

## 第9章　销售还是用传统模式吗

```
<h1>多用于logo中，每个页面中仅此一位置</h1>
<h2>多用于网站的二级标题</h2>
```

图 9-20　H 标签的主要用途

除此之外，H3、H6 基本上就不怎么重要了，当然我们平时做优化，对于一些不重要的标题还是尽量采取优化，毕竟没有这些品牌站点有实力。

而内容页中，不仅对 LOGO 标签进行了 H1 的表达，还对内容标题进行了 H1 标签优化来突出其重要性，提示搜索引擎。注：H1 标签是为重要标题进行的标注，如果多次频繁出现则会影响搜索引擎对页面质量的不正确判断。新浪网毕竟是一个品牌高权重网站，普通小网站无法相比，因此还是标注唯一的 H1 标签更好。

H2 的重要性虽说不如 H1，但是仍旧是页面中必不可少的一个组成标签，新浪网内容页采用唯一的一个 H2 标签来提示搜索引擎关注更多相关内容，从而在结构上使搜索引擎爬遍更多的相关内容。如此一来便形成了"集合"等同于普通网站中的"相关推荐、TAG 标签"，如此效果来提升该主题的排名。

新浪网的优化一直都是比较到位的，不少站长经常以此来做例优化，那么除去新浪网，我们再简要地看一下其他的对等门户是如何对待这些字体标签的。

如图 9-21 所示为腾讯网首页的一个 H1 表述的截图，对今日的焦点话题进行了描述，并不拘泥于 LOGO，由此可见 H1 表达的内容格式并非固定于 LOGO、内容标题。可以说，H 标签就是告诉搜索引擎当前页面什么内容是最重要的，腾讯网如此优化也是非常正确的，使搜索引擎关注时事热点。

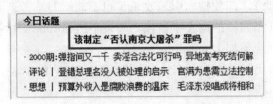

图 9-21　腾讯网的 H1 表述截图

而网易网首页同新浪网一样，都对 LOGO 进行了 H1 标签的标注，如图 9-22 所示。

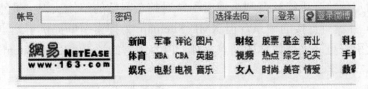

图 9-22　网易网 H1 标签

H 标签不仅要会使用，还要合理使用，按其重要性分别进行层次 H 标签优化，才是最佳的优化选择。不使用 H 标签，或者大量泛滥地使用 H 标签，都无法达到最佳的效果。

### 9.3.4 nofollow 标签

nofollow 标签的作用是告诉搜索引擎不要给该页面传递权重，如果一个页面的不相关链接过多，则会分散该页面的相关链接的权重，很多人优化了很久，排名都上不去，很可能就是权重分散了。因此建议给没有排名意义的页面增加其 nofollow 标签。常见的有登录注册页面，评论页面，帮助、说明、支付中心等。外贸圈的 nofollow 标签还是做得不错的，如图 9-23 所示。

```
<a rel="nofollow" href="http://page.1688.com/shtml/about/ali_group1.shtml">阿里巴巴集团</a>
| <a rel="nofollow" target="_blank" href="http://www.alibaba.com/">阿里巴巴国际站</a>
| <a rel="nofollow" target="_blank" href="http://www.1688.com/">阿里巴巴中国站</a>
| <a rel="nofollow" target="_blank" href="http://www.aliexpress.com/">全球速卖通</a>
| <a rel="nofollow" target="_blank" href="http://www.taobao.com/">淘宝网</a>
| <a rel="nofollow" target="_blank" href="http://www.tmall.com/">天猫</a>
| <a rel="nofollow" target="_blank" href="http://ju.taobao.com/">聚划算</a>
| <a rel="nofollow" target="_blank" href="http://www.etao.com/?tbpm=t">一淘</a>
| <a rel="nofollow" target="_blank" href="http://www.alimama.com/">阿里妈妈</a>
<br/>
<a rel="nofollow" target="_blank" href="http://trip.taobao.com/">淘宝旅行</a>
| <a rel="nofollow" target="_blank" href="http://www.xiami.com/">虾米</a>
| <a rel="nofollow" target="_blank" href="http://www.aliyun.com/">阿里云计算</a>
| <a rel="nofollow" target="_blank" href="http://www.yunos.com/">YunOS</a>
| <a rel="nofollow" target="_blank" href="http://aliqin.tmall.com/">阿里通讯</a>
| <a rel="nofollow" target="_blank" href="http://www.net.cn/">万网</a>
| <a rel="nofollow" target="_blank" href="http://www.alipay.com/">支付宝</a>
| <a rel="nofollow" target="_blank" href="https://www.laiwang.com/">来往</a>
```

图 9-23　外贸圈首页的 nofollow 标签

上面几处截图的部分，即使搜索引擎收录了也不能给网站带来流量，因为网站的所有页面几乎都有这样的几个同样的锚文字链接，如果不加 nofollow 标签，会严重分散相关页面的权重，因此这几处应该加上 nofollow 标签。

nofollow 标签参考代码：<a href=" … " rel=" nofollow "></a>。

### 9.3.5 网站地图

目前大部分商城还没有网站地图，因为外贸圈的分类众多，一个设计良好的网站地图不仅有利于用户体验，更能够有利于搜索引擎对整个网站的整体认识。虽然说网站排名与 XML Sitemap 并没有直接的关系，但 XML Sitemap 为搜索引擎提供了站点的更多信息，这有利于搜索引擎更好地评估你的站点。对于内容优秀的站点，XML Sitemap 可以从某种意义上帮助提高排名。

一般来说，网站地图可以设计为两类，第一类给搜索引擎看，格式为 XML，第二类给用户看，格式可以是 HTML 等。但在外贸圈首页上没有发现 XML Sitemap。

## 9.4 URL 标准化

某个人叫王明，朋友叫他外号"长颈鹿"，爸妈叫他"明明"，虽然叫法不同，但是叫的都是同一个人。在工作上，重要场合时大家都要叫他真实姓名"王明"，这就是名字的标准化。那 URL 标准化是什么呢？

一个网站的首页，往往通过几个不同的 URL 可以访问到，比如 SEOWHY：
- http://www.seowhy.com；
- http://seowhy.com；
- http://www.seowhy.com/index.html；
- http://www.seowhy.com/index.php。

SEOWHY 首页的关键词是 SEO 等，那么这个关键词应该对应的是哪一个 URL 呢？这里要强调的是，不管你决定要对应哪一个 URL，请一直就只对应这一个 URL。

SEOWHY 选择的是 http://www.seowhy.com 这个 URL，所以：
- 当被问起 SEOWHY 的首页时，我们只给 http://www.seowhy.com 这个 URL，而不会给其他的，http://www.seowhy.com 就是首页，首页就是 http://www.seowhy.com。
- 当站内或站外锚文本时，只用 http://www.seowhy.com/这个 URL，而不能用其他的 3 个，不然权重不能集中到 http://www.seowhy.com 上。
- 网站首页采用的绝对地址，用的是 http://www.seowhy.com/而不是其他地址。

URL 标准化的目的是，把所有权重（外链内链）都集中到一个 URL 上。外贸圈的 URL 直接就用了 404 页面，这也是一种方法。

### 9.4.1 404 页面

当我们找一个网站，如果输入错误的时候，往往会看到如图 9-24 所示的错误摘要。

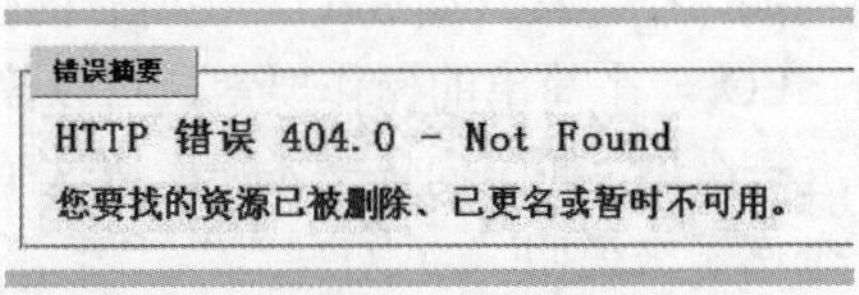

> 错误摘要
> HTTP 错误 404.0 - Not Found
> 您要找的资源已被删除、已更名或暂时不可用。

图 9-24　错误摘要

这时候，如果我们可以做好 404 页面就会引导客户去正确的地址，这一点外贸圈做得很好。例如，输入 http://waimaoquan.alibaba.com/dfjsdkfjisdf，这个地址是不存在的，页面显示如图 9-25 所示。

图 9-25 页面显示

很形象的卡通提示该页面不存在，在右下方引导客户进入首页。这样虽不会使排名上升，但可以提高用户体验。

## 9.4.2 锚文本

锚文本指的是带着关键词的一个链接。如 SEO，在所有的优化技术中，锚文本起到根本性的作用。如果一定要给 SEO 一个简单的操作要素，可以简单说，SEO 工作就是不断地做锚文本。今天我们要知道一个词，叫定向锚文本。理解这个词，对我们彻底把 SEO 做到极致有指导意义。先用一个例子来说明。

我们看这个 URL，http://www.seowhy.com/3_77_zh.html，这个 URL 要做的两个长尾关键词是："什么是死链接"、"死链接"。那么当其他的页面给这个 URL 做锚文本时，如果确实采用"什么是死链接"、"死链接"中的某一个，这个锚文本就是定向锚文本。

"定向锚文本"这个概念主要是要说明下面的一个问题：

搜索引擎如何判断一个网站原创度高？或者一个网页是原创的？
- 如果搜索引擎收录这个页面时，其数据库里没有这篇内容，则说明是原创的；
- 如果某个网站曾经发的绝大部分内容都是原创的，则新发的内容也很容易被认为是原创的。

另外一点也是今天要讲的，如果这个网站上的内容，都做好了非常细致的定向锚文本，则这个网站容易被认为是原创的。如果只是简单转载或采集的内容，一定不会做很好的锚文本，更不会有很精准的站内定向锚文本。精准的站内定向锚文本，对网站整体权重的提升有巨大的帮助！在平时的实践中，你会陆续发现，那些确实是人工在编辑，而且做好定向锚文本的网站，往往权重和排名都非常优秀，道理正在于此！

以上内容给我们的启发是：

要系统做好长尾关键词记录单，把定向锚文本做到极致（即站内的每个锚文本不是随便做，而是每个都认真做好定向的锚文本），那么网站的权重一定会非常好。反之，则可能经常出现各种受降权等情况。

外贸圈的锚文本反而比较弱，建议参考 www.seowhy.com 网站，是锚文本极致的代表。

## 9.4.3 收录与反向链接

查百度收录可以用站长工具http://tool.chinaz.com/，以下相关数据查询日期为2014-8-19日，外贸圈的外链做得非常好，搜录量高达 2 154 901 条，如图 9-26 所示。

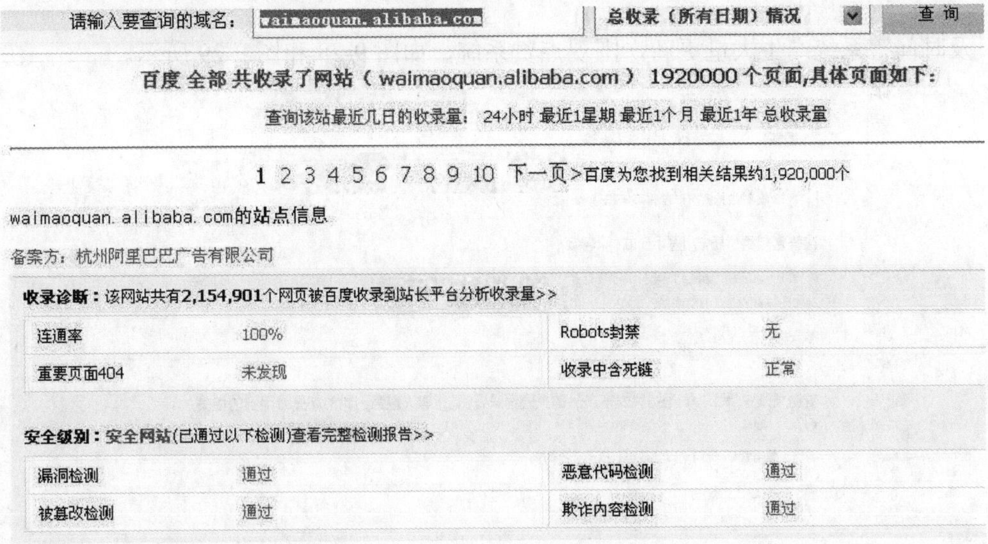

图 9-26 外贸圈的网站链接

外链的查询议用 http://www.backlinkwatch.com/，这款反向链接工具的使用很简单，同时可显示锚文字，对方页面倒出链接数，是简单研究外部链接锚文字的有效工具。

### 9.4.4 利用用户的力量

网站还应挖掘用户的力量，当一个网站懂得系统地去挖掘用户的力量时，其必将是行业老大。目前能够明白这个思路并系统操作的，已经是行业顶尖了。当你要攻克顶级的关键词做品牌站时，该思路将是必胜法宝，同时是高筑竞争壁垒的强有力手段。如果一个站点已经如此操作了并已经成为行业第一，那么攻克它将非常艰难。下面来看看外贸圈的做法。

论坛形式的更新系统，每天有人登录发言，产生大量更新，如图9-27所示。

图 9-27　论坛信息统计

及时问答系统产生大量更新，围观点赞系统，如图9-28和图9-29所示。

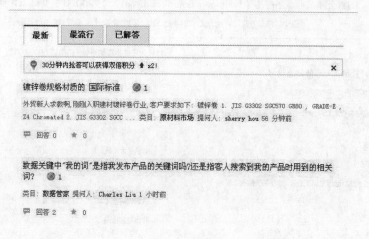

图 9-28　问答系统

在外贸圈上又发现一个牛人！希望继续分享！

图 9-29　点赞系统

多元化的培训系统，如图 9-30 所示。

图 9-30　培训系统

这几大系统设计从搜索引擎来说,让网站蜘蛛每次来抓取页面时都有大量新信息,收录非常快,提升速度非常好;从用户体验来说,大大优于其他竞争对手,加强了参与度。虽然前面有些小问题,但这种能够发掘用户力量的做法,如果对手不及时提高网站优化,那么阿里巴巴外贸圈的排名必定会更上一层楼。

## 9.5　跟小米网站学销售

很多人对小米手机销售的暴涨停留在网上销售,不进入店内销售,省下了大量成本,这样的一个理解上,但对于小米如何通过粉丝营销还是模糊的,既然学习了SEO,就要学学小米网站的精华。

### 9.5.1　小米社区

在网站上输入www.xiaomi.cn,出现这样的界面,如图9-31所示。

图 9-31　小米社区首页

**1. 社区流量**

先了解一下小米网站有多强大,打开alexa.cn查询流量,如图9-32所示。

## 第 9 章  销售还是用传统模式吗

| 站点 xiaomi.cn 的全球网站排名查询结果 | | | | | | | | |
|---|---|---|---|---|---|---|---|---|
| 当日排名 | 排名变化趋势 | 一周平均排名 | 排名变化趋势 | 一月平均排名 | 排名变化趋势 | 三月平均排名 | 排名变化趋势 | |
| 5605 | ↑2448 | 5769 | ↑315 | 5430 | ↓1044 | 5076 | ↓974 | |
| 迅速提高企业网站、网店、论坛流量! | | 游戏联盟-免费收录-高效推广-游客网 | | 阜/双线/BGP机房服务器托管 | | 新疆电信服务器托管、服务器租用 | | |
| 大前门-皇家导航 | | 户外运动 目驾跑野 摄影论坛 | | 美国主机!免备案!不满意退款! | | 便宜IP, 只卖最便宜、最有效的IP。 | | |

| 网站 xiaomi.cn IP & PV 值,以下数据为估算值,非精确统计,仅供参考 | | | | | |
|---|---|---|---|---|---|
| 日均 IP [周平均] | 日均 PV [周平均] | 日均 IP [月平均] | 日均 PV [月平均] | 日均 IP [三月平均] | 日均 PV [三月平均] |
| 690000 | 3450000 | 762000 | 3810000 | 795000 | 3975000 |

图 9-32  查看流量

第一行是全球排名,当日排名是 5 605,这个在国内也是不错的,一月平均排名是 5 430 名。第二行是关键,看日均 IP,是指最新一周平均每天有多少人点击。一个月平均排名是 762 000,意思是近来一个月平均每天点击量高达 76 万,其中还不算重复点击的。外贸圈作为综合性平台,日点击量约 30 万,是做产品网站里日点击量最高的网站。为什么会有那么多的点击量?而且百度里的权重高达 7,要知道百度自己的权重才是 9,外贸圈权重是 5。

**2. 论坛版块**

我们继续分析,进入首页论坛页面,如图 9-33 所示。

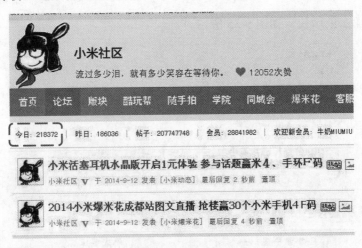

图 9-33  论坛首页

注意到论坛里的当天帖子数一天的页面数居然高达 218 372 篇。而且我是在晚上 8 点多截的图,到 12 点应该还会有几千个帖子,意味着一天有约 25 000 左右发帖,意味着一天可以产生高达 2 万个新的页面,这样的更新数量当然会得到搜索引擎的重视。版面内有很多主体，主体排列顺序是根据回复的鲜度来排的。这样需要有多少注册用户才能产生这么多帖子呢？登录后单击 VIP 会出现如图 9-34 所示页面。

图 9-34 用户统计页面

论坛里面居然有 28 843 446 个注册用户，估计除了百度、阿里巴巴、腾讯、新浪等平台类型注册用户量外，没有任何一个公司能做到这一步。因此更加需要分析小米是怎么吸引论坛用户的。

3. 版块分类

单击排在第二的版块，如图 9-35 所示。

图 9-35 小米官方社区

有官方专区、产品专区，图 9-35 中没有显示出来的还有下面几个专区，如图 9-36 所示。

· 218 ·

第9章 销售还是用传统模式吗

先来看看哪个版块的帖子数量最多、最活跃，如图9-36所示。

图9-36 浏览量最多的帖子

打开点击量最多的帖子，原来是参加抽奖，如图9-37所示。只要报名就有机会凭一元获得活塞耳机水晶版和抽奖，大家觉得这些活动很多，有什么呢？这里可以看看重点，第一，先介绍活塞耳塞的优点，给登录者先做了一次广告。第二活塞耳机等几个关键字分别做了锚文本，不放过任何可以优化和增加引擎服务加分的方式。第三，看红字部分（图中灰色的字），参加公测活动话题讨论，就有机会获取F码，回复是年轻人非常熟悉的方式，并且非常简单，以此吸引论坛用户创造流量，创造广告，创造影响力，这就是"病毒营销"的主要手段之一。

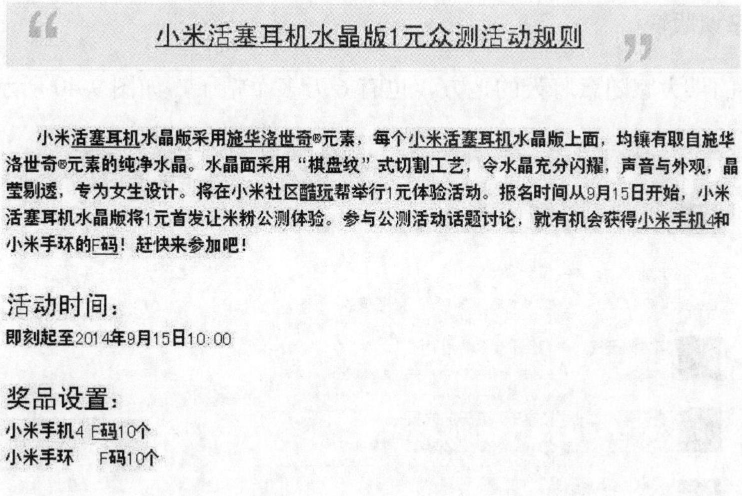

图9-37 点击最多的帖子

这个帖子的回帖量高达132 830，"得屌丝者得天下"这句话在这里得到充分体现。一个简单、低成本的活动，产生了三重价值：第一，产品的到宣传；第二，流量得到增加；第三，粉丝互动留言，品牌力迅速传播。

再来看看第二个浏览量多的帖子，如图9-38所示。

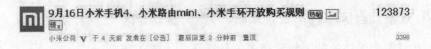

图 9-38 第二个浏览量多的帖子

打开后第一眼看上去很平淡无奇，就是开放购买，每个公司都会，但为什么会有这么多的浏览量呢？这里截取了最重要的核心部分，如图 9-39 所示。

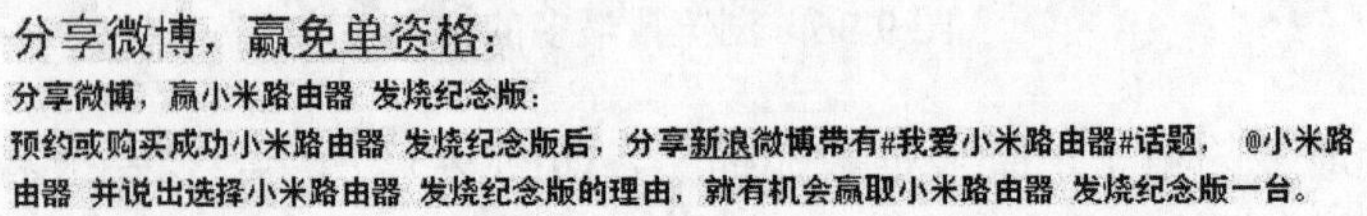

图 9-39 帖子内容

原来只要分享微博，就可以有机会赢取产品，这不但增大了用户的回复机会，而且用户在新浪微博上分享[#我爱小米路由器#话题]就有机会赢产品，这样把热度再往上推进一步，小米的话题在微博上的排名就会提高，那些即使没有注册论坛的人也会知道小米路由器了，这就是高手中的顶尖高手。淘宝网上的 0 元试用活动也类似这样的策略。

### 4. 米粉杂谈版块

小米提供的供大家随意聊天的地方，也有 6 万多个帖子，如图 9-40 所示。

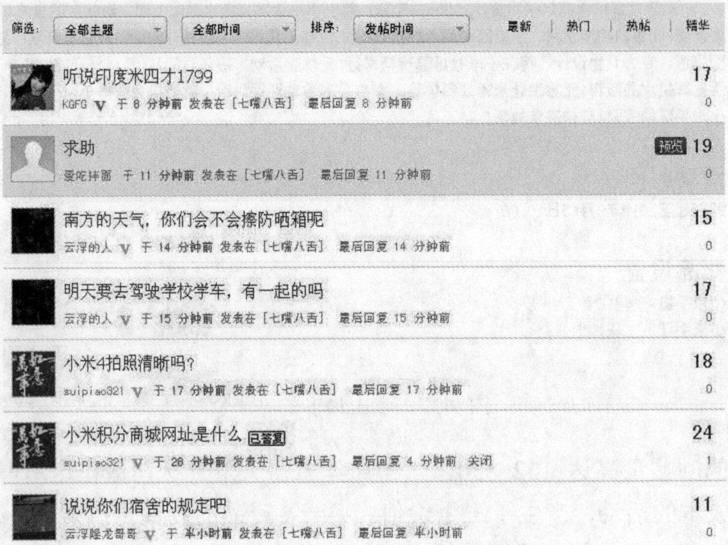

图 9-40 人气较多的版块

里面什么都有，粉丝和粉丝互动，给平台带来了流量和客户黏度。

5. 酷玩帮

可以进去看看这个版块的特点，如图 9-41 所示。

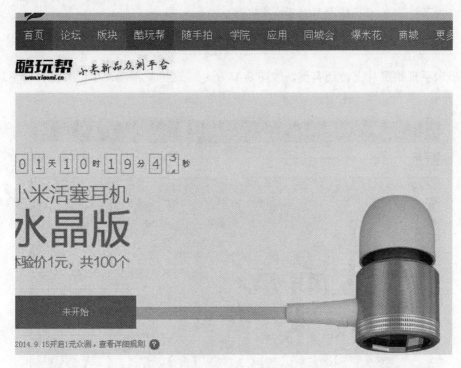

图 9-41　进入版块

看上去好像是介绍各自产品的，里面是各种图片，没有什么特别，耐心的下拉页面，或许可以发现精华，如图 9-42 所示。

图 9-42　帖子页面

- 第一步，不花钱就可以体验到最好玩的装备。
- 第二步，阅读用户测评。
- 第三步，优先体验。

这么做的作用是：充分调动粉丝的积极性，改良产品性能。另外，产品还没有完善，就先做广告了，这一招又是甩开对手一条街了。

### 6．随手拍

用小米手机拍照片上传还有奖，如图9-43所示，这里就不多说了。关键看看下边，如图9-44所示。

图9-43　随手拍赢小米

图9-44　摄影达人

看到了吗？充分重视米粉，给米粉尊重，小米做得不错！这样一来，网站里多了上万张小米手机拍的图片，真的很好吗？当然不如专业的图片网站，但是加强了用户黏度，增加了流量，又是一个高招。

7．学院版块

小米上还有一个学院版块，如图9-45所示，这里是小米粉丝们交流经验和技术的地方，大家可以把自己的使用心得分享给其他小米粉丝。

图9-45　学院版块

看到了吧，小米手机的功能通过粉丝来传播。智能产品功能越来越多，很多人没有把产品功能都用上，怎样消费者快速理解自己卖的产品呢？小米又帮我们上了一课。玩机技巧、刷机心得帮你忙，甚至有小米荣誉顾问团，这是给屌丝的头衔，利用少数米粉屌丝的充沛精力，达到功能的快速传达。这一点跟外贸圈里的讲师团有异曲同工之妙。

8．同城会

还有小米同城会，已经发展了很多城市，如图9-46所示，可以看出小米也做了很多工作。

只有关注很多细节的地方，才能把同城会这个版块做好。

9．每天签到

怎么吸引论坛注册用户的活跃度呢？看图9-47所示。

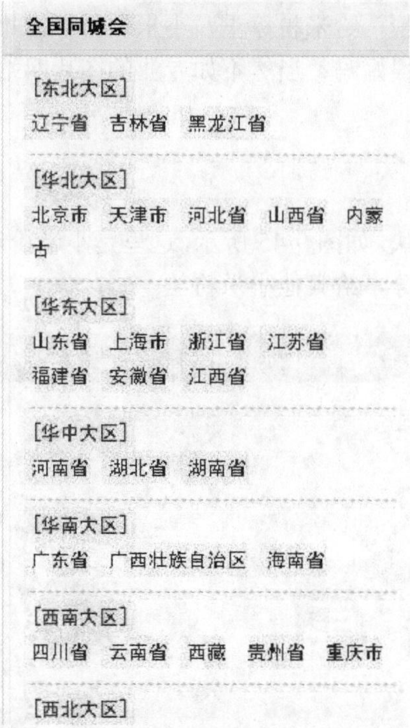

全国同城会

[东北大区]
辽宁省　吉林省　黑龙江省

[华北大区]
北京市　天津市　河北省　山西省　内蒙古

[华东大区]
山东省　上海市　浙江省　江苏省
福建省　安徽省　江西省

[华中大区]
河南省　湖北省　湖南省

[华南大区]
广东省　广西壮族自治区　海南省

[西南大区]
四川省　云南省　西藏　贵州省　重庆市

[西北大区]

图 9-46　小米同城会

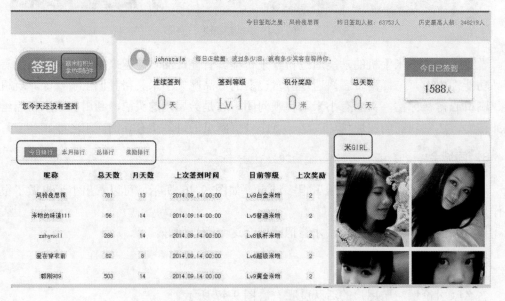

图 9-47　论坛用户统计

签到赢积分，拿热卖配件，先从物质上吸引用户，然后通过多层次排行榜攀比心吸引用户。看右边米 GIRL，更有美女米粉的吸引。继续往下拉图，如图 9-48 所示。

图 9-48　公布中奖米粉

马上公布，立即奖励原则，对米粉充分重现的体现。看看下面是多重吸引+马上奖励的结果。

每天都有几万人签到，而且每当签到后就会出现可以转发的页面，可以分享给朋友。什么叫极致？我觉得这就是对流量，对传播理解的极致。

顺便提一提，小米的积分是可以换东西的，单击由入服务版块的积分商城，如图 9-49 所示，可以在其中使用积分奖励。

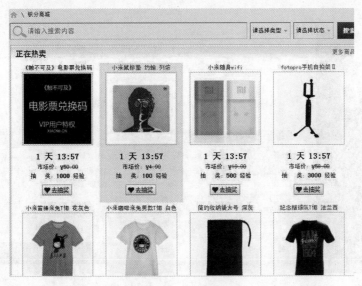

图 9-49　积分奖励

## 10. 小米百科

我们来看看首页右边有两个版块，一个是根据产品类型分，如图 9-50 所示。另一个是百宝箱，杂类，如图 9-51 所示。

图 9-50　分类版块　　　　　　图 9-51　分类版块

两个版块都有一个相同的专栏，即小米百科。单击"小米百科"进入页面，如图 9-52 所示。

图 9-52　小米百科页面

先看右边，正常的企业百科，除了百度百科或搜索引擎的百科是可以让用户编辑的之外，其他百科都是企业自己做的，包括外贸圈的百科也是自己做的，但小米的百科居然也是让粉丝来完善，把百度的优点也融入了小米网站。右边页面显示有 64 845 位用户参与编辑，这样所有相关关键字和长尾关键字都自然地融入网站，对排名和权重有重要作用，甚至比百度更好。继续下拉页面，如图 9-53 所示。

用户可以很方便地在页面上进行编辑，使用户的参与感得以体现。百科的广度增加了，不但涵盖产品相关关键字，还涵盖了公司和服务相关关键字。这里体现了小米学习了很多大平台的引流方式，而且更加改善了。

**11. 尊重热爱者**

小米首页下拉至右边最后一个版块，列出了小米明星用户，如图 9-54 所示。

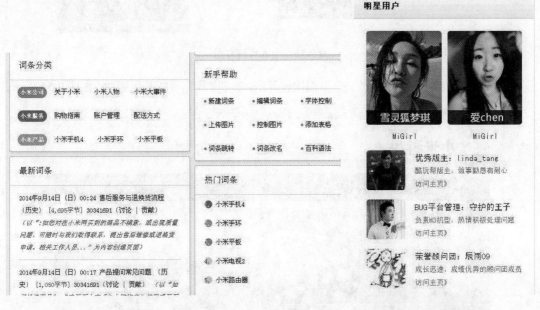

图 9-53　小米百科　　　　　　　　图 9-54　小米明星用户

请重视两个用户群：MiGirl 和优秀版主，有多少企业能做到这么细致的程度？

## 9.5.2　小米官网

我们单击小米的新域名 www.mi.com 进去看看，如图 9-55 所示。

图 9-55　小米官网首页

进入后感觉也没有什么特点，但页面比较简洁、美观。我们看下其他版块，如图 9-56 所示。

图 9-56　小米游戏

这是小米游戏版块，说明小米开始从娱乐性吸引用户，提高用户黏性了。再看另一个版块，如图9-57所示。

图9-57 米聊版

这里重点说下米聊并不是官网的二级目录，而是独立出来的米聊网站。小米社区和小米官网也是相互独立的网站。当你的公司大了，内容多了，可以参考小米的联通方式。

总地来说，从小米网站里可以学到很多怎么引流的方式，培养粉丝的方式，互动的方式，借力的方式。我所知道的如小米、阿里巴巴、腾讯、百度和360是对粉丝和流量有准确的理解，流量靠粉丝，粉丝带来流量，流量就是传播，流量带来销售，带来口碑，口碑带来品牌。

从两个维度来分析：

- 搜索引擎的要求、文字、图片、视频，如小米的对应版块是论坛、摄影大赛、60秒小米秀。
- 从互联网法则来说，销售=流量+转化率+客户终身价值，做过电商的人都明白，小米在这3个步骤中都做得最为极致。

最后就变成了7字诀：专注，极致，口碑，快。用传统方法说其实就是吸引创造流量，高效转化，快速扩大影响，再进行二次、三次销售。

# 第 10 章 跨境电商

2015 年 4 月 1 日,国家领导人在政府工作报告中提出"制定'互联网+'行动计划,推动移动互联网、云计算、大数据、物联网等与现代制造业结合,促进电子商务、工业互联网和互联网金融健康发展,引导互联网企业拓展国际市场。

跨境电商其实早于这个概念,在 2014 年时政府就积极调研,并于当年就发布了 5 份与跨境电商相关的文件,2015 年更是得到了高速发展。

## 10.1 跨境电商为什么火

近年来,尽管我国出口增速逐渐趋缓,2013 年外贸增速为 6.2%,但同期跨境电子商务却发展强劲,创造了外贸新的增长点:商务部统计数据显示,2011 年我国跨境电子商务交易额达到 1.6 万亿元,同比增长 33%;2012 年达到 2 万亿元,同比增长超过 25%,其中,B2C 跨境电子商务交易额达到 150 亿美元,年均增幅在 50% 以上,B2B 成交额达到一千多亿美元,而广交会一年的成交额就是七八百亿美元。

跨境电商的交易额不断增长,越来越多的人开始接受从中国网站直接购买商品,据统计,2013 年 5 大跨境电子商务目标市场(美国、英国、德国、澳大利亚、巴西)共对中国商品的网购需求超过 679 亿,至 2018 年,这一数字预计将翻 2 倍,达 1,440 亿。

跨境电子商务能在经济环境恶化的情况下获得高速发展,与这种贸易方式所具有的独特优势相关。

**1. 符合国际消费者的最新发展趋势**

2008 年美国金融危机后,消费者收入增长趋缓,开始通过网络购买国外的价低质优产品。网络购物慢慢变成了全球消费者的选择,中国的产品早就畅销全球,能够通过网络上直接购买中国产品,成为消费者的趋势。

**2. 交易风险低**

由于产品的款式、功能更新的越来越快,传统的大宗交易风险越来越高,另外,国外的商家为了降低采购成本以及减少自己的资金风险，也慢慢愿意把传统的大金额采购减少，改成时间周期更短、金额更少的采购方式，所以，买家的采购行为正如现代人的生活方式转变，更加"碎片化"。

### 3. 有效降低了产品价格

跨境电商的核心优势使生产到消费的整个链接更有效率，从传统的产品运输通道来说是产品——工厂——国外采购商——零售商——消费者。

跨境电商是产品——工厂——消费者，中间省掉了两个环节，这样可以让消费者得到更优惠的价格。

人人都喜欢低价，淘宝天猫的蓬勃发展主要原因就是打破了国内层层经销商的利益，让工厂的产品直达消费者手里。而跨境电商是国内网商的延续，潜力十分巨大，但跨境电商还面临以下问题。

## 10.2 跨境电商的难点

虽然跨境电商拥有诸多优点，但任何一种现象的发展都不会是一帆风顺的，要让跨境电商走得更好、更远，必须要克服以下难点。

### 10.2.1 配送时间长

一个俄罗斯客户从阿里巴巴的速卖通下单，3个月才收到商品是可能的。速卖通承诺运达时间已经从之前的60天延长到90天。使用中邮小包或者是香港小包到俄罗斯、巴西等地普遍送达时间为45~90天之间。如果使用专线物流会快一点，但运输时间也需要16~40天左右。对于消费者来说实在是一个耐心的考验，时间太长可能会考虑从本地购买，制约了消费者的购买欲望，因此也限制了跨境电商的发展。

### 10.2.2 包裹无法全程追踪

在我国，随着天猫淘宝、京东等巨头的高速发展，同时也带动了电商物流的快速发展，如阿里巴巴的菜鸟物流、京东苏宁的物流团队，都让送货水平有了大幅度提高，80%以上的快递公司都实现了物流信息可实时追踪查询。而跨境物流包括境内段和境外段，很多包裹在境内段可实时查询，但出境后则无法追踪。而且不同的地区物流水平也大有不同，如美国、英国、澳大利亚等国家较好，已经可以对包裹进行追踪查询，但很多国家依然无法实现单号查询功能。

跨境外段追踪难主要表现在：
- 语言差异；
- 很多国家物流信息化程度差；
- 国内外配送方信息系统难对接。

### 10.2.3 清关障碍

跨境物流的一个重要难点还体现在两边的海关关口上。

其中，不同目标的海关对产品包裹的处理标准是不一样的，有些国家的海关就经常出现扣货检查的现象，检查后如果不能通过，处理一般有3种情况。
- 直接没收；
- 货件退回；
- 补充资料再放行。
- 不论是哪种结果，都会为卖家带来巨大损失，限制了跨境电商的发展。

跨境物流中造成清关障碍的原因主要有以下几个方面：
- 卖家对于目标进口国的监管制度不熟悉或不重视，例如没有取得相关产品认证。
- 目的国海关的贸易制度繁琐，如巴西海关几乎对每一票货都要检查，并要求提供相关资料。
- 目的国本身技术力量落后，没有先进的物流系统匹配，造成效力低下，延长了配送时间。

跨境物流的一个难点还在于需要通过两道海关关卡：出口国海关和目标国海关。在出口跨境电商中，物流的关键在于目的国家的海外经常出现海关扣货检查，如果不能放行，处理的结果主要有以下3种：
- 直接没收；
- 货件退回；
- 补充资料再放行。

前两种处理结果带来的损失卖家是难以承受的，而"补充资料再放行"的处理结果则会延长商品的配送时间，可能导致买家的投诉甚至拒付，同样制约了跨境电商的发展。

### 10.2.4 运输损耗大

跨境电商的商品从商家到消费者手中，一般要通过4~5次转运，更加颠簸，包裹也更容易破损，而且还存在一定的丢包率。这种情况的发生，一定会对消费者造成不良影响，不但成本上升，还降低了客户满意度。

## 10.2.5　不支持退货

跨境电商发展到现在，无论是邮政包裹、商业快递或者专线物流，都难以支持卖家提供退货服务，主要有以下 3 方面因素：
- ❑ 跨境配送物流时间太长；
- ❑ 反向物流成本极高；
- ❑ 退货商品变成进口产品，法律上有限制。

令人欣喜的是，跨境电商这几年已经从单独的邮政包裹演变为多种模式并存的多元化业态。近年来出现的海外仓就被赋予厚望。

跨境电商的发展虽然存在诸多难点，但依然具备非常大的发展空间。下面就来探讨一下怎么做好跨境电商的推广。

## 10.3　跨境电商的营销方式

跨境电商要做好推广，首先要有一个英文网站或者是多语种网站。那么不同的页面怎么处理呢？

### 10.3.1　跨境电商与国内电商的区别

跨境电商和国内电商本质没有什么不同，都是通过搜索引擎、社交、付费平台 3 大类去推广，国内的主要以百度、阿里巴巴和腾讯为主战场。国外的主要以 Google、Facebook、Twitter 为主，其他的还有如博客、各大专业论坛、贴吧等地方。邮件营销的方法因为有太多垃圾邮件被屏蔽，而且国外有较严格的法律禁止发送垃圾推广邮件，所以这里不建议跨境电商推广使用。

这里注意一点，国外常用的搜索引擎虽然是 Google，但其也不是包打天下，如俄罗斯市场的话 Yande 是人们搜索的首选。韩国市场则是 NAVER。做 SEM 推广的时候一定要挑选当地主流的搜索引擎。

在社交媒体中，除 Facebook 之外，俄罗斯市场的主流是 VK，包括东欧市场，VK 都是当地的主流社交网站。

### 10.3.2　跨境电商网站的地理定位

很多企业的推广人员在自己的计算机上搜索关键词排名感觉还不错，但客户在美国或者欧洲网站搜索同样的关键词时排名却很差甚至找不到,这就是地理定位在起作用。不同国家的人搜索同一个关键词,看到的结果往往是不一样的。这样来看怎么设计英文网站或者是多语种网站就显得很重要了,一般有下面 3 种方法。

1. 不同语言的网站完全独立,放在不同的国家域名上

如中文版就放在 abc.com.cn 上,(这里将 abc 比作为一类网站的代表符号,不是特指某个网站)英文版就放在 abc.com 上,日文版就放在 abc.co.jp 上,这样做的好处就是用户及搜索引擎都能轻易分辨语种和地理位置。不同语种的页面写作及内容安排上也可以自由发挥。不同国家域名的网站可以放在相应国家的主机上,这样有助于关键词排名的地理定位。

缺点:网站完全独立,在推广上需要花费更多精力,需要同时优化和推广多个网站。

2. 不同语种放在主域名的子域名下

如以中文版本作为主网站,应放在 abc.com 下,英文版放在 en.abc.com 下,法文版的放在 fr.abc.com 下,这样做的好处是子域名能够继承权重,用户和搜索引擎也能够轻易分辨不同的语言版本。

缺点:不同子域名在搜索引擎里基本是不同的网站,需要同时优化推广多个网站。

3. 不同的语种网站放在主域名的二级目录下

如中文版的网站应放在 abc.com 下,英文版的放在 abc.com/en/下,法文版的在 abc.com/fr/下。这样做的优点是不同的语言版本是同一个网站,方便推广。

缺点:搜索引擎可能对网站位置产生混淆,不同的二级目录很难放在不同国家的主机上,对关键词的定位很不利。

综上所述,如果是刚开始做跨境电商,建议用第 3 种方法,因为这种方法更方便整个网站的统一推广。

## 10.3.3 外贸的社会化媒体营销

在跨境电商中,社会化营销会越来越重要,全球流量最大的 10 个网站中就有 4 个是社会化媒体网站,主要的社会化媒体网站国内都有相应的克隆版本,如 Facebook、Youtube、Twitter、,维基百科、Digg、美味书签等,各网站的流量和用户数量都较大。

社会媒体营销已经是新一代用户的生活方式和网站浏览方式,也对网络营销产生了越来越大的影响。首先,社会媒体营销所能带来的流量、关注度经常具有爆发性,能迅速使品牌和产品信息在网上流传。其次,社会化营销可以很好地与客户产生互动,是传统媒体

所不具备的。与此同时，社会化营销如何把流量变成口碑和订单呢？这是社会化营销的难点。

1. 几个重要的跨境电商社会化营销平台

全球大约有 3000 万小公司在使用 Facebook，跨境 B2C 大佬兰亭集势、DX（dealextreme.com）等都开通了 Facebook 官方网页。有兴趣的读者可以进入兰亭集势的 Facebook 官网学习一下。

Twitter 是全球最大的微博网站，超过 5 亿注册用户。著名的垂直电商 Zappos 创始人谢家华通过其 Twitter 的个人账号与粉丝互动，维护了 Zappos 良好的形象。

Tumblr 是全球最大的轻博客网站，如果能够从产品里面提炼出故事，则比较合适在这个平台上传播。

YouTube 是全球最大的视频网站，每天有成千上万的视频被用户上传。如鸟叔的《江南 Style》就是在这个平台上创造了点击奇迹。企业对有创意的视频进行产品植入，是不错的引流方式。

Pinterest 是全球最大的图片分享网站。消费类产品的卖家可以通过上传产品图片，吸引买家购买，或者进行互动分享。同类型的网站还有 Snapchat、Instagram 和 Flickr 等。

2. 从推广角度看社会化营销

❑ 链接。

Facebook 等大多数知名的社会化媒体网站都做了预防，不会让 SEO 推广人员留下正常的链接，使用社会化媒体网站建设的外部链接是间接的。只有成为 YouTube 首页或者被 Twitter 转发成千上万次，在论坛被热烈讨论的话题，才能带来大量的流量和外部链接。这种外部链接优势明显，非常自然，完全是用户主动贡献的，完全是单向链接，其中不乏权重高的域名链接。

❑ 互动和口碑传播。

在社会化媒体网上进行营销，最重要的是与其他用户互动，建立品牌知名度，有助于口碑传播。积累几个强有力的有众多粉丝的社会媒体账号，当网站有什么新鲜话题和产品时，一个微博或者一句话的帖子都能迅速传达千万人，其中不乏在网站有影响力的人士，也有不少是草根出身的博客人士。现在称这种人为自媒体人员，也叫大 V，这些有网络影响力的人士能够二次推动你的信息传播，使你的文章和链接出现在更多的网站上，你的网站能被更多人关注，影响深远。

❑ 网络名誉管理。

很多社会化媒体网站本身权重极高，网站排名能力也很强，可以用来提供公司品牌知名度，也可以利用这些平台进行危机公关，其中主要方法就是通过 SEO，将负面新闻或负面信息挤出前两页或者前三页。

企业平时应监控社会化媒体的情况，在这方面 Google Alerts 有个非常好用的工具。用户在 Google Alerts 上设定要检测的关键词，通常是公司名字、品牌名字、老板名字等，一旦设定的关键词出现在网络上，Google 就会通知用户，用户可以选择 E-mail 通知或者通过 RSS 进行订阅。

### 10.3.4 跨境电商里的各大平台

中小型企业一般都是通过大型的跨境电商平台进行营销，下面来看看有哪些电商平台。

1. 速卖通

速卖通是阿里巴巴旗下面向全球市场打造的在线交易平台，被广大卖家称为国际版"淘宝"。速卖通于 2010 年 4 月上线，现在已经成为全球最大的跨境交易平台，Alexa 的流量排名已经进入全球前 60 位，吸引了超过 220 个地区和国家的海外买家。

速卖通能够在这么短时间内成为"大佬"，主要是因为其有极大的优势。

- 强大资本支持。阿里巴巴就是其最大的资金支持，并且 B2B 国际站有丰富的经验。
- 海量的卖家支持。其拥有阿里巴巴国际站和淘宝天猫等卖家资源，阿里巴巴鼓励卖家直接从淘宝网搬过去做外贸，所以在其他跨境电商平台上还没看到的产品种类，速卖通已第一时间与淘宝同步。速卖通不仅抢到了客源和新兴市场，而且占领了更多的品类，同时也推高了广告费用、增加了竞争对手的反击门槛。
- 交易佣金低。速卖通只收 3%的交易佣金，相比敦煌网 5%左右、亚马逊和 eBay 收 10%而言，明显低了很多。

以上几种优势的累积，加速了速卖通的高速发展。

2. eBay

eBay 与阿里巴巴之间的故事几乎成为了企业发展竞争史上的精彩一笔。国内 C2C 市场曾经遥遥领先的 eBay，因为低估了市场潜力以及本土化不足，让阿里巴巴笑到了最后。现在的 eBay 靠着 Paypal 发展得不错，但剥离 PayPal 后的 eBay 与阿里巴巴的争霸情况怎样，还让人拭目以待。

3. 亚马逊

"客户至上，以创造长远价值为核心"亚马逊的创始人 Jeff Bezos 也是鼎鼎大名，誉为跟乔布斯最接近的人。

亚马逊于 2012 年才正式启动全球开店业务，依靠成熟的海外站点和物流体系，亚马逊跨境业务获得高速发展。但亚马逊入驻设立了较高的门槛。

- 注册美国公司。美国亚马逊要求卖家在订单数达到 50 笔或者金额大于 2 万元时必须添加税号。
- 海外银行账户。亚马逊店铺产生的销售额全部保存在平台自身体系中，卖家需要通过美国本土银行卡提取。这个账号最好是公司银行账号，因为美国个人银行卡无法获取税号，而且每年只能提取 5 万美元的资金。
- 专用电脑。亚马逊在账户关联上有很强的侦查技术，因此要对每一个亚马逊店铺配一台电脑。
- 对卖家提供的产品有严格的审核机制。

即便如此，这个平台还是非常有潜力的。

4．敦煌网

敦煌网的 CEO 是王树彤，创办于 2005 年，经历了 6 年时间终于在 2011 年实现持续盈利。其在 2010 年左右，先后获得了凯鹏华盈、集富亚洲、华平集团等国际著名 VC 投资累计注资超过 3 亿元。卖家入驻收费大约 5%~8%左右。

## 10.3.5 跨境电商推广的方式

推广平台挑好了之后，就要进行推广了，一个好的网站必须具备以下几点：

- 视觉效果强烈；
- 内容与设计吻合；
- 版块排列符合目标消费群体需求；
- 网站内部结构有利于 SEO 优化。

必须满足以上 4 个条件的网站才是好的网站，整个网站的风格、排版、内容筛选等应该符合产品及市场定位。

网站做好后，就可以看看在 Google 上有哪些地方可以利用起来。其中分三块：

- 自然流量的 SEO 优化；
- 关键词的竞价排名；
- 网站的联盟广告。

其中我个人还是最喜欢自然流量排名的方法，因为这一块技术含量最高、难度最大，但最重要的是收益最大，效果持久，不像竞价排名和广告联盟，不投钱流量就会下降。

关于这方面的做法其实与国内的百度排名差不多，主要是死抓两个方面，第一个方面是外部链接，外部链接一定多交权重高的友情链接，但这需要对国外的专门的外链平台进行分析和对接。国外很多平台如 B2B 或者 B2C 都有不少的专门链接的地方，需要专门人员进行操作。另外更重要的一个方面就是原创文章，一篇好的原创文章能够带来非常巨大的效果。万丈高楼平地起，企业应先安排相关人员做好有一定内容丰富度的文章，再想办法打造出高质量的文章。

内容丰富程度的关键要点在于聚合，针对目标群体，聚合哪些内容来吸引消费者或者是 Google 蜘蛛，都是要具体考量的。高质量的文章要有可读性，易于转发为原则，很多时候文章与热点结合也是一个软文的思路。

### 10.3.6　跨境电商网站的关键词排名

Google 关键词排名和百度的竞价排名本质是一样的，都是付费排名。通过购买关键字，企业广告就能出现在用户搜索页面的上端、下端或者右侧。很多人觉得很简单，只要花钱就可以了，谁出钱多，谁就靠前，其实这其中也涉及很多投放策略。

整个流程为：目标市场分析→充分发掘关键词→竞价投放→反馈分析→持续优化。

这里很重要的两个步骤，其中之一就是关键词发掘。关键词越精准，代表消费者找到你的机会就越大，也代表投放效率越高，长尾关键词越广，机会就越大，因此精和广是核心，并且对热门关键词的把握也是重点。

另外一个重要的步骤是一定要进行反馈分析。对于投放获得了多少客户点击，点击之后有多少有效客户，有效客户中有多少转化成客户，这些都要通过投放测试而不停调整。不同地方的投放，不同时间的投放都可能产生差异，所以必须对投放后产生的数据进行分析，这样才能够确定投放的方式方法。

Google 是很重视用户体验度的，所以广告效果和价值不单取决于金额，来看看 Google 的算法：广告排名值=竞价×质量评分。因此，如果资料评分不高，即使出钱多，排名也不靠前。而判断资料高低的关键与关键词的相关性和点击率、广告的相关性和点击率、主页面的相关性以及打开速度，账户的使用时间等都有关系。

这里要注意的是，实际支付给 Google 的广告费不等于竞价额，具体公式为：

实际支付额=后一名广告排名值/自身质量评分+0.01 美元。假如 3 家电商使用 Adwords，那么它们的竞价和质量评分如下：

- ❏　A 公司，竞价 5 元，质量评分 45，广告排名值就是 5×45=225；
- ❏　B 公司，竞价 8 元，质量评分 9，广告排名值就是 8×9=72；
- ❏　C 公司，竞价 6 元，质量评分 5，广告排名值就是 6×5=30。

那么它们真实的付费是多少呢？

- ❏　A 公司付费：B 公司的广告值 / 自身质量+0.01，就是 72 / 45+0.01=1.61；
- ❏　B 公司付费：C 公司的广告值 / 自身质量+0.01，就是 30 / 9+0.01=3.34；

- C 公司付费就是最低竞价额，因为只有 3 家竞价。

Google 广告投放里还有广告联盟，本质是在那些平台做推广，为点击付费的方式，其关键点也是要把图片做得更吸引人一些。另外，也可以在 Google Shopping 上尝试一下，总之要根据自己所卖的产品来决定具体的投放方式和策略。

## 10.4　各大平台比较以及未来发展趋势

在众多跨境电商平台中，非平台类的如兰亭集势、环球易购、DX 是自己卖东西，而平台类的如速卖通、eBay、亚马逊等是吸引商家在其平台上卖东西。从这两种模式来看，平台型的公司较好一点，如阿里巴巴的客户量及交易量比较大，相比而言京东就少一些，但京东通过建立物流体系和仓储体系，在慢慢追赶阿里巴巴。跨境电商的本质竞争其实也是如此，如果没有物流配送作为支撑，则未来的发展将会很困难。

另外从支付系统来看，阿里巴巴的支付宝和 eBay 的 PayPal 有着强大的优势，而且 eBay 的优势更突出，这是敦煌网和其他中国跨境电商所不具备的优势。如果生态圈无法建立，则对海外推广十分不利。所以跨境电商未来的发展必然像国内电商的发展一样，只有拥有支付、物流、售后服务一体化的企业才能在该行业存活得更久，不能解决物流和支付问题的跨境电商有可能很快被淘汰。

技术在发展，网络在延伸，国内与国外的分界越来越小，企业与企业的竞争变成生态链与生态链的竞争。而我国的劳动力成本也在逐渐上升，加上国际环境动荡因素，对于外贸企业发展和个人发展提出了更高的要求。

## 10.5　结　束　语

现在信息技术的卓越发展，网络越来越发达，信息越来越透明，外贸工作的难度无疑也越来越大，原材料价格上涨和人工劳动力成本的上涨，加上价格战，这 3 座大山越来越难以逾越，但既然已经在路上了，就尽量做得更好，不停学习别人更好的方式方法，要努力地走好以后的路。